マインドフルネス
気づきの子育て

Myla & Jon Kabat-Zinn

Yuriko Hozumi

Everyday Blessings : The Inner Work of Mindful Parenting

ジョン・カバット-ジン

&

マイラ・カバット-ジン

穂積由利子［訳］

春秋社

私たちの子どもたち、孫たちへ
そして
すべての親と子どもたちへ

『マインドフルネス 気づきの子育て』を讃えて

この本を読む親たちはみな、「今という瞬間」の中で子育てをする方法――それは大きな気づきの中で子ども、そして自分の真の姿を見せてくれる――を見つけようと思うだろう。マイラ＆ジョン・カバット－ジンは、親と子が、深くつながり、共感し、愛する場に達するための、知恵ある道を示している。社会が急激に変化し、その速度がますます増してゆく環境の中で、多くの人々が、生活においても人間関係でも、よりバランスの取れた健全な人間関係を求めている時代にあって、本書は非常に貴重な一冊である。

――ナンシー・カールソン－ページ *Taking Back Childhood: A proven Roadmap for Raising Confident, Creative, Compassionate Kids*（子ども時代を取り戻す：自信のある、創造力豊かな、思いやりのある子どもを育てるための、確実な方法）著者

保護者のための、感情的知性（ＥＱ）を育むガイドブックが、ついに登場した！ マイラ＆ジョン・カバット－ジンは、日々の暮らしの中で、子どもを豊かに養ってくれる気づきを育てるための、とてつもなく強力で知恵のある道を私たちに示している。

――ダニエル・ゴールマン 『ＥＱこころの知能指数』『フォーカス』著者

これは、私たちが是非とも読むべき本である。親にとっては非常に興味深い内容であり、おそらく一生に何度もこの本を読み返すに違いない。また、親でない人も同じことだ。なぜなら、これは子育てに関する貴重な案内書であるばかりでなく、美しく賢い生き方の入門書だからだ。本書はあなたの人生を一変させるだろう。わたしはこの本を心から推薦する。

——マリアン・ライト・エーデルマン　児童擁護基金代表

気づきの子育ては内面作業《インナーワーク》であり、深い精神修行に他ならない……『マインドフルネス　気づきの子育て』は、まことに素晴らしい恵みをもたらし、子どもを育てるすべての人を元気づけ、導いてくれるだろう。

——ティク・ナット・ハン　『〈気づき〉の奇跡』『微笑みを生きる』著者

マイラ&ジョン・カバット－ジンによる、子育て本の名作である。やさしく、エピソード満載の本書には、彼らの個人的かつ専門家としての貴重な洞察がいたるところで述べられており、私たちがそうなりたいと思うような親——子どもにも自分自身に対しても、先入観を持たず、気持ちを合わせる、柔軟で、思いやりがある人——になる道筋が示されている。初版から大きくアップデートされた本書は、私たちの子どもが当然享受するべき愛に満ちた暮らしへの新たな案内書である。

——ダニエル・J・シーゲル　*Brainstorm: The Power and Purpose of the Teenage Brain*（ブレインストーム：十代の脳の力と目的）著者

子育てをする親たちは、この本を避難所としてほしい。ここでは、一日一日を、学びのチャンス、成長のチャンス、もっと深く愛するためのチャンスとするように勇気づけられる。

——スーザン・スティフェルマン　*Parenting without Power Struggles*（パワーゲームのない子育て）著者

どれほど親密な人間の間にも無窮の距離がつねに存在するということが、二人の間で理解され、受け入れられるならば、共に助け合って生きるすばらしい生き方が可能になる。ただし二人が、相手の全貌を見ることを可能にしている、二人の間にある大空の遠さを愛することに成功すればの話ではあるが。

ライナー・マリア・リルケ『書簡集』

改訂版によせて

あなたは庭の草とりをしたことがありますか？　草を抜くたびに、ほかにもあるのが目に入りますね。きれいになったと思うと、次の瞬間にはほかの草が目に入ります。ですから、目的を達成することだけを楽しむのでなく、辛抱しながら、草を取っている過程そのものを楽しむことが大切です。最初の執筆から一八年あまりたった今、改訂版を書く体験は草とりと同じで、新たに取り組むというよりも自分の未熟さを認識させるものでした。初版を出したあとに体験した子育て、さらに今では祖父母となったことで、子育てに対する見方がある程度変わるのは避けられませんでした。最初の本を書いた当時、どれほど自分たちが物事を明確に見ていると感じていても、その後もマインドフルネスを養いつづけてきた年月の間に、理解力は高まり、深まって、昔自分たちが確実だと思っていたことも微妙に異なるようになりました。これは終わりのない旅、私たちが一生を通して学びつづけることができる道です。私たちはこの認識に立って、初版の基本的要素を保存しながら全ページについて検討しました。文章を微調整し、あいまいだと感じた部分については明瞭にし、以前は目に入らなかった観点についても必要に応じて書き入れました。また、親にとっても子どもにとっても世の中が大きく変化した現状から、文章の内容やトーンについても検討を行い、初版を書いた当時から変化した私たちの見方を反映させました。

今の子どもたちが生まれてくる世界は、多くの点で、私たちが育児をしたころとは隔世の感があります。私たちの子どもが生まれた時代はまだ完全にアナログの世界で、生活がゆったりしていました。今はインターネットとワイヤレス接続の出現に加え、デジタル世界の問題に取り組まなければなりません。バーチャルワールドが見せる驚異は、人を簡単に自滅的な行為、実体のない体験に引きずりこみます。私たち親が感情的に難しい問題に向き合いながらも、深い喜びを体験するために、今という瞬間に在ることがもっとも要求されるときに、今述べたような事態が起きているのです。マインドフルネスは、かつてない環境で育児をしながら、親たち自身も成長を続けて人生を満足できるものにするため、これまで以上に欠かせないものになっています。子育てと自分の成長は密接に絡み合っているからです。

一九九七年に初版が出版された当時の想像をはるかに超えて、マインドフルネスは、人間の生き方・在り方として、また正式な瞑想・形式ばらない瞑想として、一般社会に広がりました。マインドフルネスに関する科学的研究、およびマインドフルネスが人間の生理や心理、社会的交流に与える影響についての研究は急速に進んでいます。その結果、マインドフルネスを実践することによって、多方面によい影響が見られることが明らかになりました。脳、遺伝子、注意力、感情の制御、衝動の抑制、相手の立場になって考える力、一般的な実行機能〔訳注：脳の前頭前野を神経基盤とする認知制御機能の総称〕のほか、私たちを人間たらしめている重要な特性に影響を与えることがわかっています。この中には同調、共感、思いやり、やさしさなどの、人が生来持つ能力を通して深いつながりを作る能力なども入ります。

マインドフルネスを養うことが、自分だけでなく人生を分かち合っているまわりの人たちにもよい影響を与えることは、科学的に実証され、確実で納得できるものとなりました。そして、今の時代ほど、親たちが、すべての人間に備わる、心を開いて現在の瞬間に気づく力を持つこと、そうして感情的知性〔心の知能指数〕と社会的知性〔人間同士の相互作用を理解し、賢く行動する社会的能力〕を備えた、目的と意味のある人生を生きるための知恵を養うことを求められる時代はありません。

この“*Everyday Blessings*”の改訂版が、子どもを育てながら生きる人たちの、マインドフルネスとハートフルネスを養おうとする気持ちを一段と高めてくれるものとなることを心から願っています。

マイラ＆ジョン・カバットｰジン

二〇一四年二月二二日

マインドフルネス　気づきの子育て　目次

マインドフルネス　気づきの子育て

プロローグ――ジョン・カバット - ジン（jkz）

いちばん上の子どもが大学に入って初めて帰省した日、彼は、友達の車で真夜中の一時半に家に着いた。その日の昼間、息子から、収穫感謝祭を祝う家族ディナーの時間には間に合わないと思うという電話が入ったとき、期待していた私たちはみな落ち込んだ。私はしばらくの間、イライラした気持ちが高まるのを感じた。玄関の鍵は息子と相談してかけないでおいたが、家に着いたら私たちを起こすようにと言っておいた。だが、そんな必要はなかった。彼が家に入ってきたのが聞こえた。静かに入ってきたつもりでも、溌剌した、若い力があふれ出ている。彼が二階に上がってきた。私たちは、娘たちを起こさないように、ささやくようにして息子を呼んだ。電気を消した私たちの部屋に彼が入ってきた。私のほうが妻のマイラより部屋の入り口に近いほうに寝ていた。彼は私の胸の上で、体をねじるようにして私たち二人に腕を回した。全身全霊で私たちを抱きしめている。家に帰った喜びが伝わってくる。彼は、そうするのがもっとも自然だというように私に腕を回している。収穫感謝祭のディナーに間に合わなかったという私のいらだちはたちまち雲散霧消してしまった。

息子から幸せそのものが放たれているのを感じる。だが、過剰な熱狂や興奮は感じられない。喜び、満足、落ち着き、陽気。どこか旧友と再会したような感じもするが、それを超える、家族同士のお祝いだ。彼は今、家に着いて、ほの暗い私たちの部屋にいる。彼はこの家族の人間だ。私たち三人の絆を強く感じる。喜びが胸を満たし、息子と一緒に過ごしたさまざまな思い出がよみがえった。今、ここで、一九歳になった我が息子が私の胸の上で横になっている。私は彼が、私の腕から這い出て世の中に出られる準備ができるまで、出ていこうとするまで抱いていた。今、息子はむさ苦しいひげを生やした筋骨たくましい男性になった。私はその父親、マイラはその母親だ。私たちは無言でそれを感じていた。ベッドに横になって、それぞれの幸せに浸りながら、幸せが私たちをひとつにしていた。

しばらくすると息子は私たちから離れてビデオを見に行った。彼はエネルギーがありあまっていて眠ることができなかった。私たちも眠ろうとしたが、できなかった。何時間もうつらうつらと寝返りを打っていた。息子の部屋に行って一緒に過ごそうかという考えが浮かんだが、そうはしなかった。彼を今追いかける必要はないし、眠る必要もないのだ。そのうちに私たちは深い満足感に包まれて眠りに落ちた。彼が目を覚ます前に、私は仕事に出かけた。そして一日中、家に帰ったら息子に会えることを思って心が満たされていた。

＊

私たちがその瞬間を壊してしまわなければ（私は最初のいらだちで簡単にそうすることができた）、また、そのときを気づかないでやり過ごしてしまわなければ（多くの瞬間に私たちはそうしてしまう）、その瞬間は子育ての祝福と至福といえるものになる。ところで、この瞬間とは、特別なものだろうか？　子どもが大学から初めて帰宅して到着した瞬間、あるいは子どもが誕生した瞬間、子どもが初めて話した瞬間、最初の一歩を歩いた瞬間、そういうときにしか深いつながりや幸せを味わうことがないのだろうか？　それとも、そうした瞬間は私たちが思っているよりずっとたくさんあるのだろうか？　もしも私たちが、子ども、そして「その」瞬間の両方に同調〔attunement：心の波長を合わせること〕することができるならば、そうした瞬間はまれではなく豊富にあって、実際、どんな瞬間もそれを味わうことができるのではあるまいか？

私の体験からいえば、そうした瞬間は豊かにある。そしてわかったことがある。それは、それを見て、気づいて、捉えようと努力しないかぎり、それらは気づかれることなく、認められることなく過ぎてしまいがちだということだ。つねに努力をしていなければならないのだ。なぜなら、心はたやすく他のことでいっぱいになって覆いがかかり、よく見えなくなるからだ。

私が見るところでは、子どもの年齢が何歳であろうと、どんな親も、長い冒険の旅にも似たつらい旅をしている――親たちがそれに気づいているかどうか、好きか嫌いかは別として、だ。もちろん、その旅は紆余曲折、浮き沈みが伴う人生そのものだ。そして、体験のすべてをどう見て、どう捉えるかによって、人生の質と意味にとてつもなく大きな違いが生まれる。また、私たちがその旅でどこに行き、何が起き、何を学び、道中どう感じるかにも影響する。

人生という冒険の旅を目いっぱい生きるには、特殊な種類の、貢献《コミットメント》、在り方《プレゼンス》が要求される。それは、きわめて粘り強く、しかもやさしく、受容的な性質の注意《アテンション》〔心を注ぐこと〕のことだと私には感じられる。私たちは、人生から、注意を払え、目を覚ませと、教えられることも多い。そのような学びは、ときに、自分からは絶対に選ぶことがない形で、あるときは、つらくぞっとするような恐ろしい物事として現れる。私は親であることの課題を、自分が生きている一刻一刻を精いっぱい充実させ、自分の行く道を描き、何よりも、自分の子どもたちを養い育て、育てながら自分が成長すること、と考えている。私たちの子どもと人生の旅そのものが、この意味で尽きない機会を与えてくれる。

子育ては一生の仕事であり、私たちが一生請け負うものである。誰でも骨身にしみてわかっていることだが、つねに「よい仕事をする」ことについては疑問の余地がない。子育ては何かを問うというより、探求の旅のように思われる。「完璧」という言葉は、どんな意味でも、子育てを表す言葉として妥当ではない。重要なことは、私たち自身が正真正銘本物であること、最善を尽くして子どもたちと自分に敬意を払うこと、そして私たちの意図が、最低限、彼らに害をなさないことである。

私は、親の仕事は全部、子どもとの関わりの中にあると感じている。一瞬一瞬に注ぐ注意の質が重要であり、最善を尽くして意識的に生き、意識的に子育てをする積極的姿勢が大切だといいたい。親の片方でも自分の行動に対して無意識であるとき、特にそれが厳格で頑固な意見や、自分中心で率直さや温かさの欠如として現れているときには、必ず何らかの悲しみを子どもにもたらす。そうした不幸な状態や不幸な人間関係は、親たちの心の奥底にある悲しみから来ていることが多い。だが、そうした感情の存在は、人生の中で、あるいは人との付き合いの中で、より大きなものの存在に目が開かれるときが来るまで、気づかれることはないものだ。

誰もがおそらく、それぞれの理由で、自分の子どもも含めて、「どれほど親密な人間の間にも無窮の距離がつねに存在する」というリルケの洞察を受け入れるのではないかと思う。そして、真にこの見解を受けいれるならば、ときには恐ろしく感じることもあるだろうが、「共に助け合って生きるすばらしい生き方」を体験できる選択が可能になるだろう。だがその生き方は、大空を背景にした相手の全体を見せてくれる、お互いの間にある距離というものを、私たちが受け入れて愛するときに、初めて育つのだ。

私はこの言葉を、親である私たちの責務と考えている。その責務を請け負うためには、自分の子どもを育み、守り、導きつづけて、自分の道を行く準備が彼らにととのうところまで連れていかなければならない。これと並行して、親たちも成長する必要がある。それは、私たちが自分なりの方法で、唯一無二のひとりの人間として、自分の人生を生きることを意味する。そうすれば、子どもたちが私たちを見るとき、彼らは、大空の中に私たちの全体像を見ることができるだろう。

これはそれほどたやすいことではない。マインドフルネスを土台にした子育ては難しい作業である。なぜならこれは、内側の自分を知るようになることであり、また、私たちと子どもの生活が接触する部分で取り組むものだからだ。今の時代、これは特に非常に難しい。なぜなら、現代の文化が家庭生活にも子どもの生活にもさまざまな形で入ってきて、私たちの注意持続可能時間はどんどん短くなり、心はますます乱される傾向にあるからだ。

私が瞑想をする一つの理由は、大きな問題に直面したときに、平静さと心の明晰さを維持したいこと、それから親として毎日直面する変わりやすい天気の中でなんとかその姿勢を続けていられるようにするためだ。たいていは毎朝行うが、静かにじっとしている時間を作るのは、たとえ数分でも心を静かにしてくれる。瞑想によって物事をより明瞭に、より広い観点から見ることができるようになり、何が大事なのかに気づくようになる。そして、この気づきをもとにして生きるように促される。

私の場合、静謐《せいひつ》な時間に、またさまざまなことをする間に培うマインドフルネスは、今の瞬間にさらに敏感に気づくように磨きをかけてくれる。このおかげで、わずかながらも心をより広く開くことができ、また少しばかりでも心がより明晰になる。その結果、子どもの真の姿を見ること、子どもたちが私に要求しているものを理解すること、子どもと一緒にいるときに心が浮つくことなく心と身体でその場にいることが可能になる。
ただし、私が瞑想をしているからといって、つねに平静で親切でやさしいとか、つねにその場に在るかというと、それは違う。そうでないときも多い。また私が、どんな態度であるべきか、何をするべきかをつねに知っているということもないし、心が乱れない、迷うことがないともいえない。だが、少しだけでもより今の瞬間に気づいていることは、そうでなければ見なかったかもしれないものを見せてくれる。そして、小さいけれども重要な一歩、ときに決定的な一歩を踏み出すことを促してくれる。それは、そうでなければ踏み出すことがなかった一歩だ。
ここで紹介した収穫感謝祭の夜の息子の帰宅の話をワークショップで読み上げたところ、六〇代の男性から次のような手紙を受け取った。

あの日のお話は私にとって特別な贈り物でした。シェアしてくださってありがとうございます。ご子息が収穫感謝祭に帰宅されたときの出来事のお話は私の胸を打ちました。特に感動したのは、ご子息が先生をどのように包みこんだかを述べられたところ、ベッドの上の父親の胸の上におおいかぶさるように横になった、というところです。あのとき以来、私は初めて、自分の息子を心から愛しているという、昔から私が持っていた感情を体験しています。何が起きたのかよくわかりませんが、これまで私は、愛するためには、自分の息子ではなく、ほかの息子を必要としていたようなのです。今、ほかの息子は必要ありません。

状況が最悪なとき、絶望的なときに、愛するためには、自分の息子ではないほかの息子が必要だと親が感じることは、珍しくもなく、むしろよくあることだ。ただし、その感情が吟味されないと、場合によっては、そのときだけの衝動が慢性的に落胆を感じる状態に変わってしまい、結果として自分が持たないものをつねに渇望するようになるおそれがある。しかし、この父親のようによく考えてみれば、最終的には、自分の子どもとして愛するべき相手を知ることになるだろう。

プロローグ――マイラ・カバット - ジン（mkz）

「マインドフルネスを土台とした気づきの子育て（mindful parenting）」と私たちが呼んでいる内面作業《インナーワーク》に私を駆り立てたものは、私が自分の子どもたちに感じている、守りたいという強烈な愛情でした。この内側の作業《ワーク》は、思いもかけなかった贈り物と喜びを与えてくれました。私はこの作業によって、親であることの日々の豊かさにはっきりと気づきました。またそれは、子どもをもっと明確に見る方法、自分の恐れや期待やニーズを超えたところを見る方法、さらにその瞬間に私に要求されているものを見る方法を教えてくれました。マインドフルネスを子育てに取り入れることで、私は自分を見ることができるようになり、困難な場に取り組む方法を教えられました。私は難しい問題に直面すると、自動的に、子どもを束縛して彼らのウェルビーイングを損なうような、ひどい反応をする傾向があったのです。

　私は正式な瞑想をしたことはありませんでしたが、何もせずに静かにしている場と時間をつねに必要としていました。この時間を見つけるのは、特に子どもたちが小さかったときには不可能に近いものでした。唯一ひとりでいて内省できる時間は、朝に目が覚めたままベッドに横になっていて、まだ動きたくないひとときでした。夢で見たイメージを、あるときには鮮やかに、あるときにはぼんやりと意識して、覚醒と睡眠の間で浮かんでくる思考をすべて受け入れていました。

　これが内面でしていた自分を育てる瞑想でした。それは外側の瞑想、つまり、一瞬一瞬に気づく、同調する、応じる、とどまる、子どもが私から必要とするものを手放すという瞑想に、ある程度のバランスをもたらしていました。

　外側の瞑想的瞬間はいろいろな形でやってきました——夜中に起きて、生まれたばかりのわが子にお乳を与えながら、静けさとおだやかさの中で赤ん坊の可愛さに満たされているとき。泣いている赤ん坊を抱いて歩きながら、自分の疲れをなんとかしながら、安心させようとして歌ったりやさしく揺すったりしているとき。不機嫌で怒っているティーンエージャーの顔をのぞきこみながら、原因を見定めて必要なものを直感的に知ろうとしているとき。

　マインドフルネスとは「今、ここ」で展開している体験に注意を向けることであり、注意を向けるためにはエネルギーと集中力が必要です。その時々で起きることは違いますし、自分に要求されるものも異なります。よく理解できるときもあります。途方にくれて混乱して、平静さを失うときもあります。それでも、どんなことに対しても、直感を使い、自分なりに応じようと努力します。子どもが生き生きと輝いて幸せそうに育っているときは、純粋な喜びと、深い満足を感じます。そうかと思うと、自分がすることは全部間違いで、どうすればいいかわからないような、難しくてストレスを感じる苦しいときもあります。特に子どもが大きくなると、起きていることを明確に把握するのは簡単ではないことがわかりました。小さな子どもよりも問題が複雑になって、答えも複雑です。

　そんななかで、わかるようになったことがあります。それは自分が親として道に迷ったと感じるとき——深い森の中で、道はでこぼこで、まったく知らない場所で、とても寒いと思うとき——そのたびに、ポケットに手を入れると、自分が持っている何かを見つけて、それで戻る道が見つかるということです。立ち止まって、呼吸をして、ポケットのものを取り出し、それが何なのかをよく見ること、そうすることを思い出す必要があるのです。

どんなに難しいことが起きている瞬間も、自分の目とハートを開かせる可能性を持っています。私は、自分の子どもの一人について何かを理解するたびに、自分について、子どものときの自分について、何かしらを学びました。そして、その知識は私の案内役になってくれました。私が子どもの苦しみに共感し、思いやりを感じることができるとき、また子どもが反抗的な態度や、癪《しゃく》にさわる腹立たしい行動をしたり試したりするときに、受け入れる気持ちを強くすると、無条件の愛の力が彼らを育むと同時に、私をも癒してくれるのです。彼らが成長するときには、私も成長します。

私の敏感な感受性は、欠点ではなく味方になりました。問題に直面したとき、その核にあるものを理解するために、直感、感覚、感情のアンテナを用いるといいことも年月を重ねるうちにわかってきました。このときに大事なのは、子どもの視点から物事を見ようとすることです。私は、子どもの視点から見るこの内面作業が、大きな力を持っていることがわかりました。子どもがどんな年齢であっても、無慈悲ではなくやさしさを、審判ではなく理解を、拒否ではなく受容を選ぶことができると、彼らは心身ともに元気になりました。

このような子育ては、信頼を築きます。感情面と身体面の作業を長年にわたって根気強く行うことで築かれた信頼と、その根底にあるつながりの感情を維持しようと、私は懸命に努力しています。一瞬の不注意や、昔の悪い癖が無意識に出て、子どもたちの信頼を裏切ることになったときには、そのあとで、子どもとの関係を再構築してより強いものにするために、意識して努力をしなければなりませんでした。

私は長い間、意識して、親としての一瞬ごとの体験に気づく努力をしてきました。それは、自分がもっとも価値をおくもの、そして子どもにとって最重要と私が考えているものを、観察し、問いかけ、見つめる作業でした。子育てにはこの本で触れていない面が無数にありますが、内面で起きるプロセスをみなさんに述べることで、マインドフルネスを土台とする子育てに内在する体験の豊かさを理解していただき、さらに、私たち親の成長と変化の可能性を感じていただけることを願っています。

第1章

待ちかまえる試練と大きな約束

子育てという難題

　子育ては、地球上でもっとも困難で、厳しく、ストレスの大きなつとめの一つであり、もっとも重要なつとめでもある。なぜなら、子育ての仕方が次世代を担う子どもの心・魂・意識に多大な影響を与えるからだ。子育ては、子どもたちが体験する人生の意味、人間同士のつながり、彼らの生活スキルや「自分は何者か」という深層感情に影響を与えるだけではなく、激変する世界における彼らの未来の役割にも深い影響を与える。ところが、私たち親になる側は、子育てに対する準備も訓練もせずに、サポートや指導も皆無といっていい状態で子育てに突入する。そのうえ、子育てを取りまく環境は、生産することが養い育てることよりも格段に重視されている社会、「どうあるか」よりも「何をするか」が高く評価される社会である。

　一九九〇年代の半ばに私たちが初版を著したとき、子育てをしている親の内面体験を扱った本は、あったとしてもたいへん少数であった。本書が「mindful parenting〔マインドフルネスを土台とした気づきの子育て〕」という言葉をはじめて世に送り出したあと、このテーマで研究が開始された。それまでは、子育てのマニュアル本が、信頼できる参考書として子育てをサポートしていたにすぎない。たしかにそれらの本は、目の前の状況を新しい視点から見る方法を紹介して親たちを安心させた。特に、子育てしはじめの時期や特殊な問題に直面した場合にさまざまな対処法があることを紹介し、孤独ではないと親たちを励ました。また、子どもの年齢に沿った発達段階の目安を示すことで、親たちの期待を現実的なものにする役割も果たした。

しかしそれらは、親たちが内面で体験することに関してはほとんど触れることがなかった。たとえば、私たち自身の心にどう対応すればいいか？ 疑いや不安や恐れで気持ちが乱れる、あるいは頭が真っ白にならないようにする方法はあるか？ 自分を見失い、子どもとのつながりさえなくしたときはどうするか？ などに答えてはくれなかった。この時代の本は、親が、気持ちを浮つかせることなく、子どもと共に、子どものためにその場にいることが非常に大事である点には触れていない。また、親が子どもたちの内面体験を深く理解して正当に評価できるようになる道筋も示していない。

意識して子育てをするためには、私たち親が自分の内面の作業《インナーワーク》をしつつ、外側では子どもたちの世話をすることが要求される。つまり、子育てという外側の仕事についてはハウツー本のアドバイスに頼ることができるのだが、その仕事は内なる力（自分の体験を通してしか培うことができないもの）に補われてはじめて完全になるわけだ。ただし、そのような内面の力は次のようなことを理解するまでは発達しない。それは、自分の力ではどうにもならないようなことが起きても、それに対する私たちの対応と自発的行動から見て、私たちは概して自分の人生を「創造している」、ということだ。私たちは人生という道を歩きながら、自分の中にあるもっとも深いもの、最良なもの、創造する力を使って、この世を生きる方法を見つけているのである。このことがわかると、自分の生き方と自分の選択の結果に責任を負うことが、子どもたちにとっても、私たち自身にとっても、非常に重要であることが理解できると思う。

内なる力、そしてその力とのつながりは、内面の作業によって培われる。すなわち、内側で展開する体験に意識的に気づくうちに、自分の中の大きなものとのつながりと英知が育つ。そして、時がたつうちに、自分の子どもがどういう人間なのか、彼らが何を必要としているのかを深く見ることができるようになる。彼らの成長と発達をサポートする適切な方法が自然にわかるようになる。また、子どもたちが出すさまざまな信号、ときには困惑するような合図の意味も解釈できるようになり、適切な応答方法を見つけられる自分の能力に自信がついてくる。この過程では、「今、ここ」で展開する体験に対して「注意を向ける」、「吟味する」、「熟慮する」ことが必須だ。

子育てはきわめて個人的なものであり、最終的には私たちの内面深くから来るものでなければならない。他人の子育て法は、自分に合うものも役に立たないものもあるだろう。自分なりの方法を見つけることが大切だ。それには、他人の見方も視野に入れつつ、自分自身の勘を、吟味しつつではあるが、信頼することを学ぶことが大事である。

とはいえ、子育てでは、昨日「うまくいった」考えや行動が今日の役に立つとはかぎらない。私たちは、その時々に必要とされているものに気づくために、「今、ここ」に在る必要がある。内面《インナー》に蓄えていたもの《リソース》が尽きたときには、健全な方法でそれを補給して再び元気になることが望ましい。

親になったのは計画的かもしれないし、計画に入ってなかったかもしれないが、どういう理由にせよ、子育てはひとつの天の声といえる。その声は、私たちの世界を日ごとに新しく創造せよ、一瞬ごとに新たな世界に向き合えという。それは現実的には厳しい精神修行であり、人間としてもっとも真実の、もっとも奥深い性質を知る探求の旅そのものである。親であるというただそれだけのことが、私たちに、自分の中でもっともいつくしみ深く、もっとも賢く、もっともやさしい部分を、探し求め、現すように駆り立てる。それは、私たちが可能性の極限まで、最善の自分になることに他ならない。

どんな精神修行もそうだが、マインドフルネスを土台とした気づきの子育ては計り知れない約束と可能性に満ちている。同時に、たえまなく意識して子育てをすることが求められている。そうすることで私たちは、人間の基本的大仕事であるこの数十年にわたるすばらしい子育ての旅、世代から世代へと受け継がれる学びに、存分に関わることが可能になる。

親になることを選んだ者たちは、もっとも困難なこの仕事を無報酬で引き受ける。たいていは、若くて人生経験が浅く、経済的問題を抱える不安定な生活という状況で、思いがけなく親になることが多い。子育ての旅のほとんどは、明確な戦略もなく、歩く道の地形全体を見渡すこともできない地点から始まる。そして、子育て以外のさまざまな人生の問題に私たちが直感的・楽観的に取り組むように、前進しながら現場で学ぶことになる。実際、他の方法はないのだ。

そもそも私たちは、子育てというものが、自分の人生に新たな要求と変化をどれほどもたらすものかよくわかっていない。自分が親しんでいる多くのものを諦めて、慣れていないことを山ほど引き受けることになるなど、予感さえしていないだろう。だが、これはかえっていいのかもしれない。子どもは一人ひとり別で、状況も異なるのだから。子育てという未知の世界に取り組むには、愛の心と人間としての本能、自分の子ども時代の記憶（いいものでも悪いものでも）を頼りにするしかない。

その上で、これが人生だとは言え、私たちは、家族や社会や文化から暗黙かつ無意識に、行動規範に従えという圧力を受けている。さらに、子どもの世話そのものから来るストレスもある。こうした状況の下で、親は、子どもを思う善意と深い愛情があるにもかかわらず、深く考えずに自動的な動きをして、自分の心の気まぐれに苦しむことになる。なぜなら私たちの心は過剰反応する傾向がある上に、たいていは、無意識の思考にたえまなく囚われているからだ。

人が慢性的に時間に気をとられ、つねに時間に迫られているかぎり、『森の生活』を書いたソローが今という瞬間の「開花」と呼んだ豊かさを知ることはないだろう。人はこの瞬間（それはどの瞬間でもある）を、ありふれたもの、決まりきったもの、注意を向けるにはあまりに儚いものとして見るかもしれない。しかし、私たちが心のこのような習慣に囚われているかぎり、何の検証もされずに自動的《オートパイロット》に動く心は、子育てにおいても簡単にそうなることだろう。私たち大人は、自分の行動の基盤に子どもを愛する心と幸せ《ウェルビーイング》を願う気持ちがあるかぎり、何をしても許されると思っているかもしれない。子どもは回復力が旺盛だ、些細なことが起きてもそれだけのことだ、小さなことが子どもに影響を与えることなどありえないと自分に言い聞かせて、正当化することはできる。子どもはかなりのことを受け入れられる、私たち親はそう自分に言い聞かせる。たしかにその言葉には一抹の真実があるとは思う。

　だが、私（ジョン・カバット－ジン：jkz）は、あるときはストレス低減クリニックで、あるときは国内で行われるマインドフルネスのワークショップやリトリートで、参加者たちの子ども時代の詳しい話を聞いて、繰り返し次のようなことに気づかされている。それは、多くの人にとって子ども時代というものは、（両親からの）露骨な愛情の裏切り、あるいは巧妙で微妙な裏切りを体験する時代だったことだ。一方の親、あるいは両親が、程度の差はあれ、感情が抑制できずに、子どもたちに対して何の前ぶれもない威嚇行為、暴力、あざけり、卑劣な行為をたえまなく行っていた。そしてその多くは、親たち自身のトラウマや育児放棄された体験、それに続くさまざまな嗜癖や深いうつ状態から来ていた。皮肉なことに、子どもの思いを裏切る行為をしながら、親が、子どもを愛していると断言する場合があり、その結果、事態は悪化し、子どもにとって正気の沙汰とはいえないもの、とても理解できないものになる。また中には、子ども時代に家族の中で気にかけられていなかった、目をかけられなかった、ほうっておかれた、認められなかったという心の痛みもある。今、社会のあらゆる面でストレスが高まり、時間的切迫感や欠乏感が高まっていて、家庭の中でも緊張状態が限界に達することがたびたび起きる。そして、この状況はよくなるどころか世代を追って悪化の一途をたどっている。

五日間のマインドフルネス合宿に参加した一人の女性がこんなことを話してくれた。

今週、瞑想をしていたとき、自分の一部が欠けているように感じました。気持ちを落ち着けて心の中を観たときに、私のあちこちの部分が欠けていて見つからないのです。これが何を意味するのかはわかりませんが、私は少し心配になりました。もっと定期的に瞑想をするようになったら、もしかして、丸ごとの自分になるのをさまたげているものが何なのかを、見つけられるかもしれません。でも本当に、私は自分の身体か魂にたくさんの欠損があると感じています。それが何をするにもすごく無理な努力をさせます。夫からはこんなことを言われます。「でもね、どうして君はそうしたの？　こんなに大きな突破口があったじゃないか」。それに対して私はこう言います。「理由はわからないわ。でも直す方法があるなら、そうするわよ」。私は自分が穴だらけのスイスのエメンタールチーズみたいに感じます。小さいころからそう感じていました。子どものときに何度か喪失体験をしました。私の一部が、ある人の死によって、またある人たちによって取り除かれました。つまり、私の姉が、私が幼いころに亡くなったあと、両親がうつ状態になって、死ぬまで回復しなかったのです。思うに、私のあちこちの部分が、両親を養うために奪われてしまったのだと感じています。小さいときの私は、とても活発で生き生きしていました。私は今、自分のあちこちが抜き取られてしまって、二度と取り戻すことができないように感じます。どうして元の私のようになれないのでしょう？　何が起きたのでしょうか？　あちこちの部分はどこかに行ってしまいました。今日ここに座って瞑想していて、失った部分を自分が探していることがわかりました。でもどこにあるのかわからないのです。失った部分が見つかるまでは、どうしたら丸ごとの自分になれるのか、わからない。私の家族は全員この世にいません。あの人たちが全部、私のあちこちの部分を持っていってしまいました。私だけがスイスチーズになったまま　この世に生きています。

この女性が、両親を養うためにあちこちに穴があくほど自分の人生を奪われたことを想像すると、身も凍えるようである。そうしたことが起こると、この女性のように、その影響は一生涯にわたる。

ある親たちは、しつけという名のもとに、子どもたちに深い苦しみや危害を与える。彼らは、「おまえを思ってのことだ」「こんなことをしても、おまえよりも私のほうがずっと苦しいんだ」「おまえを愛しているからこそ、こうするんだ」と言って子どもたちを殴打する。こうした言葉は、実は親たちが子どものときに、自分の親から聞いた言葉そのものであることが多い。この事実は、スイスの精神科医アリス・ミラーによって指摘され、世界に大きな衝撃を与えた。「愛情」という名を借りた抑えの利かない激怒、侮蔑、憎しみ、不寛容、無視、虐待が、自分の行動の重大性に気づいていないか、それさえ気にかけなくなってしまっている親たちによって頻繁に行われている。こうした事態が私たちの社会のあらゆる層で起きているのだ。

私たち著者は、一般社会で行われている無意識な子育ての仕方を、そのまま何の検証もせずに行うことは、それがあからさまな暴力として現れるかどうかは別として、子どもたち自身とその発達過程に、深く長期的に害を与える恐れがあると見ている。また、意識しないで子育てをすること自体、親である私たち自身の成長を阻むおそれがある。無意識の子育ては、ありふれたことだが、悲しみ、好機を逃す、傷つき、恨み、非難、自分と世間に対する狭量な見方、という結果をもたらし、最終的には孤立して疎外感を味わうことになる。

一方、子育てが試練であり使命であることをたえず憶えていれば、今述べたことは起きなくてすむ。それどころか、子どもたちとの関わりから起きることをすべて、自分の心の壁を壊す機会として使うことができる。自身を明晰に見つめ、子どものためにもっとしっかりとその場にいて、つながりを感じることができるようになる。子育ての中でマインドフルネスを培う核の部分には、このような私たちの成長がある。

＊

今の社会では、誰もが子育てを正当な、もっとも重要なつとめと考えているわけではない。仕事のキャリアや、恋愛、熱中している趣味に全力を傾けることはまったく問題ないと考えられている一方、子育てに対してはそうではない。

一般社会と社会の制度は、私たち一人ひとりの精神と価値観を創り、また反映しているものだが、概して子育てを蝕む傾向を促しているように思われる。社会でもっとも高額な報酬を得ているのはどういう人たちか考えてみよう。子どもの親たちの仕事を支える大事な役目をしている学校教師や託児所の職員でないことは明らかだ。子どもが生まれたあとの数週間だけでなく、もっと長く子どもといたい母親や父親の手本になる人たちはいるだろうか？　支援ネットワークや、有給の育児休暇、ジョブ・シェアリングやパートタイムの仕事はあるだろうか？　育児教室の支援はあるだろうか？　健全な子育てが社会でもっとも重要で高い価値を与えられていることを教えてくれるのは、こうしたプログラムが普及していることである。だが、現実の普及率は落胆するほど低い。

とはいえ、あちこちで明るい兆しもたしかにある。子育てを自分たちに託された神聖なつとめと考えている多くの親たちが、難しい問題に向き合いながらも温かで独創的な育児法を見つけ出している。また、全国いたるところで、育児技術の指導やコミュニケーションスキルの提供、暴力防止、ストレス軽減プログラム、親や家族に対するカウンセリングなど、創意に富む取り組みも行われている。子どものためにコミュニティ作りをしたり政治的陳情活動をするグループも多数ある。児童擁護基金はその一つだ。ラ・レーチェ・リーグ・インターナショナル（ＬＬＬＩ）とアタッチメント・ペアレンティング・インターナショナルは、親と子の安全なアタッチメントを促す母乳育児活動などを通して、親が子どもたちのニーズを満たすための支援を長年行っている。シアーズ夫妻の本『赤ちゃんの本（*The Baby Book*）』は、何十年間も乳児や赤ん坊のニーズに応える実用的な情報や枠組みを提供してきた。子育てにマインドフルネスと同調を取り入れている本も多数出版されている（巻末の「推薦図書」を参照）。ローラ・ケストナーの『賢明な子育て（*Wise-Minded Parenting*）』、スーザン・スティフェルマンの『パワーゲームのない子育て（*Parenting Without Power Struggles*）』は、子育てをする親たちに貴重な情報を与えてくれるだろう。ダン・ヒューズの『愛着に焦点をあてた子育て：子どもをケアするための効果的な戦略（*Attachment-Focused Parenting: Effective Strategies to Care for Children*）』、ダン・シーゲルとメアリー・ハーツェルの『内側からの子育て（*Parenting from Inside Out*）』は、対人関係神経科学とアタッチメントの研究、アウェアネスを関連させている。ナンシー・バーデキーの『マインドフルな出産：出産とその後のための心と身体とハートのトレーニング（*Mindful Birthing: Training the Mind, Body, and Heart for Childbirth and Beyond*）』は、マインドフルネスを基盤にした出産と育児の画期的な本である。そのほかにもこうしたテーマの研究と新しい本が続々発表されている。

どんな時代に子どもを育てるにしても、私たちは、自分と子どもたちの人生を形成する時代から社会的・文化的・経済的な影響を受ける。しかし、自分が生きている時代と環境にどう関わるかを、個人として意識的・意図的に選択する自由も、ある程度持っているのも事実だ。そしてたいていは、自分が考えている以上に、自分の生き方を、また、自分がもっとも大切にしているものやもっとも願っているものが人生にどう反映されているかを吟味する潜在的な力を備えている。私たちはつねに、人生において、特に子育てにおいては、もっと意識しもっと意図することができる。そして、もし自分の行動を検証し、必要なものを知るための大きな「枠組み」があれば、自分が進む方向を描くのは格段にたやすく確固たるものになるだろう。この枠組みは、たえまなく変化する世界にあって次の一歩をどうしたらいいかわからないときでも、道筋から外れないように助けてくれる。そうした枠組みを与えてくれるのがマインドフルネスだ。

ある状況を見るときに、別の見方があると受け入れるだけで、また自分が知っている以外の選択肢があるかもしれないとわかっただけで、新しい重要なアイディアが次々にひらめくものだ。

日常生活で起きるさまざまな場面にマインドフルネスを取り入れることは、実用的であるだけでなく、私たちが無意識に突き動かされる自動操縦《オートパイロット》〔無意識〕モードから意識モードに移行することを意味する。実際私たちは、自分たちが自動操縦モードで動いていることにさえ気づいていない。ストレスが急増している複雑な現代社会の中で、毎日多くの矛盾する責任や義務をやりくりしながら、子どもたちを育て、彼らの内側と外側のニーズに応えようと奮闘している私たちにとって、マインドフルネスを取り入れることは非常に重要だろう。

気づきの子育てとは?

これまでの子育てにはなかった「気づきと意図」を持って子育てする「気づきの子育て」には、大きな可能性と利点、そして難しさがある。私たち親は今、子どもを育てる上で、何をしたかだけが大事なのではなく、子育てを意識的に行うことがもっとも重要であること、それが親たちにできる最高のことなのだと理解しなければならない。

本書は、子育ての多様な面に関する「沈思黙考」といっていい。大切なことは、子どもたちが必要としているもの〔ニーズ〕を理解して、それを思慮深い形で満たすことである。そのためには、私たちに備わる（それゆえ新たに得るものではない）能力、すなわち気づく意識《アウェアネス》をよく知って親しむことが必要だ。私たちに要求されているのは、この気づく能力を日常生活の一瞬一瞬に向けること、それだけである。「マインドフルネス」は、「アウェアネス：気づき」と同義語である。また、マインドフルネスという言葉は、気づきの意識《アウェアネス》にしっかり接続するためのさまざまな方法も指している。マインドフルネスを培って、子育てに気づきを用いるようになると、子どもと自分をより深く理解し洞察できるようになる。また、マインドフルネスには表面の様相や行動を突き通す力があり、子どもの真の姿、その内と外を見ることができるようになる。その結果、わかったことをふまえて、知恵と思いやりを持って行動することが可能になる。

第4章で述べるが、マインドフルネスという見地から見ると、子育ては一種の瞑想修養会のようなもので、人生の大分にわたる、あるときは過酷な修行と考えていいだろう。子どもは、幼児期から成人になるまで、またそれ以降も、たえまなく厳しい問題を与えてくれる住み込みの教師のような存在だ。彼らは、私たちと彼らの真の姿を理解するための心の作業をたえまなく与えてくれる。その結果、私たちはもっとも大切なものを見失わずに、子どもたちが生き生きとのびのびと成長するために必要とするものを与えられるようになる。そしてこの過程で、一瞬一瞬の気づきが、私たちが前の世代から受け継いできた、あるいは自分で自分のために築いてしまった、精神的拘束や心の牢獄などといった自分を縛ってきた物の見方と人に対する態度から、自分を解き放つ力を持っていることを知ることになる。子どもたちは、無言のうちに、存在そのもので、今述べた心の作業を親たちがするように働きかける。子どもたちが持つ本質的な完全性と美しさを私たちが意識して心にとめおくことができればできるほど――特にそうした本質を見ることが非常に難しい場面でそうすることができると――完全にその場にいて思いやりを感じる能力が深まる。そうして、子どもの姿をより明晰に見ることができるようになると、より寛容な心と深い知恵を持って適切に応対することができるようになる。

私たちが献身的に子どもを養い、育て、彼らの真の姿を理解しようとするなら、この同居する教師たちは、特に私たちの「修行」の最初の一〇～二〇年間は、驚異と至福の瞬間、つながりと愛という、もっとも深い感情を感じる機会をたえまなく与えてくれるだろう。彼らはまた、冗談ではなく、私たちの感情誘発ボタンを全部押して、ありったけの不安を誘い、想像もしなかったことを教えてくれるだろう。さらに、私たちの許容度の限界と境界線を試し、私たちが見るのを怖がっている自分の中のあらゆる場所や、自分に欠けている、良くないと感じている部分に触れることだろう。このとき私たちが、体験のすべてに細心の注意を払おうとするなら、子どもたちと人生を共にし、護り、養い、愛し、可能なかぎりの導きを与える中で、彼らは人生の神秘、そして人生で一番大切なものを繰り返し思い出させてくれるだろう。

親であることは特別に厳しいもので、多大な努力が求められる。なぜなら彼らは親の私たちに、他の誰もできない、誰もしようとしないことを、他の誰にもできない、しようとしない方法で求めることができるからだ。彼らは、他の誰よりも身近で私たちを見ている上に、つねに私たちがのぞきこむように鏡を掲げている。そうすることで彼らは、私たちに新しい目で自分自身を見る機会を与え、また、彼らと暮らす生活から学ぶことができるものは何かを意識的に問う機会を与えている。その結果、私たちは、子どもと私たち双方の心の成長を促してくれるこの気づきをもとにして選択することが可能になる。子どもと私たちの相互のつながり、そして、互いに頼りにして支えあう関係が、共に学び、成長することを可能にするのだ。

＊

子育てにマインドフルネスを取り入れるにあたって、マインドフルネスとは何かを簡単に紹介したい。マインドフルネスとは、意図して、今という瞬間の中で、何も判断せずに、一瞬ごとに展開する体験に注意を向けることによって起きる、気づき《アウェアネス》のことである。これは、自分に無理強いをせずに、今述べた方法で何度も繰り返して注意を向けることによって可能になる。最善を尽くしたあとは、その意図している注意力を、長時間意識的に保つだけだ。このとき必ず起きることだが、注意が途切れてしまったら、再び今の瞬間に注意を向けること。これを何度も繰り返す。こうしていると、一瞬ごとに、自分が生きている営みにますます深く触れるようになる。この状態を、自分自身の気づき《アウェアネス》の中に「住む」という。

　ふつう、私たちは人生のほとんどを自動操縦《オートパイロット》で生きているといってよい。注意を向けるのは特に選んだ対象だけで、運に任せ、多くの重要なことを当然として無視するか、まったく気づかない。そして、体験するどんなものに対しても、嫌いか好きか、欲しいか欲しくないかをもとにして、とっさに、検証せずに、意見を作って判断する。これに対してマインドフルネスは、私たちが一瞬ごとの子育ての体験に注意を向けることができるように、また自動的な思考と感情を超えて現実を見ることができるように、非常に有効なメソッドと枠組みを提供する。ただし、マインドフルネスを養うことは判断《ジャッジ》〔善悪・好悪などの判断をすること、審判、白黒の判定、批判〕しないようになる、ということではない。それは、自分が判断していることに気づいて、たとえ一瞬であっても、可能なかぎり判断を停止しようとすること、同時に自分が判断していることを判断しないという意味だ。そのうちにわかるが、私たちは「判断（judging）」と「識別（discerning）」を、別ものとして区別している。「判断」はそのときの反応で、白黒思考であるのに対して、「識別」は白黒の両極の間に多くの段階と多くのニュアンスが存在する。

　マインドフルネスは仏教瞑想の中心的存在であり、それは「注意力」、「覚醒状態」、「慈愛」を養うことに尽きる。マインドフルネスの鍛錬は、二六〇〇年あまりにわたりアジアの多様な瞑想様式の中で発展してきたが、ここ三五年の間に急速に一般社会に浸透した。今では医療、神経科学、心理学、健康管理、教育、法曹界、スポーツ界、社会福祉プログラムなど、さまざまな見地から行われているだけでなく政府機関の中でも実施されるようになった。マインドフルネス関連の研究はこの一五年の間に急増しており、さまざまな分野でマインドフルネスを養う動きが拡がっている。

マインドフルネスは瞑想による鍛錬で、それには多くの方法がある。だが、どの方法も同じ部屋に入ってゆくさまざまな扉と考えていい。一つひとつの扉は、独自の見方を与えてくれるが、いったん部屋の中に入れば、どの扉から入っても同じだ。瞑想はどの方法でもどの様式でも、自分の注意力と自分が知覚しているものを理解する能力（理解しない場合は理解しないことがわかる能力）を使って、どれほど混乱しているように見える行動でも、その行動の表面下に埋め込まれている秩序と静寂に入り込む。このような鍛錬をするのに、子育ての混乱よりも適しているものがあるだろうか？

マインドフルネスがもっとも詳細に体系化されているのは仏教だと考えられているが、どのような文化の中でも重要な位置を占めている真に普遍的なものといえる。なぜならマインドフルネスは人間誰しもに備わる、気づき、明晰さ、思いやりといった能力を養うことだからだ。だが、この能力を養う方法にはさまざまある。子育てに一つの正しい方法があるわけではないように、マインドフルネスの鍛錬法にも一つだけ正しいというものはない。

気づきの子育てでは、子どもとの日々の暮らしの中で、真に重要なものをつねに意識することが要求される。たいていは、重要なものが何かを「つねに思い出さなければならない」ことを思い知らされるだろう。ある瞬間には、自分がまったく何も考えていないことがわかるかもしれない。なぜなら、行動の意味や筋道は日常生活の中で簡単に見失われてしまうからだ。だが、親としてもっとも苦しい最悪の状況に陥ったときでさえ、意識して一歩下がって、まるで初めて知ったかのように新しい視点から、「今、ここで、本当に重要なことはなんだろう?」と自分に問いかけて、新たな一歩を踏み出すことは可能である。

実のところ、気づきの子育てが意味しているのは、今述べた種類の注意力、受容心、英知を、私たちが子どもたちと一緒にいるときに「思い出す」ことができるかどうかだといっていい。これが真の「鍛錬」であり、それ自体が内面の自己管理であり瞑想である。そしてこの鍛錬は、子どもと親の双方に、鍛錬そのものの中で発見されることになる非常に大きな益をもたらす。

子どもから学ぶためには、心を静かにして、自分の内側に注意を向けなければならない。心を落ち着けることによって、自分がつねづね囚われている自分の心特有の混乱、曇り、反応を超えたところを、はっきりと見ることが可能になる。そして、こうして培われる明晰な視野、静謐さ、洞察力を子育てに直接に生かすことができるようになる。

ところで、親たちにも自分のニーズや願望、生活がある。親としての私たちのニーズは、子どもたちのニーズとはまったく異なるかもしれない。気づきの子育てでは、子どもたちのニーズと自分のニーズを対立させるのではなく、対立した瞬間に、お互いのニーズが「相互依存」しあっていることに気づくように促す。私たちと子どもたちの人生は深く結びついている。子どものウェルビーイングは私たちのウェルビーイングに影響し、逆もまた然りだ。彼らがうまくいっていないと私たちも苦しみ、私たちがうまくいっていないと彼らも苦しむ。

このことは、親が、子どもと自分たちの感情面と物理面のニーズに気がついていて、年齢に応じて家族一人ひとりがもっとも必要としているものを、たとえ一部でも手に入るように気配りすることによって、誰もが益を受けることを意味する。子育てにこうした気遣いを取り入れるだけでも、親子のつながり感が強くなるはずだ。子どもは、非常に困難な状況の中でさえ、子どもに関わる親の姿勢から、親が全力投球していることを感じるだろう。そして私たち親は、親と子のニーズが衝突し競いあう瞬間の私たちの選択さえも、この温かな心のつながりから来ること、そしてその結果、選択したものの中に大きなやさしさと知恵とがあるのを発見するだろう。

＊

私たちは子育てを神聖なつとめと考えている。親とは、子どもを保護する者であり、養う者であり、慰める者であり、教える者であり、導く者であり、子どもの仲間であり、手本であり、無条件の愛と無条件の受容の源以外の何者でもない。もしも今述べたことを神聖な責務として忘れることなく、刻一刻と展開する子育てに一定のマインドフルネスを取り入れることができるならば、親としての選択は、この瞬間、この子どもは、その子の人生の現段階において、その姿と行動を通して何を求めているのか、という気づきから行われるようになるだろう。そして、この命題に向き合うことで、子どもたちにとって最善のことを行うだけではなく、おそらく、自分の人生ではじめて、自分の中のもっとも深いところにあるもの、最善のものを発見することになるだろう。

気づきの子育てでは、日々直面する数々の難題を認識し、それを言葉にする必要がある。なぜなら、気づきにはすべてが含まれなければならないからだ。気づきの中には、私たち自身のフラストレーション、不安定さ、欠点、限度、限界や、もっとも暗く破滅的な感情を理解すること、また、どのように圧倒されるか、どのようにズタズタにされるように感じるかなども含まれねばならない。気づきの子育てでは、こうしたさまざまな感情に、意識的に体系的に「取り組む」ことが求められる。

このような仕事を引き受けるのは、自分自身に多くのことが問われることにもなる。なぜならいろいろな意味で、私たち自身が自分の子ども時代の産物であり、程度の違いはあっても、子ども時代の出来事や環境の囚人ともいえるからだ。子ども時代は自己概念や世界観が形成される時期である。そのため、私たちの過去の歴史が否応なく、自分の子どもが「どういう人間か」「何に値するか」「どう世話されるべきか」「どう教育されるべきか」「どう社会化されるべきか」などの考え方を形成する。親は誰でも、自分の考え方を、頑固に、それも無意識に握って離さない傾向を持っている。このことに気づかなければ、自分が育てられた方法の中から、子育ての助けになるポジティブなものを引き出すことは不可能であり、自分が昔から引きずっているネガティブで成長を阻むような面を越えて進むこともできない。

子どものときに、なんとか生きのびるために、口を閉じなければならなかった人たち、「見ない」ようにしなければならなかった人たち、感情を押し殺さねばならなかった人たちにとって、気づくことは非常に苦痛で難しいことかもしれない。昔自分がしていたひどい行動や思考が再び戻ってきたときや、昔の信念や破壊的思考や悪夢などに襲われたとき、暗い感情や白黒思考で苦しいときに、いったん停止し、落ち着いて、新しい目で物事を見ることは至難の技だ。

ところで私たち著者は、マインドフルネスによる子育ての達成度を測る理想基準があるとか、基準に達してほしいなどと言っているのではない。気づきの子育てとは、私たちの気づく意識を深め洗練すること、気持ちを浮つかせることなく「ここ」にいて知恵ある行動をする能力を養うという、継続する過程そのものである。それは、何か決まった目標（たとえそれが価値あるものであっても）に達するとか結果を得ようとするものではない。この過程の大事な部分は、一定のやさしさと思いやりを持って自分を見ることである。これには、自分の欠点や盲点、執着、人間らしい弱さ、過ちを犯しやすい傾向などを知って、受け入れ、可能なかぎりそれらに「今、ここ」という姿勢で取り組むことも含まれる。私たち著者は、暗闇と絶望の中で自分には何もわからないと感じる、まさにその瞬間が再び新しく始めるときであり、どんなときも新しく始められることをよく知っている。どんな瞬間も、新たな同調、新たな扉が開くチャンスである。そしておそらく、まさにその瞬間に、私たちは、子どもと自分を、新しい光の中で、より深い方法で、見て、感じて、知ることになる。

というのは、子どもに対する愛は、子どもに接する一瞬一瞬のつながりの質の中に表現されるもの、体験されるものだからである。どんなときでもいい、私たちが日常のある瞬間を意識して保ち、子どもとその瞬間を共有するとき、その瞬間に愛が深まる。つまり愛は、食卓で子どもにパンをどのように渡したか、おはようという言葉をどう言ったか、に表現されるのだ。子どもへの愛は、子どもとディズニーワールドに行くことだけに表されるものではない。毎日私たちが子どもに示すやさしさ、理解、受容する広い心に愛がある。また私たちの愛は、私たちが設定する境界、制限、枠組みの中に、さらに、私たちが明確に、毅然として、しかもやさしさを持ってそれらを守るときに、そこにも愛がある。愛は、私たちの行動の中に表すことで表現される。つまり、私たちにとってよいときであろうと困難なときであろうと、どんな日でもどんな瞬間でも、私たちの在り方の質こそが、子どもに対する思いやりと愛の深さ（浅さ）を表している。

本書は、家族生活の質を大事にする人たち、自分の子どもたち（これから生まれる子どもも含めて年齢に関係なく）のウェルビーイングを願う人たちのために書かれた。本書が、日常生活の中で、自分の在り方と行動を通して愛を示そうと努力している方々を応援するものとなるように願っている。ただし、私たちが人生を真に生きていないかぎり、また自分の中にある感情のすべてに触れること――ひと言でいえば目覚めること――がないかぎり、この仕事は難しいだろう。

子育ては、最善の自分と最悪の自分、生きることのもっともすばらしい瞬間ともっとも恐ろしい瞬間を見せてくれる。そうした子育てについて理にかなうように書こうとするのは、気が遠くなるほど困難な作業だ。私たちの子どもが成長期にあった時期、私たちはたいてい、自分の家族は基本的に健全だ、まともだ、と感じていた。子どもたちは幸せで、元気はつらつで、安定しているように見えた。しかし翌日、あるときは次の瞬間には、あらゆる修羅場が出現した。家庭の中は混乱と絶望と怒りとフラストレーションに満ちた世界に変わり、自分たちが理解したと思ったものは使い物にならなかった。一夜にして、一瞬にして、世界の法則が変わったように思われた。何が起きているのか、どうして起きているのか、わからなかった。自分たちを最大級の落伍者だと感じた。自分が何も知らなかった、何もわかっていなかったように感じた。

このようなとき私たちは、そのとき起きていたことがどんなに不愉快で苦痛であっても、気づきの糸を手放さないようにと自分に言い聞かせた。非常に難しかったが、現実に起きていることを認め、私たちに何が要求されているのかを見きわめるように努めた。これができなければ、自分の反応しがちな傾向と自動的行動に走って、思いやりや明晰さを忘れ、恐怖や怒りや拒否を子どもに示すことになる。私たちは、たとえそうしたことが起きてしまったときでも（ときには避けられない場合もある）、あとになって落ち着いたときに、起きたことから学ぶために見直しを行った。

本書は、私たちの、親としての体験から生まれた。最初の本を書いたときには、子どもたちが中学生、高校生、大学生だった。この改訂版が出版される今、子どもたちは成長し、私たちは祖父母になった。私たちの子育て体験は、当然ながら、人としても親としても、読者の体験とはいろいろな意味で異なっていると思う。私たちが子育てに選んだ方法には、読者の子育て法、あるいは育てられた方法とかなり異なるものもあるだろう。また、私たちが本書で述べることや私たちの選択には、読者の感情を強く刺激するものがあるかもしれない。元来子育ての話というものは、誰でも感情を深くかきたてられるものである。なぜなら子育ては、私たちが自分をどう捉えているか、どんな生き方を選んだかと密接に関わっているからだ。

私たちは、読者のみなさんに、自分たちがしたことを全部するべきだと言っているわけではない。そうしないなら、あなたには何か欠けていると言いたいわけでもない。誰でもわかっていることだが、子育てには簡単な答えも、何にでも使える単純な解決法もほとんどない。また、マインドフルネスは人生のすべての問題に答えるとか、子育てに関するすべての疑問の解答がここにあると言うつもりもない。私たちが提案しているのは、新しいものの見方や在り方であり、これをあなたの子育てや人生にいろいろな形で取り入れることができますよ、ということだ。最終的には、私たちに備わる生来の創造力と持っている能力を呼び起こし、目を覚まし、気づいて、子どもと自分たちにとって何が最善かを自分で決定しなければならない。

本書で私たちは、自分たちの体験、そして気づきの子育てと私たちが呼んでいる方向性を読者に紹介する。マインドフルネスという変化を促す力が、いくぶんでもあなたの価値観や意図と共鳴し、あなた自身の子育ての道を考えるときに役立つことを願っている。

気づきの子育てとは、最終的には、子どもの姿を明確に見ることができるようになること、あなたの本心の声に耳を傾け、それを信頼することができるようになることである。気づきの子育ては、日常的に直面する子育ての苦労に対応する方法を示し、支援する。また、毎日、一瞬一瞬、子どもたちに知恵を持って対応する方法や、あなたが無条件の愛の源になる方法を見つける手助けをしてくれる。

マインドフルネスの鍛錬法

同じ状況の家族は二つとなく、困難なときに家族が頼ることができるものも同じではない。だが著者らは、どんな生活環境でも、どんな家族も、人間の心の奥には呼び出して頼ることができる潜在的な資源《リソース》〔強さ・英知、創造力ややさしさなど〕があると信じている。そして、人が人生や家族を安定させるための重い選択をするとき、それが非常に大きな助けになる。

社会のあらゆる層において、経済面・社会福祉面で安定しているか否かとは関係なく、どれほど大きな問題を抱えていても、子どもを最優先する方法を見つける人々がいる。では、子どもを最優先するとはどういうことを指すのだろうか？　これはよく考えるべきだ。もちろん、何を意味するにしても、子どもの年齢と子どもそれぞれで異なるだろう。ただ、親が子どもに執着してまわりをたえまなく飛びまわる（これが、ヘリコプターペアレントといわれているものだ）ことではないのは確かだ。また、親のあなたが必要としているものを分別なく不健全な方向で犠牲にするという意味でもない。マインドフルネスは、子どもに集中しすぎて自分を見失うことではない。マインドフルネスは、身体で感じる自己認識《セルフアウェアネス》、つまり、自分の身体に、自分の命につながっていることを感じる体験を促すものだ。

リレー競技では次の走者にバトンが渡されるまでに長い並走距離がある。子育ての並走距離は最短でも一八年か、もっと長い。親の仕事は、子どもがひとりで走るときにうまく走れるように、子どもの体勢を整えることである。これを最適に行うためには、二人で走っている間に親が自分の全力を注ぐことだが、その方法はたくさんあり、これだけが正しいという方法も決まったやり方もない。それに、単に何かをすることが大事だというのでもない。実際、長い目でみると、「私たちが何をしたか」よりも、私たちが自分自身の人生で「どのように在ったか」のほうが大事だと思われる。そして、どんな環境であっても、意志と意欲と思いやる心さえあれば、人間誰もが持つ内面の「資源／蓄え《リソース》」、つまり、強さ、英知、創造力ややさしさを自分の中から引き出すことができるようになる。一瞬一瞬が、これを実行するチャンスだ。大事なことは、自分に合ったペースをつかむこと、自分にやさしくすることの重要性を理解することだ。なんといっても私たちは長い距離を歩くのである。気づきの子育てはそのことを教えてくる。

厳しい精神修行や感情制御の鍛錬がそうであるように、マインドフルネスによる子育てにはエネルギーと覚悟がいる。一生の仕事ともいえるこんな大変なことが自分にできるのだろうかと、ときに気持ちが揺らぐ人がいるかもしれない。「すでに毎日していることだけで精いっぱいなのに、その上にこれをするなんて、いったいどうしたらいいだろう」と思うかもしれない。そういう人は、私たち親が、マインドフルネスによる気づきの子育てをするための規律と方法論にすでになじんでいるとわかれば、安心してやる気が出るだろう。実際、気づきの子育てを鍛錬として、また内面の規律として行うことは、可能であり実際的でもある。なぜならそれは、私たちが親として毎日のように直面する体験や難題から自然に起きているからだ。

たとえば、私たちはすでに、常時注意を払うことを要求されており、かなりそれに熟練しているはずだ。毎朝決まった時間に目を覚まし、子どもたちを起こして朝食を食べさせ、学校に行く準備をさせるように訓練されている。また、自分も仕事に行く準備をし、(職場が家ではない場合は)職場に行くように鍛えられている。子どもたちの学校の複雑なスケジュールと自分のスケジュールを調整したり気を配るように鍛えられている。また、行うべきことのすべて(買い物、料理、掃除など毎日の家庭生活において限りなく繰り返される諸事万端)について計画し実行するように鍛えられている。

そのうえ私たちはすでに熟練した状態でもある。時間とエネルギーを必要とする状況が幾重にも重なるのをやりくりして、とてつもなく発達した第六感(それは子どもが幼いときに発達したもので、これによって、子どもの居場所や危険につねに気づいていることができる)を使い、たえ《た》まなく起きてくる危機的状況に対応している。私たちは、他のことをしながら会話をすることに長け、次々と思考を遮るものに対処しながら思考の筋を見失わない。私たちが会話の相手に対してきちんと注意を向けないように見えたりすると、傷ついたり気を削がれる人がいるが、私たちは親として一度に多くのことに注意を向ける能力を発達させたのだ。子どもを見守りながら、子どもの服のボタンをとめながら、子どもが怪我をする直前に抱きかかえて、話を続ける。子育てにはこのようなスキルと自己管理が伴う。スキルは使えば使うほど、発達させればさせるほど(親はどうしてもそうしなければならないのだが)それに熟達する。それが私たちの「在りよう」になる。

自然に身についたこうしたスキルと自己管理は、より「今、ここ」を意識する気づきの子育てをしようとするときに大いに役立つ。なぜならマインドフルネスによる子育ては、そうした自然な子育ての延長線上にあるからだ。気づきの子育てでは、親の自然なエネルギーと自己管理と気遣いの幾分かを、内面へ、自分の心と身体と体験に向けることになる。また、親たちが子どもの外側に向ける注意と同等のものを、子どもの内面生活に向けること、子どもの衣食住に向けている気配りと同じほど、彼らの感情面のニーズや魂が必要としているものに注意を向けることが要求される。

いつでも、どんなに短時間であっても、どれほどのストレスがあっても、どれほど体調が悪くても、「今、ここ」を意識することは可能である。しかしそれを実行するには、毎日の鍛錬によってマインドフルネスを培おうとする心構えが必要だ。それにはさまざまな方法があるが、相互に補完するものとして、「正式な瞑想」と「形式ばらない瞑想」の組み合わせがもっともいいだろう。後者は日常生活におけるマインドフルネスとして知られており、私たちが親御さんに最初の瞑想としてすすめている重要な鍛錬でもある。また正式な瞑想のほうも、日常生活の一部として実践できるなら、短時間（一日にたとえ五分か一〇分であっても）でもマインドフルネスの力を強くする効果がある。だが、結局のところ気づきの子育てとは、繰り返し「今」という瞬間に立ち返り、意図的に気づくことから学ぶことで、それ自体が非常にパワフルな鍛錬である（エピローグの「マインドフルネスを実現するための四つの鍛錬」を参照）。

これまで何万人もの人たちが、マサチューセッツ大学の医療センター、あるいは国内外で、マインドフルネスを土台としたストレス低減法（MBSR）プログラムを修了した。参加者の大部分は大きなストレスを抱えた親たちだ。命にかかわる健康面の問題を持ち、解決が難しい社会的問題、経済的問題、個人的問題を抱えている人も多い。中には、ぞっとするような家族問題を過去に持つ人もいる。たいていがこうした非常に難しい問題に対処するために、日々たいへんな努力を重ねている。八週間のMBSRプログラムを通して、参加者は自分と家族のウェルビーイングのためにすでにしていることを土台として、毎日正式な瞑想と形式ばらない瞑想によるマインドフルネスの鍛錬を行って日常生活に役立つマインドフルネスを養う。この過程で、彼らの生き方や態度、子どもや他人に対する見方や人間関係に大きな恒久的変化がよく起きる。日常生活の中でマインドフルな状態を維持するのは元来難しいのだが、多くの人たちから、次のようなよい報告を受けている。たとえば、新しい方法で注意を向けるようにしたら、リラックスして楽になった、希望が持てるようになった、家や職場でストレスに対処するのがうまくなった、以前より心が安らかになり自分に自信を持つようになった、などだ。マインドフルネスの実践によって人生の中に新しい扉を見ることが可能になる。中には、自分が考えていたよりもずっと大きな自由の感覚を感じる人や、内面的制御感や安心感が大きくなったと報告する人たちもいる。

MBSRのプログラムではインストラクターが瞑想のさまざまな面について紹介し、それらを日常生活や難しい状況にどのように応用できるかに関して一般的な話をする。しかしたいていは、プログラムが進むうちに参加者自身が自分の状況に合わせてそれを見つけることが多い。これはマインドフルネスの実践そのものから自然に生まれる独創的で直感的な過程だ。

マインドフルネスによる気づきの子育てにしても同じことだ。私たちはみなさんに、何々をしなさいとか、何を選択すべきだと提案することはない。それを決めることができるのは本人だけだからだ。あなたの人生はあなたのもので、そのときのあなたの状況が必要としているものを知っているのは、おそらくあなた本人だけだと私たちは考えている。もっとも一般的なことを除けば、私たちはマインドフルネスを適用するときの特別な指示を与えることもない。それを適用する際の詳細やあなたが惹かれる選択肢は、あなたのやる気から、つまり、一瞬一瞬に気づいていてその瞬間を大事にする姿勢、そして心からの願望から現れてくる。そのとき、自分が子どもと共にその場にいることを意識する状況そのものから、「今、ここ」の選択肢が現れるだろう。それらの選択肢は、あなた自身の奥深くにある、実際に無限といえる独創性、想像力、愛、才能から出てくるものだ。

その他、さまざまな理由から、ひとりで親としての全責任を負っている人たちがたくさんいる。また離婚したあと分担して子どもを育てている人たち、比較的年齢がいってから子どもを持った人たち、ゲイやレズビアンの親たち、孫たちを育てている祖父母、生活を共にする二人がほとんど同じ見解を持って子どもを育てている場合、生活を共にしているがうまくいっていないカップル、子育てに関する意見が違うカップル、労働と子育ての責任分担がひどくゆがんでいるカップル、両親ともにフルタイムかそれ以上働いている家族、生死に関わる病気の子どもがいる家族、身体的問題に取り組む子どもがいる家族、発達の仕方が異なる子どもを持つ家族、年齢がとても近い子どもたちを持つ家族、年齢がかなり離れた子どもたちを持つ家族、双子、あるいは三つ子がいる家族、男女の子どもの数にかなり差がある家族（たとえば全員が男子、全員が女子、あるいは他の組み合わせ）など、多様である。このようなさまざまな状況のどれにも有効だという子育ての方法はなく、これさえ知ればいいという知識もない。

マインドフルネスには決まったやり方があるわけではなく、私たちの人間としての体験の性質、そして日常生活においてどのくらい注意を払うことができるかに関連している。そういう意味で、マインドフルネスは真に普遍的であり、実際どんな状況にも適用できる。人はみな、心と身体を持ち、意図して注意を払うことが可能で、誰の人生も一瞬ごとに展開する。マインドフルネスは何をするべきかという指示はしないが、あなたが大事だと信じるものに耳を傾ける方法、注意を傾ける方法を教える。また、どんな事態、どんな状況においても視野を広げられる方法を教えてくれる。

どんな困難に直面していても、自分に備わる内面の蓄え《リソース》の存在に気づいて、それを取り出し、自分の価値観と本心に正直な道を描くことができるならば、どんな人も親として人として成長し、変わることができる。骨が折れる仕事ではあるが、今私たちがしていることより大変なわけではない。真に行うことは意識の転換だ。それは、今の瞬間の気づきから現れる「新しいものの見方」であり、その「新しいものの見方」が、私たち、そして子どもの中にある最善のものが現れるように導いてくれるだろう。

⁂

さて、これからマインドフルネスによる子育ての世界に入っていくにあたって、気づきの子育てが私たちに求めるもの、与えるものについて知ってもらうため、ある物語から始めたいと思う。しばらくは、現在の世界から外に出て、魂の世界、神話の世界を体験していただこう。物語が終わってこの世界に戻るときには、深く見るとはどういうことを指すのか、また自分のハートを信じるとはどういうことなのかを感覚的にわかっていただけると思う。覚えておいてほしいのは、この物語の登場人物は全員、私たちの中のさまざまな面を表しているということだ。男性と女性、美と醜、やさしさと冷酷さなど、程度の差はあれ、どれも私たちの中に存在している。

第2章

ガウェイン卿と恐ろしく醜い貴婦人

――鍵を握る物語

ガウェイン卿と恐ろしく醜い貴婦人

むかしむかし、アーサー王の時代のことです。あるクリスマスの日、アーサー王は、正義を守ろうと立ち上がったために、国王であるにもかかわらず自分の無力さを思い知ることになりました。彼の宿敵であるターン・ワザリングの騎士は、並外れた巨大な身体を頭からつま先まで黒い鎧で固めて、これも赤い目をした巨大な漆黒の軍馬に乗って現れました。王は、騎士の住む黒い城の前に広がる平野で彼に立ち向かいましたが、ターン・ワザリングの騎士は王に呪いの言葉をかけて、王と馬の力を完全に奪ってしまいました。アーサー王の上に冷たい影がかかり、ものすごい恐怖が襲いました。恐ろしいことに、それはこの世のものではありませんでした。空に現れた真っ黒な恐怖の魂が、王から力を吸い取ったので、剣と盾を持つ王の両腕は力なくだらりと下がり、動く力さえなくなりました。

アーサー王はあえぎながら、「おまえは……私を……どうしたいのだ」と言いました。

しかし、ターン・ワザリングの騎士は、その場で王を殺すことも地下牢に放り込むこともしませんでした。もしもそうすれば、王は地下牢に横たわっている勇敢な騎士たちの中で腐っていき、彼は魔術を使ってアーサー王の王国を自分のものにすることができたでしょう。ところが、彼はそうする代わりに、その日から数えて七日めとなる一月一日に、「すべての女性がもっとも欲しいものは何か？」という問いの答えを持って戻るならば命を助けて自由にしてやると言ったのでした。

王は怒りと恥辱を全身で感じましたが、ほかにどうしようもなく、取引に同意するしかありませんでした。

その日から一週間のあいだ、王は国中を巡って、女性に出会うたびにこの問いの答えをたずねました。ガチョウの世話をする少女、ビール店の女主人、貴婦人、すべての答えを書き留めましたが、腑に落ちる答えは一つもありませんでした。こうして、とうとう新年の朝になり、王は重い気持ちで、ターン・ワザリングの騎士の城がある方角へと馬を向けました。命が助かるただ一つのチャンスを逃した王は、騎士の手にかかって死ぬよりほかないと覚悟していました。

丘は、以前馬で通ったときよりも一段と暗く、風は鋭く肌を刺すようでした。道はひどく遠く、荒れていると感じられました。しかし、それもたちまち過ぎてしまいました。

騎士の城が近くなったときでした。暗い林の中を、うなだれて馬を進めている王の耳に女性の声が聞こえました。それはとても気持ちのよいやさしい声で、王にこう呼びかけました。「アーサー王さま、神さまがあなたを歓迎されておいでです。神さまがあなたさまをお救いし、お守りいたします」。

声のほうに頭を向けると、ヒイラギの実と同じ緋色のガウンを身にまとった女が、かしの木とヒイラギの木の間の、道の脇の土が盛り上がったところに座っていました。その声からやさしい顔を期待していた王は、驚愕しました。それは、これまで見たなかで、もっとも忌まわしい生き物でした。見るのも堪えがたい、痛ましく不快な容貌。いぼに覆われた長い鼻が一方に曲がって生えていて、長いもじゃもじゃの毛が生えている長い顎は鼻と反対方向に曲がっていました。たった一つの目は突き出た眉の下に深く沈んでいて、口は形がわからない割れ目としか言いようがありません。灰色の髪はよじれて固まり、手は茶色のかぎ爪のように曲がっていました。しかし、その指には真の王妃に値するほどすばらしい宝石がいくつも輝いていました。

アーサー王はこれを見て言葉を失いました。そして女から、貴婦人に対する騎士のふるまいを教えられるしまつでした。不思議なことにこの女性は、どのような事情で王が動きまわっているかを知っていました。王が、すべての女性がもっとも欲しいものとは何かをたずねまわっていること、しかし、どの女性の答えも正しくないことまで知っていました。驚いている王に、女は、「彼が求めている答えは自分だけが知っているのです」と言いました。そして、「それを聞きたいなら、交換条件として、私が望むものを何でも与えると誓ってください」と言いました。そこで王は、この女性の要求をその場で承諾しました。すると女は、王を手招きして、まわりの木々にさえも聞こえないように王の耳を唇に近づけさせて、耳の中に王が求めていた答えをささやきました。

その答えを聞いた瞬間に、王は魂でそれが正しい答えだとわかりました。ただ、あまりに簡単な答えだったので、王は笑ってしまいました。

「すべての女性がもっとも欲しいものは何か?」という質問に与えられた答えは、「自分を治める権利〔sovereignty：統治権〕」でした。

その後アーサー王は、彼女が欲しいものをたずねましたが、女性は、まずは自分が与えた答えが正しいことをターン・ワザリングの騎士に確かめてくださいと言いました。そこでアーサー王は騎士のところに行き、彼をさんざんじらしてから本当の答えを言って自由を勝ち取りました。それから、あのぞっとするほど醜い女性が待っている場所に戻っていきました。

王が戻ってくると、貴婦人ラグネル嬢——それが彼女の名前でした——は報酬を求めました。それは、宮廷の円卓の騎士たちの中の一人を彼女の元に連れてくることでした。その騎士は勇敢で礼儀正しく、顔立ちがよくて、彼女を妻として愛する人物でなければならないと女性は言いました。思いもよらない要求に、王はたじろいで拒絶感を感じましたが、しかし、彼女のおかげで命が助かったこと、王として、また騎士として交わした約束を忘れるわけにはいきませんでした。

もちろん、アーサー王が彼の騎士団の誰かにその任務を与えることは、彼に仕える騎士のうちの一人の自己統治権を尊重しないことになります。選択は自由意思から来なければならないからです。宮廷に戻った王は、彼が遭遇した一週間の出来事をのこらず騎士たちに話しました。騎士たちは驚いて聞いていましたが、アーサー王の甥にあたるガウェイン卿が、叔父への忠誠心と善良な気持ちから、その女性と結婚することを申し出ました。王は恥ずかしく、重い気持ちで、まずその女性を見てからにしてくれと言いました。

翌朝、騎士たちは馬で森に向かいました。しばらくすると、木々の間から緋色のガウンがちらっと見えました。カイ卿と他の騎士たちはラグネル嬢のありさまを見て胸が悪くなりました。中には彼女の容貌について侮辱的な言動をする者もいました。哀れに思って顔をそむける者や馬の世話をするふりをする者もいました。

しかし、ガウェイン卿だけは落ち着いて見ていました。彼女の痛ましい誇りの中にある何か、見るのも恐ろしい顔を上げたときのしぐさが、猟犬に囲まれた鹿の絶望を思い出させました。その虚ろな目の奥から、助けを求める声のようなものが彼に届きました。

ガウェイン卿はまわりを取り囲んでいる仲間の騎士たちをにらみつけて言いました。「あなたがたが横を見たり、困った顔をしたり、失礼な態度をとるのはどういうわけですか？　疑う余地はないのですよ。昨晩、私は王に、この女性と結婚したいと言ったではありませんか？　もし彼女が受け入れてくださるなら、私は心から喜んで結婚します！」。彼はそう言うと、馬から下りて、女性の前にひざまずいて言いました。「愛するラグネル嬢、私をあなたの夫に迎えてくださいますか？」

女性は、一つ目で彼をしばらく見ていましたが、あのすばらしくやさしい声で言いました。「いいえ、ガウェイン卿さま、あなたは、他の方と同じように、からかっていらっしゃるにきまっています」。そこでガウェイン卿はこう言いました。「私はこれまで、人をからかったことなどありません」。

彼女はまた、こう言って思い止まらせようとしました。「手遅れになる前によく考えてください。私のようなグロテスクな年寄りと本当に結婚しようと思うのですか？　王の甥という方の妻になるなんて、私はどんな妻になればいいというのですか？　私のような花嫁を宮廷にお連れになったら、グエネヴィエレ王妃をはじめお付きの女性たちはなんと言うでしょう？　それにあなたさまは心の中でどう感じるでしょう？　あなたさまはきっと恥をかかれます、それもすべて私のためにです」。そう言って泣き崩れました。顔は涙に濡れてむくみ、さらに醜くなりました。

ガウェイン卿は、「もし私があなたを守ることができるならば、もちろん自分を守ることだってできるはずです」と言って、挑むような表情でまわりの騎士たちをにらみつけました。「では、これから私と一緒に城に戻りましょう。今夜は私たちの結婚式が行われるのですから」。

貴婦人ラグネル嬢は一つ目から涙を流して、こう応じました。「実を言えば、ガウェイン卿さま、とても信じてはもらえないかもしれませんが、あなたさまにこの結婚を後悔させはしません」。

彼女はそう言うと、立ち上がって、彼女のために連れてこられた馬に近づきました。そのときまわりにいた者たちは初めて、女性の両肩の間にコブがあって、片足が不自由なことに気がつきました。

ガウェイン卿は彼女を助けて鞍に乗せると、隣に並べた自分の馬にまたがりました。こうして一行はアーサー王の城に向かって進んでいったのです。

二人の噂は彼らが町の入り口に到着する前に早々と町中に広がり、人々はガウェイン卿と花嫁を見るために集まってきました。彼らは、自分たちが想像したよりずっと醜い女性を見て肝をつぶしました。


その夜、宮殿の礼拝堂で結婚式が挙げられました。花嫁のそばには王妃が立ち、王が花婿の介添え人をつとめました。最初に前に進み出て、しわだらけの花嫁の頬にキスをしたのはランスロット卿で、他の騎士たちが続きました。彼らは花嫁とガウェイン卿に結婚を祝う言葉を言おうとすると、喉がつまって何も言うことができませんでした。かわいそうなラグネル婦人は、彼女の手に触れるために頭を下げて進み出る女性たちの頭を次々と見下ろしていました。女性たちは、その指に触れるのをなんとか最小限にすませようとしていました。そして、花嫁の顔を見ることも頬にキスをすることもどうしてもできませんでした。そんな中で、犬のカバルだけは温かい湿った舌で彼女の手を舐め、琥珀色の目で彼女をじっとのぞきこみました。その目は彼女の醜い面には目もくれませんでした。なぜなら人間の目と犬の目では、見るものが異なるからです。

宴会の会話は、みなが無理をして喜んでいるふりをしているだけの空虚なものでした。そのあいだ中、ガウェイン卿と花嫁は主賓席につき、王と王妃の隣で緊張して座っていました。やがて食事が終わり、テーブルが片づけられてダンスの時間になりました。人々は、これでガウェイン卿は花嫁から自由になって友人たちに合流できると思いました。しかし、ガウェイン卿は、「まず花嫁と花婿がファーストダンスを踊らなければ」と言って、ラグネル婦人に手をさしのべました。彼女は、精いっぱいの笑い顔を作るためにぞっとするほど顔をゆがませてその手を取り、ファーストダンスを踊るためによろよろと前に出てきました。そうして祝宴のあいだずっと、王とガウェイン卿が会場の人々を見張っていましたので、誰一人として場違いなことが起きているという顔を見せる人はいませんでした。

やがて、無理強いされた虚ろなお祝いが終わり、新郎新婦が宮廷の中にある「結婚の間」に入る時間になりました。ガウェイン卿はそこで、暖炉のそばのふかふかの椅子にどっかりと腰を下ろして、炎を見つめていました。彼は花嫁がどこにいるのか、見ようともしませんでした。そのとき、突然すきま風が吹いてきて、ろうそくの炎が横にゆらいで、壁の刺繍のけものたちがかすかにうごめきました。ガウェイン卿は、どこかとても遠く、かすかな角笛の響きが、魔法をかけられた森の奥から聞こえてくるような気がしました。

そのとき、ベッドの足元で何か小さな動きがありました。そしてシルクのスカートの衣ずれの音がしました。それから、小さなやさしい声が聞こえました。「ガウェイン卿さま、私の夫、私の愛する方、私にお声をかけてくださらないのですか？　私のほうをごらんになることさえおできにならないのでしょうか？」

ガウェイン卿は、しかたなく頭を声のほうに向けました。その瞬間、驚きのあまり飛び上がりました。ろうそくが燃えている二つの燭台の間に、見たこともないような美しい女性が立っていたのでした。

「あなたは」と彼は息もたえだえに言いました。彼は自分が夢を見ているのか、目が覚めているのか、わかりませんでした。「あなたはどなたですか？　私の妻、ラグネル婦人はどこにいるのですか？」

「私があなたの妻、ラグネルです」とその女性は言いました。「あなたが、かしの木とヒイラギの間で見つけた者です。あなたの王さまの約束を果たすため、そしてたぶん、少しはやさしい気持ちから、今夜あなたが結婚した者です」。

「しかし……どうして。あなたはまったく別人になってしまった」とガウェイン卿は口ごもりながら言いました。

「そのとおりです」と初々しい女性は言いました。「私は変わりました、私には呪いの言葉がかけられていたのです。でも、まだ私は部分的にしか自由になっていません。それでも少しの間、私は本当の姿であなたと一緒にいることができます。あなたはこの花嫁に満足していますか？」

そう言って彼女は彼に近づきました。彼は手をさしのべると、彼女を抱き寄せました。「満足しているかですって？　私の最愛の人、私は世界でもっとも幸せな男です。私は叔父である王の名誉を守ろうと考えただけなのに、望むものを手に入れました。でも私は、最初に出会った瞬間から、あなたの何かが私の心に語りかけるのを感じていました、そして、私の何かがそれに応じて働きかけるのを……」。

少しすると、彼女は彼から離れ、両手を彼の胸に当てると、やさしく押し戻しながら言いました。「聞いてください。これから難しい選択をしなければなりません。私は、自分がまだ部分的にしか呪いから解放されていないと言いましたね。あなたが私を妻にしたことで呪いの半分が解けました。でも、もう半分が残っています」。

ラグネル婦人は、自分が一日の半分を元のありのままの自分の姿でいられることを説明しました。そして、ガウェイン卿に、美しい妻と昼を過ごしたあと醜い妻と夜を過ごすことを選ぶか、あるいは、醜い妻と昼を過ごしたあと美しい妻と夜を過ごすことを選ぶか、どちらかを選ぶように言いました。

「それはすごく難しい選択です」とガウェイン卿は言いました。

「考えてください」と婦人は言いました。

そこでガウェイン卿は急いで言いました。「ではどうか、昼間は醜く、夜には私だけの美しいあなたになってください」。

それを聞いたラグネル婦人は、「ああ、なんてことでしょう。それがあなたの選択ですか？　王妃の美しい取り巻きに混じって、私は醜くてグロテスクな女性でいなくてはならないのですか。そしてあの人たちの嘲りや同情を受けるのですか？　本当の私は、あの人たちと同じように美しいのに。ガウェインさま、これがあなたの愛でしょうか？」。

すると、ガウェイン卿はラグネル婦人に頭を下げて言いました。「なんということだ、私は自分のことしか考えていなかった。あなたがそのほうが幸せならば、昼は美しいあなたになって、宮廷におけるあなたの当然の立場で過ごしてください。そして、夜になったら、私は暗闇の中であなたのやさしい声を聞いて満足していましょう」。

そこでラグネル婦人は、「それこそが愛する人のお返事というものです」と応じたあと、「でも、私にとってあなたほど大事ではない宮廷や昼の世界のためでなく、あなたのために美しい私でいたいと思います」と言いました。

ガウェイン卿はそれを聞いて言いました。「どちらにしても、もっとも苦しい思いに耐えなければならないのは、あなたです。そして、あなたは女性ですから、そうしたことに私より賢明な判断ができるでしょう。愛する人よ、あなたが選んでください。どちらでも私は満足ですから」。

するとラグネル婦人は、彼の肩に頭をあずけて、泣き笑いをしました。「おお、ガウェインさま、私の愛する人、今あなたは、選ぶのは私という見方をしてくださったことで、「私自身の道」を私に与えてくださったことで、もとの謎かけの答えである自分を治める権利を認めてくださいました。それによって、私にかけられた呪いを完全に打ち砕いてくださいました。私は今完全に自由になり、昼も夜もありのままの自分の姿でいることができます」。

こうして、ガウェイン卿とラグネル婦人は七年の間ともに暮らし、すばらしく幸せな生活を送りました。そしてその間ガウェイン卿は、それまでよりもずっとやさしく、親切で、確固たる信念を持っていました。しかし七年後、ラグネル婦人はガウェイン卿の元からいなくなりました。彼女がどこに行ったのか、誰も知るものはありません。そして、ガウェイン卿の一部も彼女と共に去ってしまいました。

第3章

気づきの子育ての土台となるもの

自己統治権

ガウェイン卿の物語の中心にあるもの、それは神秘的な宝石だ。その宝は、自分で自分のことを治める権利〔自己統治権〕という概念で、この物語の中で「すべての女性がもっとも欲しいものは何か?」という問いの回答として示されている。

この物語では、問いの答えである自己統治権という「知識」を手に入れたアーサー王は、決定的な死から救われた。一方、ラグネル婦人に対するガウェイン卿の共感と思いやりから湧き出た、自己統治権に対する深い「思い《フィーリング》」は、どれほど考えても解決不可能と思われた難しい状態を解決した(実は溶かした)。ラグネル婦人に選択する権利を戻したことによって、ガウェイン卿は彼女のものである自己統治権を認めた(彼自身のハートを彼女の自己統治権に開いた)ことになり、それによって変容が起こったのだ。

これが、マインドフルネスを土台とする子育ての鍵である。私たちが子どもたちの自己統治権を尊重すると、子どもたちは、「実際の見た目」にありのままの自分を表現することができるようになり、自らの生きる道を見つけることが可能になる。完全に大人になるには両方が必要なのだ。

子どもたちは、繰り返し、自分で自分にかけた呪いに囚われるように見える。われを忘れさせるエネルギーに取り憑かれて、突然悪魔になり魔女になり、トロルになり、鬼になり小鬼になる。そんな瞬間に、私たちはガウェイン卿のように、たじろぎながらも、表面の見せかけを超えた真の姿を見ることができるだろうか？　子どもに、親が喜ぶように変わることをさせないで、親の側が、ありのままの彼らの姿を愛する広い心を持つことができるだろうか？　いったい私たち親自身が、自分自身の呪いに囚われて、子どもたちに自分の残忍な面、悪魔の面、魔女の面をどれほど見せつけていることだろう？　そうしておいて、ありのままの自分を受け入れてほしい、自分の人生の道を見つけたいとどれほど願っているだろう？

『オフェリアの生還』の中で、メアリ・パイファーは次のように指摘している。ジークムント・フロイトの上目線の問い「女は何を欲しているのか」に対する答えは、彼女の女性クライアントとのセラピーセッションの中で繰り返し明らかになっていると。そしてこう言う。「彼女たちはみな、別の何か、特別な何か……と言うのだが、どの女性も願っているのは同じもの――それは、本当の自分になること、自分がなれる最高の人物になること、他人の人生の客体にではなく、自分の人生の主体になることである」と。

もし自己統治権の意味するものが、その人本来のありのままの姿、自分がなりえる人物になることを意味するならば、それは、より大きな問い「誰もが心の中でもっとも願っているものは何か」、さらに「すべての人がもっとも値する姿とは何か」という問いに対する答えでもあるのではないだろうか？

私たちの考えでは、自己統治権は外部に力を求めることではない――これにつながることは大きな力になるが、むしろそれは仏教的概念である「仏性」、別の言葉でいえば「われわれの真なる自己」と深くつながった状態と考えられる。仏陀の姿は、精神《マインド》と本心《ハート》の状態を体現しており、意識、知識、覚醒に深く触れている状態である。仏教の考えでは、個々の私たちの精神《マインド》と仏陀の精神《マインド》は根本的には同じもので、人間として私たちが行うもっとも深い修行は、この根本的一体を実現することだと考えられている。つまり「仏性」はすべてのものの根底にある。ありとあらゆるものはそのままで完全で唯一無二の存在であり、しかも、どれひとつとして、全体から離れることも孤立もしていない。ゆえに、どの人の性質も根本的には仏性であり、その仏性において私たちはすべて同じである。誰であれ、真の性質は自分が自分を治める自己統治なのだ。私たちがするべきことは、このことを理解して、すべての人、子どもたち、そして自分の中にある自己統治権を尊重することだけである。

もちろん、「自己統治権を理解するだけ」といっても容易なことではない。これは一生の仕事だ。私たちはもしかしたら、自分の中にあるもっとも基本的なもの、本当の性質、もっとも深いところからの呼び声を、今も知らないで生きているかもしれず、それとのつながりを失くしているかもしれない。自分の本質を認識しないで、自分の本質とは違う生き方をしているとき、私たちは自分にも他人にも多くの苦しみを作っている可能性がある。

仏陀は、「己を統治するもの」と呼ばれることがあります。私たちはもろもろの出来事に夢中になって、われを失います。歩く瞑想は、私たちが持っている自己統治権、人間として私たちが持っている自由を取り戻す手助けをしてくれます。私たちは、皇帝のように、獅子のように、堂々と、優雅に歩きます。どの一歩も人生です。

ティク・ナット・ハン『ウォーキング・メディテーション』

お辞儀というしぐさには、人間のもっとも奥底にあるものを尊ぶことが象徴的に表現されている。多くの国で、握手ではなく、胸のあたりで両手を合わせてお互いに少し前かがみになってお辞儀をする挨拶が行われている。これは、「あなたの中にある神聖なものを拝します」という意味である。それは、お互いの中に本来備わっている完全さを互いに認識している、という意味だ。そしてそれは、もっとも深いところにあるもの、もっとも基本的なもの、すでに在り、つねに在る、本質全体を指している。自分の本質から相手の本質に頭を下げるとき、私たちの根底は同じであることを思い起こしており、同時に、一つのものが個別の表現をとっていることも理解している。人々はときに、猫や犬に頭を下げ、木や花にお辞儀をし、さらに雨や風にも頭を下げて挨拶する。それに対して、ときには、猫や犬、木や花、風や雨でさえ、お辞儀を返す。なぜなら、すべてのものはそのものたらしめる固有の性質を持っており、その固有の性質が全体におけるそのものの在るべき場を決め、その上で、すべてはつねに相互依存の関係にあるからだ。親の私たちは、自分の赤ん坊や子どもたちに心の中でお辞儀をしていることがある。

＊

自分の子どもの自己統治権に親としてどう取り組むかは、子どもの年齢、それぞれの子どもの違い、それぞれの状況によって、大きく異なるだろう。だが親は、自己統治権が子どもの基本的属性であり生来の権利であることを理解し、それを尊ぼうとする積極的姿勢は変えないでほしい。そのためには、子どもの自己統治権、そして彼らの中の本質的な善や美しさを、私たち親が信頼することが必要だ——たとえ私たちにはまったくそれが感じられないときでも、あるいは子どもの態度にまったくそれが見えないときでさえも。

親になるとまもなくわかることだが、子どもはみな独自の、特質、気質、才能を持って生まれてくる。親に求められるのは、子どもを変えるのではなく、彼ら一人ひとりの特性を認めて、ありのままの姿を受け入れ、広い気持ちで彼らを尊ぶことである。たえず変化しているのが子どもというものだ。それゆえ私たちは、彼らが最善かつ親の意思の押しつけではない本物の成長と変化を実現することができる余裕を彼らに与えられるように、今述べたことに気づくことが重要だ。

子どもたちは自己統治権を持って生まれる。その意味で彼らはありのままで完全な人間である。自己統治権は人間の本質にあるものだが、それを感じて使う能力は、子どものときにどう扱われたかに始まり、人生経験を通して深まっていく。大人の場合は、トラウマとなる人生体験によって、あるいは自分からそういう面を軽視することで、本来備わっている自己統治権が損なわれていることもある。

とはいえ、私たちが自己統治権と呼んでいるものは非常に深く、強固で、頑強で、きわめて重要で不可欠な性質である。なぜならそれこそが、私たちの真の性質だからだ。このため、非常に難しい環境で子ども時代を過ごした人でも、多くの人が、生きるための支えや強さをここから引き出している。場合によっては、親以外の人がその子の真の姿を理解して、親切・励まし・称賛・受容を与えるという大事な役割をしていることもある。自分の成功はある一人の人物のおかげだと話す人は少なくない。あるがままの姿を理解して励ましてくれた人がいたおかげで、将来なりたいと思っていた今の自分になることができた、と。

どんな社会でも、健全な社会では、何らかの形で自分がありのままで完全であることを知っている大人、そのために、他人にも美しさと完全さを見ることができる大人たちが、子どもや青少年の信頼できる相談相手になって彼らを導くことが、大人の神聖な責務である。

自分が自己統治権を持っているという子どもの体験は、彼らが社会に出て行き、さまざまな困難を乗り越えるにつれて深まってゆく。彼らは、「ありのままの自分」が受け入れられ愛されていることを知って、内面の強さと自信が育ち、自分を信頼して安心できるようになる。

＊

ところで、子どもたちに本来備わる自己統治権の概念は、親たちに誤解されやすい。私たちが、子どもたちは王さまや王女さまのように扱われるべきで、親は彼らの手足となるべきだと提唱しているように勘違されることもある。だがちがう。私たちがいう自己統治権という言葉は、それとはほど遠い。子どもたちに自己統治権を認めることは、誰に対しても自分を我慢しないとか、自らの行動や人生体験から切り離されたいつわりの「自己肯定感」をすすめるものではない。また、なんでもしたいことをしていいとか、何をしても許されるというものでもない。さらに、子ども自身のやり方があるべきだし、いつも幸せであるべきだから、彼らが欲しいものはなんでも手に入るようにするべきだというわけでもない。

自己統治権は、人間の本質という意味で、人間の普遍的な性質である。人生は、その本質とはいったい何なのか、私たち個々人にとってそれはどう表現されるか、を理解する機会を与えてくれる。子どもたちは彼らの内に自己統治権を有しており、彼らの親たちも含めてすべての人がそうである。そこで、どのように子どもたちの自己統治権を尊重し、同時に自分たちの自己統治権を尊重したらいいかをじっくり考えなければならない。彼らが人間全体としてよく育つように手助けするにはどうしたらいいか？　また彼らが、他の人の自己統治権を理解し尊重するようになるには、どう働きかけるべきなのだろうか？

自己統治権とは、野放しに権利を付与することではまったくない。欲しいものはなんでも与えられるべきだ、他の人間が子どもに代わって仕事をするべきだ、などというものではない。子どもたちに備わる自己統治権を守り養うことは親の仕事ではあるが、しかし、子どもたちだけが重要な人間でその考えや欲求に値打ちがあるからという理由で、彼らの行動はどんな影響を与えても許される、といった態度を助長させないように注意しなければならない。各々の自己統治権は相互に依存し、相互に関連している。私たちは誰もが大きな全体の一部であり、どんな行動も互いに影響しあっている。

また、次のようにいうこともできる。子どもは実際大きな権利を与えられている。そして、大人たちも同じように権利を与えられていると。だが、重要な違いは、大人と子どもの関係は対称的ではないことである。大人たちは子どもたちに責任がある。子どもたちには、親や大人たちに愛される、世話される、守られる権利が与えられているが、親たちは、自分たちの感情面の欲求を子どもに満足させてもらうことはできない。私たち大人の感情面のニーズは、自分か他の大人に向けられるべきものである。とはいえ、子どもはその存在だけで、私たちから求めなくとも、限りない喜びを与えてくれる。

私たちは確実に、大人として親として、自分の根底にある自己統治権とのつながりを、模索し、養い、深めて、より不変的なものにしなければならない。なぜなら自己統治権は基本的なものでありながら、とらえどころがないものだからだ。これが、気づき、つまりマインドフルネスの大きな仕事であり、私たちが人間本来の性質に目覚め、それを具現化するきっかけとなる。もちろん、自己統治権について考えるとしても、たいていの人は、自分は忙しすぎてそんなことに注意を払うことはとても無理だというだろう――ソクラテスをはじめ、「汝自身を知れ」と言った覚者たちは多いはずなのだが。だがおそらく私たちは、自分の真の性質に注意を向け、それに従って生きようとしないではいられないだろう。というのは、そうしなければ、現実に私たちは人生の大部分を夢遊病者のように過ごすことになるからだ。そして、人生の最後になっても、自分が何者か、何者だったのかもわからず、子どもの本当の姿さえもわからないままでいてしまうだろう。自分としては懸命に考えたはずなのだろうが。

ここまで見てきたように、成長と発見をもたらすひとつの手段がマインドフルネスであり、二つの相補的方法によって養われる。一つは、日常生活のすべての面で意図的に意識すること、もう一つは、形式的な方法で瞑想を毎日行うことである。形式的な瞑想では、日常の活動を一時的に停止して、沈黙の中で、自分の一瞬一瞬の心と身体の動きを観察し、それらを鎮める。私たちは、この片方、あるいは両方を実践して、生活にマインドフルネスを取り入れ、自分は何者なのかという大きな問いにマインドフルネスを使って取り組むことによって、自分の子どもに自己統治力を認めるときに、自身の自己統治的性質を自覚できるようになる。

＊

そもそも、子ども自身の生き方を基本的に尊重するとは、親にとって、具体的にどんなものなのだろうか？　結局のところ、「自分の生き方を持つ」とは、何を意味するのだろう？　そして「本当の生き方」とは何を意味するのか？　大人は、そして子どもは、自己統治の力をどのように体験するのだろうか？　年齢が違い、人生の段階が違い、また気性がまったく違う子どもたちでは、それはどう体験されるのだろうか？

子どもの自己統治権を尊ぶことの一つは、彼らには成長の段階とそれぞれの気性がある現実を認めることである。それは、赤ん坊では、親に出すメッセージが親に対応されることを意味する。なぜなら親は、赤ん坊を世界とつなぐ存在だからだ。赤ん坊が泣くと私たちは取り上げて、抱きかかえ、耳を傾け、その場にいる。赤ん坊に快適さとウェルビーイングの感覚を与えようとする。このような行動を通して、私たちは、まわりの世界を反応させる赤ん坊の力を尊ぶ。つまり私たちは、このような形でリスペクトを与えることによって、赤ん坊に、まわりの世界が自分に応答すること、自分のための場所があること、自分が世界に属していることを教える。その瞬間に私たちがそうしたいかどうかは別として、私たちはこれを一つの意識的な鍛錬として行う。

よちよち歩きの子どもに自己統治権を認めることは、家を子どもの安全な場にして、彼らが、自分がいる場を自由に探索できるようにすることを意味する場合もある。もちろん、比較的安全な環境であっても幼児には配慮が必要だ。その場合は、単に彼らから目を離さないことが自己統治権を認めることになる。それは一つの尊重《リスペクト》の形であり、「私たちの手の届くところでそうした配慮を与えられる価値がその子どもにある」と言っているのと同じだ。そうした配慮は、その年齢の子どもを持つ親の第六感となって、たとえば他人と会話中でもテーブルの端にあるグラスに気づいて、子どもがそれに手を伸ばす直前にグラスを動かす行動となる。

これと反対に、子どもが何かを探索しようとするたびに、「それをしちゃダメ、怪我するわよ」というような警告をいつもしていると、子どもは自信をなくしていき、親の恐怖が子どもに植え付けられるおそれがある。親は、必要なときは助けられるように、黙って体勢を整えながら、困難な状況から子どもが自分で抜け出す方法を見つける機会を与えるのがいいだろう。そうすれば、私たちの恐怖で子どもの大胆さを弱めることもなく、心ゆくまま冒険をさせて問題の解決を促すことになる。

思春期の子どもの場合には、自己統治権を認めるとは次のようなことを意味するだろう。それは、彼らの主張の仕方の奥にあるものを積極的に見ようとすること、彼らの根にある善性を信頼することだ。彼らの表現は内的な力を表すもので、年長の者にとっては衝撃的で拒絶反応すら起こさせることが多いが、私たちは、彼らの話に耳を傾け、理解しようと努め、彼らの見方、洞察力、スキル、強さを高く評価することによって、彼らの自己統治権を認める。また、青少年に感化を及ぼすさまざまな影響力をつねに把握していることも、彼らの自己統治権を認めていることになる。つまりそれは、私たち親が、どんなときに沈黙し、どんなときに彼らをそっとしておくかを知ること、同時にどんなときに手をさしのべるかを知ることに他ならない。手をさしのべるときは言葉を使うこともあり、そうでないこともあるが、いずれにしても、子どもたちの自主性の成長を尊重する方法でなければならない。ときには、親が明確な限度を設けて、やさしく毅然とした態度でそれを貫くことも自己統治権を認めることを意味する。

今述べたことは、子どもの年齢のさまざまな段階で、どのように自己統治権を認めるかの例である。ラグネル婦人と同様に、私たちの真の性質はいつも明らかだというわけではない。子どもの表面の様子の奥にあるものを見せてくれる明晰さ、子どもにとって最善の行動を私たちにさせる明晰な思考は、一瞬一瞬の気づきからやってくる。一回の希望的行為だけでは、いかにその行為が大事で重大な瞬間だったとしても、私たちの中に自己統治権が十分に現れることもなければ、子どもの自己統治権を十分に認めることも起きない。それは、現在の瞬間を、見識のある広い心で積極的に受け入れる鍛錬の中から現れてくる。

＊

私たち親は一日としてつらくないと感じない日はなく、毎日のように自分たち自身の自己統治力を疑い、子どもと自分たちの自己統治権が衝突していると感じる。別の言い方をするなら、子育てはときに疲労困憊するものであり、「今、ここ」にあることが難しいのと同じく困難な仕事である。すでに見てきたように子育ては鍛錬だ。それは、今に在ることを自分に思い出させる訓練、子どもをありのままに見て受け入れる訓練である。そして、その訓練を通して、私たちは最善の自分になり、最善の自分を子どもに与えることが可能になる。

この訓練では、自分たちの問題にしても子どもたちの問題にしても、考えるだけですべて解決できるわけではないことを肝に銘じなければならない。なぜなら、私たちの中には思考のほかに、重要な複数の知性が働いているからだ。子どもたちの中にこれらの知性が現れるようにするには、親自身がこれらを巧みに使う能力を発達させなければならない。これらの知性の一つは、「共感」である。ガウェイン卿はラグネル婦人に対して、何かを「感じた」。彼は、自分が感じたもの（私たちが直感と呼ぶもの）、つまり、自分のハートを信頼したことで、表面に現れているものにつまずくことなく、白黒思考というカーテンを通り抜けることができた。彼が、一つの結果に執着することをやめて、二者択一の窮地およびラグネル婦人の自己統治権の両方を受け入れたとき、その瞬間に、扉が開いて、不可能と思われた解放が起こった。

もしどの瞬間も、成長するためのきっかけで、自分に誠実になるチャンスであり、次の瞬間が持つ無限の可能性の一つに導く潜在的分岐点であるならば、（その一瞬がどう理解され維持されるかしだいではあるが）、ある瞬間にその子どもの自己統治権を認めることは、子どもの真の性質が、その瞬間・その場で、現れ、理解され、沈黙のうちに尊重される空間を作ることになる。このようにして、成長してゆく子どもの中で、自分に対する受容、自分に対する自信、自分の本当の性質と自分が進む道に対する信頼が根を下ろして、発達し、熟していく。

共感と受容の力ははかりしれず、自己統治権を認める側にも認められる側にも、深いところで変容が起きる。子どもの自己統治権を注意深く育てていくこと、共感し受容してそれを尊ぶことは、何よりもマインドフルネスによる気づきの子育ての中心にある。

⁂

ここに、父親から息子に与えられた、自己統治権という一生の贈り物の例を紹介する。

母は、「お父さんは、ものすごく怒ると思うわ」と言った。一九三八年八月のある金曜日の午後、キャッツキル山地にある宿泊施設に泊まっていたときのことだ。それはひどく暑い日で、町から来た九歳の悪ガキ三人は気だるさを持て余していた。田舎の遊びは全部制覇した。カエルは残らずつかまえたし、ブルーベリーも摘んだ。冷たい川では十分に震えあがった。この日、死ぬほど退屈な午後を生きのびるために必要だったのは、何か行動を起こすことだった。

何をするかを考えるために、アーチーとイーライと私は涼しい「カジノ」に身を隠した。そこは客たちが夜な夜なビンゴゲームを楽しむ小さな建物で、たまに旅の手品師が奇術を見せることもあった。

やがて、こんなインスピレーションがひらめいた。「このカジノは新しすぎる。木の柱や梁に白い石膏ボードというのはできすぎだ。ここに誰がやったかわからないダメージを与えて匿名の刻印を永遠に残そう」。もちろん、結果がどうなるかなどは誰の頭にも浮かばなかった。

ぼくたちは、長い木製のベンチを運んできて、それを大槌の代わりに抱えて、壁に向かって突進してぶつけた。見事な穴があいた。が、小さかった。再び打ちつけた……繰り返し……。

それから三人で、ふうふう言って英雄気取りの汗を流しながら、最初にあいたすばらしい穴を調査した。心から満足できるできばえだった。あとは無我夢中だった。もはや完全な石膏ボードはどこにも残っていなかった。

突然、建物の持ち主のビオロスさんが戸口に現れた。ぼくたちに後悔の気持ちがわくひまもなかった。ビオロスさんはカンカンに怒っていて正義が行われることを熱望した。つまり、その夜、父親らが町から帰ってきたら、「おまえらの父親に話してやる！」というわけだ。

まずビオロスさんは母親たちに話した。私の母親は、子どもたちがしたことはとんでもないことだから、罰を与えるのは父親に任せる、と言った。「だけどね」と母親は言った。「お父さんはものすごく怒ると思うわ」。

ビオロスさんは夕方六時になると建物の前の道に陣取って、険しい表情で父親たちが姿を表すのを待った。フロントポーチは、まるで満員の外野席よろしく、人々が憤慨していた。ビンゴ場が壊されたのを見て、夏中この状態を我慢しなければならないと知ったからだ。もちろん彼らも、正義の鉄槌が下されることを望んだ。

アーチー、イーライ、私は、ポーチの目立たない場所をそれぞれ見つけた。他の二人からあまり近すぎず、それぞれの母親たちからは遠すぎない距離だ。そして、じっと待った。

最初に到着したのはアーチーの父親だった。ビオロスさんがニュースを告げて破壊されたカジノを見せると、父親はおもむろに腰のベルトを引き抜いた。それから、悲鳴をあげる息子を慣れたやり方でむち打ちはじめた。やさしかった人々は、醜い見物客となって賞賛している。

二番目はイーライの父親だった。父親は話を聞かされて損害を見せられると、怒り狂った。息子の頭に一発くれて地面に倒したと思うと、草の上に倒れて泣く息子の、足や尻、背中を蹴りまくった。イーライが立ち上がろうとするとまた蹴った。

見ていた人たちはボソボソ言った。「ごらんよ、こんなことをする前に、こうなることを考えるべきだったんだよ。心配ない、死んだりしないから。あの子たちは、もう二度とこんなことはしないだろうさ」。

私はこれを見て、ぼくのお父さんはどうするだろう？と不安になった。父親は私に手をあげたことがなかった。ただ他の子どもや同じクラスの友達にあざができているのを見たことはあった。わが家と同じ通りにある家から夜に叫び声が聞こえることもあった。しかし、それは他の子どもたちのことで、あくまでも他の家のことだった。あざの原因やどうやってそうなったかは現実には知らなかった。今日までは。

私は不安になって、母のほうを振り向いた。母は動揺していた。母はすでに、私が特別な種類の犯罪をおかしたことを私にはっきりと伝えていた。そのことは、今や、殴られることがわが家の新しい規則になったという意味なのだろうか？

突然、父のシボレーが現れ、父が車から降りて出た。ちょうど、イーライの父親が息子をつかんでポーチの階段を引きずり上げて、建物に消えたところだった。父はそれを見て、きっと、何が起きたにしてもイーライはそうされるだけのことをしたのだろうと確信したに違いない。恐怖でめまいがした。ビオロスさんは絶好調で話を始めた。父は耳を傾けていた。父のシャツは汗で濡れていて、首に巻いたハンカチも汗で湿っていた。父はもともと蒸し暑いのに弱い。父がビオロスさんのあとについてカジノに入るのが見えた。曲がったことが嫌いでたくましい父は、今、暑くてイライラしている。いったい父はこれをどう考えるだろう？

ビオロスさんと父が表に出てきたとき、父は母のほうを見て、小さい声で、「ただいま」と言った。それから、私を見つけて、何の表情も見せずに、しばらくじっと見た。私は、その目から言いたいことを読み取ろうとしたが、父の目は私を離れて、集まっている人たちのところに行き、何かが起きることを期待している人たちの顔を一人ずつ見ていった。

それから驚いたことに、車に乗りこんで行ってしまった！　誰も、母でさえも、父がどこに行ったのか見当もつかなかった。

一時間ほどして戻ってきた車の上には巨大な石膏ボードが積まれていた。父は金づちの柄がはみ出ている紙袋を抱えて車から降りてきた。それから何も言わずに石膏ボードを縛っているロープをといて、一枚ずつカジノの中に運びこんだ。

その夜、父は二度とカジノから出てこなかった。

母と私だけの無言の夕食。日が暮れてベッドに入ってからもずっと、父がガンガンと打ち付ける規則的な金づちの音が聞こえてきた。誰の耳にも聞こえただろう。父は汗をかいて、夕食もとらずに、母にも会えずに、私に怒りをどんどんつのらせているにちがいない。私の人生は明日でおしまいになるのだろうか？　眠りについたのは明け方近くの三時過ぎだった。

翌朝、父は前日のことを一切口にしなかった。怒りも非難めいたことも言わなかった。私たち三人、父と母と私は、ふだん通り、いつもと同じ家族そろった楽しい週末を過ごした。

父は私に怒っていたのだろうか？　もちろんんだ。しかし、父の世代の多くが体罰を神から与えられた権利と見ていた時代に、父は、「お仕置きとしてお尻を叩く」のは「殴ること」であり、殴ることは犯罪的行為だと知っていた。そして、子どもたちは殴られた痛みを忘れはしないが、その理由についてはほとんど忘れてしまうことも。

後にわかったことがある。父にとって、自分の子どもを辱めることは考えられないことだったのだと。私の友達の父親たちと違って、父は、子どもを見せ物にして復讐するような陰謀にはのらなかった。

しかし、父の言いたいことは私に伝わった。私はあの八月の金曜日の午後の蛮行を決して忘れることはないだろう。

そして、私にとって、あの日は、父を完全に信頼していいことをはじめて理解した日でもある。

メル・ラザルス

連載漫画 *“MOMMA”*、*“MISS PEACH”* の作者。小説家

（「怒れる父親たち」、ニューヨークタイムズ「男性について」一九九五年五月二八日号より）

共感

ガウェイン卿がラグネル婦人の呪いを解くにあたって重要な役割をしたのが共感である。ガウェイン卿は彼女の痛みを感じ、その眼の中に、外見の奥に隠れてもなお垣間見える美しさと温かさを見た。「彼女の痛ましい誇りの中にある何か、見るのも恐ろしい顔を上げたときのしぐさが、猟犬に囲まれた鹿の絶望を思い出させました。その虚ろな目の奥から、助けを求める声のようなものが彼に届きました」。

お城で飼われている犬は、彼女に共感を示して人間たちに恥ずかしい思いをさせた。「犬のカバルだけは温かい湿った舌で彼女の手を舐め、琥珀色の目で彼女をじっとのぞきこみました。その目は彼女の醜い面には目もくれませんでした」。犬や猫をよく見ていると、自己統治権、共感、受容を私たちに教えてくれる。おそらくそのために人は彼らと一緒に暮らし、彼らも人と一緒に暮らしているのかもしれない。しかし、彼らが教えているのは基礎コースである。子どもを育てるのは上級コースだ。私たちは、準備ができていようといまいと上級クラスに入る。そもそも準備ができている人などいるものだろうか？

自身の人生における共感について考察し、次のように自分にたずねてみよう。「子どものころ、私が親たちからもっとも欲しいと思ったものはなんだろう?」。一、二分考えたあと、どんな言葉やイメージが出てくるだろう……。

ほとんどの人が、心底から望んでいたものは、家族の中でありのままの自分が認められて受け入れられること、やさしく思いやりを持って理解され尊敬されることと答える。また、自由、安全、プライバシーを与えられ、家族に属していることもそうだ。これらは、どれも親の共感能力にかかっている。子どもが苦しんでいるときに共感するのは簡単だ。しかし、子どもが蹴ったり、ものを投げたり、叫んだりしているときは難しい。また、子どもの興味やものの見方が私たちと衝突するときにも、共感するのは容易ではない。さまざまな状況で共感できるためには、共感する力を意識的に養わなければならない。

共感力を養うには、子どもの視点から見ようと努めることだ。子どもが何を感じているか、何を体験しているかを理解しようとしてみよう。一瞬一瞬起きることに、子どもの身になって気づくようにしよう。このとき、自分自身の感情にも気づくようにするといい。

たとえば、新生児に感情移入してみよう。九か月間もまったく異なる環境で過ごしたあとで、この世に生まれるのはどういう感じだろう。子宮の中はどんなだったのか、温かな水の中で、守られていて、一定のリズムの音が聞こえて、包まれている感じ、抱かれる感じ、揺すられる感じ……そこにあるのは欲しいものも足りないものもない一体感だ。

母の日に一九歳の青年が母親に宛てた手紙の中の言葉がある。この世に生まれ出たときに心で垣間見たものを表現している。

平安と強さがあなたに与えられますように。何ものにも変えがたい、すばらしい瞑想の九か月でした。その水の中で私は、魚のように呼吸をすることができました。食べものがとても純粋だったので、口も喉も使いませんでした……祝福を。

私たちは誕生と同時に、それまでの調和のとれた世界をあとにして、まったく異なる世界に生まれ出る。そこでは、強い光と冷たい空気を感じるかもしれない。何かわからない騒音が聞こえて、皮膚にはガサガサしたものや、硬いものを感じるかもしれない。きっと初めて空腹を感じるだろう。どれも生々しく、純粋に感覚的な体験だ。そこには知っているというフィルターは存在しない。この未知の環境に自分がぐいと押しやられた様子を想像してみよう。自分の言葉が理解されるかどうか、自分という存在のすべてを敏感に感じ取って対応してもらえるかどうか、自分に必要なものをつねに感知して対応してもらえるかどうか、このすべてが新しい世界の住人の能力にかかっている。

私たち親が、赤ん坊という人間を、深く感じている、深く体験している人間として見ることがほとんど不可能なのはどうしてだろう？　自分の友達や恋人はもちろん、たとえ知らない人であっても、泣き叫んでいる人を無視しないのに、なぜ赤ん坊が「泣き叫ぶ」のは放っておいても大丈夫だと思うのだろう？　助けを求めている赤ん坊から離れてしまう私たちは、何に抵抗しているのだろう、何から自分を守っているのだろう？

もちろん一つは、それ以上仕事を増やしたくないからだろう。子育てで、その時々に起きてくることに対応することは、その部分だけを考えると、することが多いと感じるのがふつうだ。子どもの身振り手振りに注意を傾け、さまざまなことを試し、過剰にも過少にも反応しないように気をつけ、抱いて、あやして、やさしく歌いかけることは、どれも時間とエネルギーを要する。それにたいていの場合、赤ん坊は、現実的にも精神的にも私たちの眠りを邪魔する。彼らの欲しいものが親のニーズを満足させるときは、共感するのは簡単だが、彼らのニーズと私たちのそれが衝突するときが本物の試練だ。

こうしたときに子どもに共感できないとしたら、その原因は、自分を守ることから来ているかもしれない。つまり、自分の子ども時代に身体的・感情的ニーズが与えられなかった痛みを感じないようにしている可能性がある。子どもの無防備な弱さに共感することは、自分が子どものときに体験したつらさを思い出させるものだからだ。

大人になってから、子ども時代の苦痛を認めることを避ける方法の一つは、自分が赤ん坊のときに頼った対処法を使うことだ。何の返答もない環境では、多くの赤ん坊が、感情を閉ざし、引きこもり、耳を塞ぐ。小さかったときに、痛みやフラストレーションにこの方法で対処していた人は、大人になっても同じことをしているかもしれない。そのうえ、それが今や完全に自動的なものになって、自分の感情を意識してもいないかもしれない。そして、赤ん坊の感情や自分の感情に同調する代わりに、「子どもは強いから大丈夫だよ」「泣いても赤ん坊は傷つかないから」「甘やかしてダメな子にしたくない」などと言い訳的な解釈をして、無視したり過小評価をしているかもしれない。そうしたあとで、自分の気持ちを慰めて痛みを感じないように、食べものやアルコール、テレビやスマホ、新聞などに手を伸ばして気持ちをやわらげているかもしれない。

だが、気づいていないかもしれないが、私たちは、そんな逃避法よりはるかに効果のあるものを内面に持っている。そういう瞬間に子どもに同調して共感を持ってつながることは非常に健全な選択肢であり、親にも子どもにも大きな満足をもたらしてくれる。子どものときにこの方法を学んでいない人でも、子どもの呼びかけに全力で応える準備ができてさえいれば、彼らは私たちの奥深くにあるこうした根源的能力を呼び覚ましてくれる。

赤ん坊に対する母親の応答に関する研究によれば、母親が、自分の感情を赤ん坊に同調させて共感することをしないで、過剰、あるいは過少な応答をすると、赤ん坊はたちまち不安になり苦痛を表した。ダニエル・ゴールマンは世界的影響を与えた『ＥＱこころの知能指数』〔原題：*Emotional Intelligence*、感情的知性という意味〕の中で次のように書いた。

親と子どもの間に、長期にわたって同調が欠如していると、子どもに大きな犠牲を払わせることになる。親が一貫して、子どもの、喜び、悲しみ、抱きしめてほしいなどの一定の感情にまったく共感を示さないと、子どもは、同じこれらの感情を表現することを避ける、あるいは感じることさえ避けるようになる。このようにして、おそらく、親密な関係を作るための「子どもの」感情レパートリーの、すべての感情が抹消されはじめるのだろう。特に、子ども時代を通じて、あからさまに、あるいは陰で、こうした感情を表すことを押さえられた場合にはそうだろう。

この研究が示唆するものは非常に深刻である。ゴールマンが言及している、研究者で精神科医であるダニエル・スターンによれば、親と子の間で起きる些細なやりとりの繰り返しが、感情生活におけるもっとも基礎的学習のための土台を作るという。もしそうであれば、子どもが、ひとりの全き人間として、感情面の能力を十分に備えた自己統治的存在になるよう発達するには、親が子どもと会話をするときに全身全霊で関わることが不可欠である。

この視点から見ると、泣くのを一〇分たつとやめて眠る「よい」赤ん坊は、諦めることを学んだのかもしれない。だが、私たちは赤ん坊に諦めることを教えたいのだろうか？　自分に必要なものを得られないことに順応することが、「主体性」を育む方法としてよいと思っているのだろうか？　子どもたちが感情を閉じて、部分的にであっても活気と開いた心を失うことを望んでいるのだろうか？　それとも私たちは、「あなたの感情は大切だ、私たちはあなたに応答するよ」と教えたいのだろうか？　また、「あなたが信頼していい人たちがいる、頼っていい人たちがいる、気持ちを感じてくれる人たちがいる、心を開いても安全だ、心を伝えても安全だ、必要なものを要求しても大丈夫だ、お互いに支えあえるよ」と教えたいのだろうか？

＊

赤ん坊が幼児になってまわりの世界を探索しはじめると、彼らは何にでも興味を持ちおもしろがる。同時に、まだできないことをしようとするために多くの欲求不満を経験する。彼らの運動能力と体力は発達の途上にあるからだ。そこでこの時期の子どもたちには、冒険を続けながらも戻っていくことができる人、愛情深く見守ってくれる心の支えになる人が必要になる。よちよち歩きの子どもの好奇心を満たし、安全に自由に探索・発見の冒険ができる環境を作ることができるかどうかは、子どもに対する親の敏感さと理解にかかっている（保育施設の場合には、環境を選ぶことが大切になる）。それは、子どもに適切な限度と境界を与えてくれる環境、いつでも好きなときに膝に乗ることができる、あるいは、だっこされたり抱きかかえられたりして、必要な温かさと安心感が与えられる場でなければならない。

子どもが成長するにつれて、親が共感を身体で表す機会は減少してゆく。もちろんときには、黙ってそうすることが必要な場合や、子どもの手を握ることが必要なときもある。年長の子どもたちから来るヒントは、ときに紛らわしく、理解するのが難しいことも出てくる。とても機嫌がよく話しやすい日（瞬間の場合も）があると思えば、翌日は機嫌が悪く話そうともしない。そういうとき、子どもとコミュニケーションがとれるか、そもそもその可能性さえあるかどうかは、私たちの側にどれだけの忍耐があるか、どれだけ彼らに気持ちを傾ける姿勢を持っているかによる――たとえ子どもが私たちとの関係に不信感を抱いたり、私たちからの語りかけや問いかけを拒否する場合でさえも。

子どもから拒否されているとき、共感するのは簡単ではない。共感しようとするなら、必要なことは、彼らが何に苦しんでいるのか、どんなストレスを抱えているのかを理解するさまたげになっている、親の側の傷ついた気持ちを取り除くことが必要だ。（親から見ると）矛盾する呪詛《じゅそ》が出てこようと、どれほど突っ張っていようと、子どもは、親は自分を離さないと感じる必要がある。親は子どもそのものを拒否するのではなく、行動だけを拒否すればいい。この、粘り強くマインドフルネスを保っている姿勢は、彼らを支配したいからでも、自分のところに子どもを呼びもどしたいからでもなく、また子どもが必要だからとしがみついていたいからでもない。それは、子どもにとって自分がふさわしい存在でありたいと願う強い気持ちから来ているもので、子どもに、あなたは孤独ではない、私たちはあなたの真の姿を知っている、あなたはとても大切な存在だと知らせていることだ。

誰でも、どうしていいかわからないと感じているとき、悲しいとき、いやなやつになっているときに、自分にもっとも近い人たちが、それでも自分の味方で、自分の本質を見て愛してくれていると感じたら、とても救われるのではないだろうか？　それと同じように、自分の子どもとのつながりを再び築き、維持し、修復しつづけることは親の仕事である。必要なものは十分な時間と心配り、そして積極的に関わる姿勢だ。もし子どもたちと一緒にいることがほとんどないとか、身体はあっても上の空で、子どもに気持ちを向けることもないとしたら、子どもは私たちから、自分の問題を話すに十分な信頼や安心感を感じることができないだろう。

子どもたちには、問題の本質に切り込むすごい能力がある。ある友人が次のような話をしてくれた。彼女の娘が八歳だったときのこと。ある夜、その子と母親は一緒にベッドで眠ろうとしていた。ここ数年間、女の子は、夜になると人さらいや泥棒のことが心に浮かんできて、強い恐怖にかられることが続いていた。母親は子どもの話に耳を傾けながら、内心では「何も怖いことはないよ」と言って安心させたい誘惑に抗っていた。同時に、しつこい恐怖におののいている娘に何を言って聞かせても役に立たないことも知っていた。

母親は話の流れを変えようとして、自分も同じ年頃に同じように夜が怖かったことを話した。すると女の子は、とても真面目な面持ちで母親の顔をじっと見ると、「お母さんも？」と聞いた。母親がうなずくと、彼女は少し考えていたが、とても真剣な表情でこう言った。「お母さんにそれを言うことができたの？」。母親は一瞬、自分が子どもだったころのことを思い出していたが、こう答えた。
「いいえ、言えなかったわ」。

友人の娘はまだ八歳なのに、自分が感じていることを親しい人に話すことがとても重要であることを体験から知っていた。彼女は、親から受容され共感されることがどういうものかを体験していた。この子の抱いた恐怖は、拒否されたり、からかわれたり、軽視されたりしなかった。彼女は、実際に恐怖に囚われているとき、そのことを母親に言っても大丈夫だと疑わなかった。自分だけで恐怖を感じていなくてもよかった。

子どもが私たちに彼らの問題を話したとき、マインドフルネスを使って私たち自身の内面に起きる感情や考えに気づくと、自分のことを大いに知ることができる。ある特定の感情を感じると、自分に不快さや不安、丸くおさめたい気持ちや排除したいなどといった衝動がわくのに気づくかもしれない。また、特定の心配や恐怖に対して軽く見ようとする傾向があることに気づくかもしれない。それに気づけば、そうした自動的行動をとる傾向を変えることが可能になる。その結果、これまでよりずっと子どもの気持ちを汲んで、子どもの支えになる親になる可能性が生まれる。

私たちはときに、子どもに耳を傾け、共感し、やさしくすることが求められている瞬間に、強い感情と反応で子どもを困惑させてしまうことがある。これでは子どもは、私たちから元気づけられるどころか、自分のほうが親をなぐさめなければならないと感じるだろう。

しかし、こうした瞬間にマインドフルネスを思い出せば、自分が感情に流されて思いもしない方向に動いていると気づくことができる。そして、そのときに自分の中で起きていることを感じ取って、立ち止まり、より共感的で人間関係を大事にする方向へと舵を切ることができるかもしれない。つまり、一瞬一瞬に気づくことで、いつ自分の感情を打ち明けるといいか、反対に、不必要で事態を悪くするかを、意識的に決めることができるとわかる。自分の内面に耳を傾けることで、相手に助けの手を伸ばすべきとき、放っておくべきとき、話しかけるべきとき、黙っているべきときを知ることができる。また、相手に自分が、拒否や引きこもりとして無言なのではなく、共感して沈黙しているのだと感じてもらえる方法もわかるだろう。実はこれは他の人から教えてもらえるものではない。自分に与えられる合図やヒントに注意深く耳を傾け、刻々と変化する自分の心の状態を観察して、自分自身の体験から学ぶしかない。

もちろん、これは簡単なことではない。特に、気が動転し、衝突し、緊張で張り詰めている瞬間には、いつの間にか感情的に反応して、あとになって後悔するような行動や言葉が出てしまうだろう。こうした「決裂」、瞬間的な疎外や断絶は、どんな人間関係でも避けられないものだ。そして子どもたちは、こうしたものも体験する必要がある。彼らは、親も人間であるからには、ときには無神経で、波長が合わず、親身になれないときや、動揺したり怒ったりすることもあるのだと学ぶ。そうして、ストレスを感じつながりが切れたと感じるこうした瞬間のあとで、関係を修繕し回復する過程から、子どもたちは多くのことを学習する。家族療法のセラピストであるダニエル・ヒューズは、彼の著書『アタッチメントに焦点をあてた家族療法（*Attachment-Focused Family Therapy*）』で次のように指摘している。「安全な（secure）アタッチメント」と呼ばれることもある親子のかたい絆の基盤は、親しさと安全という感情にあるのと同じほど、断絶とその後の修復という困難な過程から作られる、と。断絶と修復という体験を通して、親子の間で物事の見方や体験が異なっても、愛情と信頼のある関係の中で安心していられる体験がもたらされる。この過程を体験することによって、親子の関係が強化されるだけでなく、子どもの健全な成長に欠かせない自主性・自律性と連帯意識が強化される。

子どもとの共感的なつながりを作り、それを修復しつづけることは、マインドフルネスによる気づきの子育ての土台である。物事を子どもの視点で見ることは、物事を選択するときに私たちを導いてくれるだけでなく、複雑でつねに変化しつづける子どもと親のつながりの舵取りを助けてくれる。

受け入れること

自己統治権と共感は、マインドフルネスによる気づきの子育ての第三の要素である「受容」によって、より強いものになる。三つは互いに補いあい、正三角形を作る一辺のように密接なつながりを持っている。受容とは物事をありのままに理解して承認する内的な傾向で、物事を外側から見たときに望ましい状態か否かは問わない。その瞬間にどれほどひどい状態でも、あるいはひどく見えようとも、そのままを承認することを指す。しかし、これを日常生活の中で現実に行うのは、頭で納得していても簡単ではない。マインドフルネスの鍛錬とは、「今」という瞬間の自分に気づく意識を発達させることであり、自分が「今」の在りように抵抗している場合にも、そのことに気づくことである。すでに本書で紹介した二つの話は、自分の嫌悪感や嫌忌の思考になんとか囚われないようにしているときに開く可能性のある扉のことを描いた話である。

ガウェイン卿は、ラグネル婦人をありのままに受け入れた。メル・ラザルスの父親は、少年たちがしたことをすでに起きたこととして受け入れた。そうすることで父親は、次に必要とされる新しいもの、つまり、ヒーリングをもたらすもの、終わらせるもの、そしてリスペクトをもたらすものが何かに気づくことができた。実際に起きていることにどのように関わるかを選択する能力の根底にあるのは、「ありのままの物事」を受け入れることだ。受け入れることは、言いなりになって諦めることでも、敗北でもない。自己統治権がなんでもしてよいという資格ではないのと同じく、受け入れるという意味は、子どもがすることをなんでも許すことではない。私たちが彼らの一定の行動を受け入れられないことが明白なときも、それでも子どもたちが、彼らの強い感情も含めて親が自分を丸ごと受け入れていると感じることは可能だ。受容とは一つの扉である。その扉を開けることを選べば、困難な瞬間の舵を取るための新たな方法や新たな可能性が見つかり、また、調和のとれた楽しい瞬間を感じることが多くなるだろう。

物事をありのままに見ようと努力することは、たとえ細々とであっても、受容を育む秘訣である。そのため、受け入れることに取り組むこと自体が、マインドフルネスの鍛錬になる。この取り組みには、自分が、物事が「自分の思うように」ならないときに、どれくらい抵抗を感じているかに気づくことも含まれる。そのような事態ではフラストレーションや怒りはもとより、ありとあらゆる感情が湧き出てくるだろう。逆説的だが、やさしさと明晰さを保ちながらこうした苦しい感情に耐えるときに、扉が開いて難題がほぐれていくものだ。そして、この作業の大部分を占めるのは、基本的に自分個人のことではないことを、自分への個人攻撃として捉えないという作業である。ただ、自分の子どもの態度が思うようでなく、当惑したり脅威を感じているときに、それを自分個人に対する攻撃と取らないのは容易ではない。

⁂

私（マイラ・カバット－ジン：mkz）は今、子どもたちと一緒に靴屋にいる。子どもは、一人は四歳、もう一人は赤ん坊だ。四歳の娘に新しい靴が必要になったのだが、足にぴったり合うのが見つからない。しかたなく靴屋を出ようとすると、娘が大声をあげて、棚に飾ってある靴をつかんで離そうとしない。私は片腕で赤ん坊を抱いて、もう片方の手で彼女をつかんで、店の出口のほうに歩いていく。そして店の人に、子どもから靴を取り上げてと頼む。引っ張り合いが始まる。私は怒り、なすすべがなく、冷静でいられない。どうにかして三人とも外に出たが、子どもはまだ大声をあげて泣いている。顔が真っ赤だ。新しい靴が手に入らなかったので、怒り狂って手に負えない。彼女をチャイルドシートに座らせるのはひと騒動。騒いだときに、半分開いた車のドアを足で蹴って、プラスチック製のサイドパネルを壊してしまった。

この一連の騒動への対応の仕方は、私がその瞬間ごとに子どもをどう見るか、あるいはどう見ないかによって決まる。私は、その場では子どもの反応の激しさにひどく動揺してしまい、怒って、それほど深く同情を感じなかった。特別共感してもいなかったが、子どもを厳しく非難することもなかった。家にたどり着くことと、他の人を怪我させないように気を配るだけで精いっぱいだった。何が起きたのかを理解して、娘にいくばくかの共感を感じることができたのは、理解するためにいろいろと手がかりを集めはじめたときだ。

原因と思われることは複数あった。娘が疲れすぎていたこと、空腹だったこと、おそらく店にある革製品の匂いに反応したこと、それに、自分が欲しいものが手に入らない欲求不満。さらに、大きな観点から見ると、母親の私を赤ん坊とシェアしなければならないことなどが悪く作用したと思われる。おそらく原因はこれらが重なった結果だろう。

振り返ってみれば、娘は悪意から足で蹴ったり叫んだりして車を壊したのではなく、また私を困らせようとか支配しようとしたのでもない。靴が手に入らないことから来た怒りがふくれ上がって、自分でもどうにもならなかったのだろう。彼女はそのとき、呪いにかかったように、何ものかに囚われていたとみえる。

＊

「問題」行動とか「否定的《ネガティブ》」行動と呼ばれる子どもの行動の見方にはさまざまある。他の人に受け入れがたい行動が、私にはふつうの行動かもしれないし、反対のこともある。たいていの場合、人は、適切かどうか検証したことのない自分の見解や感情から来る一つの見方に縛られている。そのために、子どもの感情の健全性よりも、社会の作法のほうを優先させてしまうことがある（たとえば、他の人たちはどう考えるか、自分たちがいかに当惑させられているか、など）。そうした瞬間は、自分が子どもに支配され操縦されていると感じやすい。強い無力感を感じ、そのあとはもちろん、ひどく怒りを感じる。そして思わず、親に権威があるところを見せて事態をおさめようとして、子どもを強く非難してしまう。

子育てをしていると、このようなことはたびたび起きる。いうならば、私たちには、習慣になっている自分の感情の反応パターンに取り組むチャンスが豊富に与えられているわけだ。その反応に気づいて識別すれば、感情的な反応の仕方を、より適切で子どもを慈しむものにできるだろう。そして、日常生活の中で自分の感情的反応に気づくこと（形式ばらない瞑想）に、正式な瞑想（短時間でもよい）を組み合わせると、より気づきが深まり、より明晰に見ることができるようになる。このことは第4章でより詳細に述べたい。正式な瞑想はいわゆる大学の研究室のような役割をして、私たちの精神状態や感情状態、それらがどう私たちに影響を与えるかを深く探求できる。瞑想していると、瞬間ごとに思考や感情がわいてくるのを目撃し、それらを心の中の非個性的な出来事と見るようになる。

つまり、思考や感情がわいてくるありさまは刻々変わりゆく天気のようなもので、特に何か反応しなければならないわけでも、そもそも反応する必要もないことがわかる。自分の感情に気づくとは、単に、その感情がそこにあることを意識的に認めるという意味にすぎない。私たちがすることは、その感情が好きでも嫌いでも、判断はしないで、それがその瞬間の自分の感情であると、単純に（あるいはそれほど単純にではなく）受け入れるだけだ（たいていの場合、これは、どれだけ自分が感情について良し悪しを「判断している」かを、判断しないことを意味する）。

マインドフルネスの鍛錬をして、激しい感情も含めたすべての感情を観察して単に「あると認める」ようになるにつれて、私たちは自然に、他人の感情、特に自分の子どもの感情によく気づくようになる。心の状態がわかるようになり、それが変化する性質を持っていることにも気づくと、他人のそうした感情に同情の念を抱くようになり、自分個人に向けられた非難や批判と捉えないようになる。そうして、子どものふるまいがいやなときでも、前より素直に、彼らの体験と感情を受け入れることができるようになる。このようにして、私たちが陥りがちな、物事を狭い視野でしか捉えられない状態から抜け出ることが可能になる。これと反対に、気づかないうちに感情に流され、自分の見解に執着している状態は、子どもとも本当の自分ともつながりが切れている状態である。同時にこの状態は、その瞬間に目の前にあるものを使って臨機応変に対応する能力からも遠くなっている。

目の前の物事をどう見るか、判断し認めないか、あるいは心を開いて表面下を見ようとするかは、親と子どもの関係を左右する。子どもの問題行動（例：ほかの人を傷つける、失礼な行動をする、行儀が悪い）を、もう少しやさしく、非難を控えた態度で見ることはできないものだろうか。そうすれば、たとえその行動が許されないもので、そのことを彼らに言って適切な境界や限度を設ける必要があるときでも、私たちは彼らの味方のまま、心のつながりを保っていることができる。

子どもたちは私たちに学びの機会を繰り返し与えてくれる。それは、私たちが自分の感情的反応を超えて物事をありのままに見て受け入れられるようになる鍛錬であり、大局的な見方による理解に基づいて、最適な行動ができるようになるための鍛錬である。

＊

物事をどう見るかで、行動の選択肢は変わる。赤ん坊が泣いているとき、意図的に親を支配しようとしていると見るか、それとも不快さを訴え何かを求めていると見るか？　子どもがハイハイをはじめてまわりの世界を探検しはじめたとき、何にでも興味を持つことを、彼らの知性、能力、生命力の現れと見るか、それとも私たちの支配権を脅すものと見るか？　また少し大きな子どもならば、反抗的だと見るか？　息子が妹や姉たちをからかっていじめているとき、あるいは一〇代の娘が不機嫌で近寄りがたく批判的で要求ばかりするとき、また怒って「家出してやる」と言うとき、それをどう見ればいいだろう？

子どもをあるがままに受け入れること、それはとても容易に思える。しかし私たちは、始終気がつかないうちに、子どもに対して、「その瞬間」のあるがままの姿ではなく、別のふるまい方をしてほしい、別な容姿でいてほしい、別な様子であってほしいと願っているのではないだろうか。私たちはいつだって、別の瞬間、他のときの状態・様子・関係を、望んでいるのではないだろうか。今、この瞬間の在りようは私たちが望むかたちではないが、間違いなく彼らの在りようである、という証拠がそろっているにもかかわらず、どうしても受け入れられないのではないだろうか？

物事が手に負えないと感じるとき、私たちは、違反者を「しつけて」秩序を回復するために、自分が自由に使えるどんな方法にでも手を伸ばしたい衝動にかられる。子どもの「悪い言動」には押しつけのしつけがつきものだが、このサイクルにはたいてい、子どもが体験していることに共感しようとする部分が欠けている。そのために、そうした瞬間が親子の理解と信頼を深くすることにつながる結果にはならず、距離と疎外感をもたらすことになる。

これに代わるのは、これよりずっと不確定な方法だ。そこには一つの決まったやり方はない。だが、これだけはいえる。その瞬間に、子どもに心を開き、彼らを新鮮な目で見ようと努力することが第一歩である。この努力をすると、たいてい、自分のものの見方が、自分の要求や恐怖や期待、そしてその瞬間に自分が持っている蓄え《リソース》の範囲に影響されていることに気づく。それらが組み合わさってフィルターとなり、物事の全部を一色で見てしまうか、あるいは完全に曇ってしまうか、どちらかになっている。どちらにしても、見るのは全体像ではなく、特定の色と特定の詳細だけだ。そして、偏った見方が、子どもの行動にネガティブなレッテルを貼る、ジャッジする、といった習慣を形成する。結果、私たちの怒りは持続し、子どもから気持ちが離れていく。

しかし、自分が公平な見方や明晰な思考ができないと感じた瞬間に、たとえば呼吸を使って身体とのつながりを取り戻し、マインドフルネスを思い出すことができれば、そうして、子どもに起きていることを見る努力をするなら、自分が表面的に反応している以上に、多くのことが起きているとわかるだろう。そしてそのとき、子どもの「問題」行動には何か理由があるはずだと考えるなら、すぐには何が起きているのか理解できないにしても、彼らに共感して受け入れることがもう少しできるだろう。子どもの問題行動や乱暴な行動に親が非難の目を向けることはほとんど習慣になっているが、この習慣を脇におくことができれば、彼らの荒々しさ、大声、怒りのふるまいでさえ、必ずしも「良くないもの」ではないという見方が可能になるだろう。子どもは心の平静を取り戻すために、外に向かって行動を起こすことがある。彼らは、学校や宿題に縛られているように感じて、エネルギーややる気を、そうした行動で発散することが必要だったのかもしれない。

私（mkz）はここ何年も、子どもが、特に荒々しく、愚かでバカなことをしたり、挑発的な態度を見せるときは、それらを一つの発散や解放の形として見ることでずいぶんと助けられた。エネルギーを内に抱え込むよりも、外に出すことは大切だ。ときに小さい子どもたちが抑制できないエネルギーを爆発させることがある。また、深い隠れた感情を表すこともある。子どもが自制心を完全に失って、叫んで、泣きわめいて、蹴ったり、乱暴な音を立てたりしているときでも、それを子どもの内面状態の現れと捉え、過ぎてゆくものと考えることができれば、寛容な気持ちになれる。そういうときは、彼らに抵抗しても何もならない。その状況をなんとか制御して流れを変えたいという私たちの思いが強くなるほど、難しくなることが多い。むしろ、そのような行動を、内面にあるものを正常に解放する一つの手段と見ることで、大きな見方が可能になり、自分に向けられた行動として受け取らなくてすむ。楽観的に考えることができる。これは、子どもたちにとっては、親の意にかなうものしか受け入れてもらえないのではなく、感情を自由に表して、自然に出てくるさまざまな行動を試す機会が与えられたことになる。

感情の爆発を、突然の荒れ模様の天候のようなものと見るといい場合もある。そういうときには、雷をやり過ごすのと同じように、様子を見ているだけでいい。そもそも、雷雨が私たちを操作しているなどと考えるだろうか。親が望まない行動を子どもがしているとき、親たちはよく「操作」という言葉を使うが、子どもたちにとって、リセットするには噴火するしか方法がないときもある。理由はどうあれ、不安定さが蓄積するときは、落ち着く唯一の方法は蓄積したものを放出することかもしれない。噴火したあとは、ため息が出て、感情を手放すだろう。子どもはときに親を彼らの内面から押し出して、自分の内に新しいスペースを作らなければならないときもある。親と仲直りして再びつながって出直すのはそれからだ。

実際、私たち著者は、子どものこの勢いに抵抗し、戦い、コントロールしようとするたびに、またネガティブなコメントをするたびに、状況を悪化させてしまった。このようなときに役立つのは、抵抗ではなく、子どもたちと「一緒に」動く方法を見つけることだ。彼らに逆らわないで共に作業をするのだ。

これには、彼らのエネルギーと直接に関わることが必要なときもある。よちよち歩きの子ども（学齢期の子どもであっても）が乱暴になっていささか抑制が利かなくなったとき、子どもは親とレスリングをしたいのかもしれない。あるいは、エネルギーを発散できる身体を使う遊びの中でも、集中する落ち着いた方法で遊びたいのかもしれない。そうしていったん子どもとつながりができたら、子どもを手助けして、そのとき子どもが必要としていることに移行させるのは難しくない。

よく目を配っていると、嵐が発達しつつある兆候に気づくことができるようになる。そうなれば、子どもたちが私たちを受け入れやすいおだやかなときを見計らって、彼らと一緒に嵐になる前に取り組むことができる。たとえば、嵐の前にはどんな感じがするかに彼らの注意を向けさせよう。「私は疲れているのかな?」「おなかがすいているのかな?」「私は怒っている?　悲しい?」など、自分に問うように促そう。そうすれば成長するにつれて、徐々に、自分の部屋で静かにしていたい、ハグしてほしい、温かなお風呂に入りたい、おやつを食べたい、荒っぽい遊びをしたいなど、自分に必要なものを要求できるようになる。また、嵐が起きたあとは、子どもと一緒に何が起きたかを振り返って、それについて話すといい。年齢に応じて、私たちが感じたこと見たことを、子どもが感じていたと思われる観点から話すのもいいだろう（例：「あなたはとてもイライラしているように聞こえたわ」「あなたは本当に私に頭に来たみたいだった」「あなたは本当にこれが欲しかったのね。そして私がダメと言ったわけね」）。そのあとで、子どもの返事に耳を傾けよう。避けがたい感情の嵐がおさまったあとは、このようなプロセスを通ることでつながりが強化される。

さらに、彼らの行動が私たちやまわりの人たちにどのような影響を与えるかを伝えるのもいい。（例：彼らの行動によって、私たちが彼らの話を聴きたくなくなる、私たちとの距離ができる。）学齢の子どもの場合は、相手に耳を傾けてもらうには自分の思いや要求をどのように伝えたらいいか、彼らの考えをたずねるのもいいだろう。このようにすれば、子どもたちは、自分の体験を振り返ることができることを知り、おそらくは、自分の強い感情を表現する方法に選択肢があることを理解するだろう。また、「怒りってこういう感じ」「悲しいってこんな感じ」「怖いってこんな感じ」というように、一般的な強い感情を見分けるようになるかもしれない。

＊

受け入れているとは、私たちが子どものことをなんでも信用するとか、受け身になるという意味ではない。どうしても親が介入して、賢明な断固とした行動をとらなければならない場合も多々あるだろう。もちろん、私たちが何をするかは、子どもの年齢と、そのときの状況に大きく左右される。場合によっては、単純に、子どもが過剰に多くのことをやりすぎたり、はやく動きすぎたり、背伸びしすぎたりするのかもしれない。子どもは、幼少期から一〇代を通して、徐々に自分を制御することを学んでいく。この間、親が手綱を引いたり、もっと規律や限度を与えたり、あるいは、彼らがスピードを落として地に足を着けるように、何か取り組むものを与えることが必要な場合もあるだろう。

また、子どもが私たちに、「なんか変だ。注意して！」と危険信号の赤い旗を振って窮状を訴えることもある。この危険信号の形は、たとえば、怒りの爆発、怖がる、引きこもる、身体症状、学校に行きたがらない、などさまざまだ。そういうとき、親が自動的に、それをよくない動機から来ていると考えて、罰を与えたり、反対に無視したりすることは、子どもと自分を貶《おとし》めるのに等しい。子どもたちの動機がはっきりとわからないのは、私たちに他人の動機がわからないのと同じことだ。子どもの行動に「親を操っている」というレッテルを貼って、拒否したり罰したりすることは、実は、もっとも親を必要としているかもしれないときに、子どもから私たちを切り離すことになる。判断することでバリアを作るからだ。その先は行き止まりしかない。信頼とつながりを作る機会を逃すと同時に、本当に深刻なおそれがある問題に取り組むチャンスを失い、また問題から来ている彼らの苦しみに共感する機会も失われる。

彼らが赤信号を出したときには、その裏側に目をやって、何が起きているかを見なければならない。彼らが掲げる危険信号の源を追跡するのは難しい作業ではあるが、私たちは、ネガティブで怖々とした批判的な目ではなく、もっとオープンで、好奇心に満ちた、温かな目を持ちたいものだ。「この警告サインはどういう意味だろう？」「この時点で、私たちにできることは？」など、子どもたちが与えてくれる兆候や手がかりにもっと敏感になり、注意を払って、その上で、わが子に関して知っていることを合わせれば、たいていは、根底にある問題が見えはじめ、何が必要かもわかってくることが多い。

もちろん、幼い子どもが足をバタバタさせたり泣き叫んだりしているときや、学齢の子どもが叫び声をあげてドアを力まかせに閉めるときは、何が起きているのかを考えるときではない。まず求められるのは、目の前の危機を乗り越えることだ。原因はともかく、子どもが動転しているとき、彼らは考えられる状態ではない。強い感情にとらわれていて、どんなことでも言い聞かせられるのを嫌がる、耳にも入らない、まして理解するなどは論外だ。彼らが望んでいるのは、嵐が去るまで親にそばにいてほしいこと、親が自分を見失わないことだ。彼らが自分を失っているからだ。親は、自分が大きなかしの木のように彼らの傘になって、嵐の中で彼らが雨風をしのぐ場所になっている様をイメージするといい。木は必ずしも彼らを理解したり、問題の答えを持っている必要はない。ただ思いやりを持ってそばにいるだけでいい。

嵐が去ったあとは、子どもに今何が起きているのだろうと、親自身に問う時間になる。子どもの不機嫌や不安定さの原因は、学校なのか、家なのか、あるいは身体的なものか、感情的なものか、その両方か、探偵がするように探ってみるといい。もしかしたら単純に、もっと規則や手本といった枠組みが必要なのかもしれない、あるいはそれらを少なくしたほうがいいのかもしれない。疲れすぎた、刺激が大きすぎたということはないだろうか？　何か目配りするべき行動パターンはあるだろうか？　それとも私たちに言えない問題が起きたのだろうか？　子どもの生活の中でストレスになっている可能性のあるものは何かあるだろうか？　子どもは、内と外でどんなリソース〔頼ることができるもの〕を持っているだろう、これからどんなリソースを養うべきだろう？

ありのままの子どもの姿を受け入れる、彼らが体験していることを受け入れるとは、今あげたような問いかけをすることでもある。そして、見つけたものを、できるかぎり深く探っていくことだ。

一〇歳になる娘が、ベッドで、明かりを消したときに、私に言った。


「ママ、頭の中がごちゃごちゃな感じがする」

私が応じる。「何がごちゃごちゃなの?」

娘が言う。「わからない、ただ頭が回らない感じ」

私は彼女の状態をなんとかよくしたい衝動に抗う……「ごちゃごちゃって感じても大丈夫よ」

娘が言う。「いいの?」

私が言う。「ええ、いいのよ」

娘は静かになり、眠りに落ちる。


このとき娘に必要だったのは、話し合うことでも、解決することでもなかった。彼女は、私にしっかりと支えられているのを感じて、自分の不安、混乱を受け入れることができた。私が受け入れたことが、彼女自身の受容につながったのだ。

子どもが小さいときには容易に私たちの中から出てくる温かさや愛情だが、一〇代の子どもに対してはそれほど簡単でなくなる。彼らが愛らしい天使だったころと同じように、私たちが今も、彼らを大切に思っていること、彼らの味方であることを、伝える方法を見つける必要がある。だが、簡単ではない。特に彼らの言葉がすべて自分に対する非難と感じられるときにやさしくすることは、難しい。そのような状態はたいてい、長い一日が終わって家族の誰もが疲労を感じているときに起きる。どこか否定的な言葉が子どもたちから続いて出るのと並行して、私たちに向かって、「これこれをして」といった要求が出てくる。同時に、自分がいかに疲れているか、いかにたくさんのことをしなければならないか、という不満を聞かされる。そのとき私たちが彼らから疎外されていると感じれば感じるほど、彼らの怒りや批判は大きくなり、要求はふくれ上がる。次には、私たちのほうも怒りを感じて、ますます受け入れられなくなり拒絶してしまう。

一〇代の私の娘が台所に入ってきた。Tシャツ一枚で震えている。

娘：「ここは寒いわね」
私：「何か上に着たらいいでしょ」
娘：（当惑して）「これ以上着る必要はないわ。ここが寒いのよ」
私：「ここは寒くないわよ。どうしてもっとあったかいのを着ないの？」
娘：（怒って）「これ以上着る必要なんかないわ。ここが寒いのよ」

この会話は取るに足らないことに見えるが、一言ひとことが、私たちを遠ざけていく。私は娘の行動に当惑していて、思いやりを感じられない。その理由は最近、娘が常時私を容赦なくいびるように感じていたからだ。このあと、私たちの会話はますます激しいやりとりになって、娘は自分の部屋にこもって口をきかなくなった。そのときになって、私は顔に冷水を浴びせられたようにはっと気がついた。ようやく、自分の怒りのカーテンの向こう側を見ることが可能になり、娘がつらいときを過ごしていることがわかった。この数週間、私たちの距離が遠くなればなるほど娘の怒りがふくらみ、彼女が私につらくあたるほど、私も怒って彼女から遠ざかったのだ。ひどい悪循環が蓄積したあげく、この行き詰まりになった。どうやって終止符をうてばいいだろう?

私から終わらせなければならないのは明らかだった。わかったことは、彼女は、自分に必要なものを私から直接に受けとることができないことだった。何かが欲しいのだが、私からは欲しくない……欲しいが欲しくない。そこが難問だった。

彼女が寒いと文句を言いながら何かを羽織るのを拒絶したとき、私は思いやりを持って暖房の温度を上げることができたはずだ。そういう方法なら、私のやさしさを彼女が受け取ることができたかもしれない。一〇代の子どもは親から気配りや愛情を欲していながら、同時に距離をおきたくて、親たちを押しやることがある。このときの私にはさまざまな対応の仕方があったはずだ。しかし、数日間続いていた怒りで狭量になっていた私は、娘から心を閉ざして、彼女こそ問題だとしてしまった。

娘が私に願っていたのは、私が彼女から受けた過去数週間の非難の言葉を私個人に向けたものとしてではなく、むしろ彼女の内面の苦闘とプレッシャーの表現として見ることだった。私は彼女の人生を変えることはできなかったが、もっと親身になって、彼女の言葉と行動の裏にある気持ちに耳を傾けることならできたはずだ。また、彼女の敵意ある態度についても、最初のころに私がどう感じるかを知らせていれば、腹立たしさがつのることもなかっただろう。そして、彼女のほうは、自分の行動が他人に与える影響に気づいただろう。

子どもの気持ちは子ども自身のものだが、その表現の仕方は他の人に影響を与える。子どもの態度が、不快だったり、傷つけたり、疎外するものだったり、無作法だったり、敬意を欠いているときに、親が自分の感情を無視したり、私たちへの影響や、私たちと彼らのつながりに与える影響を無視することは、どちらのためにもならない。いつ、何を言うか（また、それを言うべきかどうか）を考えることは、さまざまな要因を考慮するクリエイティブな過程であり、「今の瞬間」を意識していなければならない。そこには決まった公式はなく正解もない。創造性は、子どもとの、あるいは、自分の、個々の状況に応じる中で生じる。このようなわけで、「今、ここ」に気づいている対応は、心を開いてそのままにとどまろうとする積極的な気持ちからしか生まれない。不快さから逃れようとして、あるいは、修繕したい、直したい、教えたいからといって、急いで「解決」をはかろうとするのは、マインドフルネスからほど遠い反応である。

＊

子どもたちのふるまいが、時折、私たち親に激しい感情や破壊的行動を引き起こすことがある。親のそうした反応パターンは、自分自身の子ども時代に起きたことから来ている可能性があり、自分が知らないうちに、吸収してしまったものかもしれない。それらの反応は同じような条件の下で表面に出てきやすく、無意識にする姿勢、緊張、独りよがり、軽蔑、不寛容、残酷さ、破滅的思考などの形をとることがある。

どんな行動でもよくも悪くも見ることができるものだが、ほとんどの行動は、もっと理解され受け入れられてもいいと思う。私たちの育った環境が、自分が信用されなかった、疑われジャッジされて傷ついた、馬鹿にされ愚弄されたというような場合、大人になったときに、子どもにも同じことをしてしまいがちだ。このパターンを壊すには、つねに一瞬一瞬に気づいていることが必要だ。そうすることで、自分が「何を」言っているか、「どのように」言っているか、それが子どもたちに与えている「影響」に気づくようになる。自身の反応パターンとどこからそれが来ているかが少しずつでも見えるようになれば、健全な新しい応答ができる可能性が出てくる。

あまりに多くの子どもたち、大人たちが、ありのままの自分を受け入れてもらえないと感じながら生きている。彼らはこう感じている。自分の両親を何らかの形で落胆させている、親の期待に答えていない、つまり、何らかの形で「基準に達していない」と。実際、どれだけの親が、時間があればいつも、自分の子どもは「〜〜すぎる」「〇×すぎる」「この部分が足りない」ということばかり考えていることか。こうした拒絶的で批判的な言動が、まったく不要な苦しみや嘆きを引き起こしているのだ。子どもに恥ずかしいと痛感させる、恥をかかせる、本物のつながりを拒絶する、などの形で表される親からの非難が、子どもの行動に少しでもポジティブな影響を与えたことが一度でもあっただろうか？　結果として子どもは従順になるかもしれないが、その子や、その子の将来に、どれだけの犠牲を強いるかを考えたほうがいい。

子どものすることに親はなんでも同意し、好むべきだというのではない。子どもが成長して選ぶ生き方についても同様だ。そこにはつねに親の思いとの差があるだろう。しかし、どんな年齢になっても、子どもは、親から受け入れられていると感じるとき、親から愛されていると感じるとき、そして愛される理由が、一緒に暮らしやすい、かわいい、魅力的で感じがいいというだけではなく、難しい面、反発する面、腹立たしい面も含まれるときに、心から自由になって、よりバランスのとれた、より本当の自分の姿になることができる。彼らは、私たち親の無条件の愛という泉に戻ることができるかぎり、どんな困難にも問題にも挑戦できる。なぜなら、親がありのままの彼らを理解して受け入れるときに、子どもの内なる成長とヒーリングが起きるからだ。

第4章

マインドフルネス
——ものの見方を変える

子育ては大騒動《カタストロフ》

意図して親になったかどうかは別として、親になると生活は完全に一変する。どれだけ変わったかを理解するのには多少時間がかかるかもしれない。だが、親であるストレスは、他のこととは桁違いである。親になることは、以前とは違う形で私たちを無防備にする。また、以前とはまったく違った責任の取り方が要求される。それまでに経験のない問題に直面して、時間も気持ちも子育てだけに奪われ、自分のことも他のこともおろそかになる。混乱や無秩序が出現し、力不足という感情が生まれ、口論や争い、いらだち、怒号が飛び交う。終わりが見えない義務と雑事が続いて、行き詰まったり怒ったり憤慨したり傷つくことがたびたび起き、打ちのめされ、老けたと感じ、自分はなんてつまらない人間だろうという気持ちになる。こうした気持ちは、子どもたちが小さいときだけではない。彼らが成長して、独り立ちしたあとでさえ続いてもおかしくはない。まさに子どもを持つことは、七難八苦を与えてくださいと言っているようなものだ。

では、なぜ子どもを持つのか？　フォーク歌手のピート・シーガーがうまいことを言っている。「親というのは「キスの雨」という高賃金をもらうためにそうするのさ」。子どもたちは、彼らがいなければ体験しないだろうと思われる方法で、躍動する人生そのものを分かち合うチャンスを私たちに与える。特に子どもが小さいうちの親の仕事は、彼らがいる場に一緒にいて、子どもがその無邪気さと天性を自由に体験できるように、力を尽くして世話し、守ることだ。それから、彼らが徐々に自分の道を見つけていくのを、心からの愛と知恵を持って導いていく。

子どもは人生の最良のものを体現し、今を生きている。見事に咲いている「今」という花だ。彼らは可能性そのものであり、活力・いのち・再生・希望である。ありのままで純粋さそのものだ。彼らは活気に満ちた本質を私たちに分かつだけでなく、私たちが注意深く彼らの呼び声に耳を傾けるとき、私たちからもそれを呼び覚ます。

いったん子どもを持つと、私たちの森羅万象との関わり方はまったく別ものになる。意識が変化して、ものの見方が一八〇度変わる。ある人は、これまでとは違う感じ方で他人の希望や痛みを感じていると気づくかもしれない。今までより思いやりが広がったと感じる人もいるだろう。子どもたちの幸せを思う気持ちから、貧困問題や環境問題、戦争や未来を別の視点から見るようになるかもしれない。

そして、子育ての問題というなら、ニコス・カザンザキスの小説『その男ゾルバ』の古い映画版の中でアンソニー・クインが演じた無愛想な老人が、結婚したことがあるかと問われてこう言う。「おれも人だよ。もちろんしてるさ。女房がいて、家があって、子どもがいる。大騒動《カタストロフ》さ」。そうして「問題があるかって？　人生は問題だらけさ。問題がないのは死んだときだけだ」。

私たちは最終的には自分で物事を選択する。そして、気づきから選択するかどうかは別として、誰もがその結果を生きることになる。とはいえ次に何が来るかはまったくわからない。このため大騒動の大部分を占めているのは心の不安定さである。問題は、大騒動という状況を、船乗りがどんな風もうまく利用して帆を操って船を目的地に導くように、たとえどんなに困難でも、過酷なストレスがあっても、自分の成長のために、より強靱で賢く広い心を持つために利用できるかどうかだ。というのも、子育てという長期にわたる仕事をしている間、自分が子どもたちの役に立つ親でありたいなら、つねに成長していることが絶対条件だからだ。そうすれば、子どもたちは私たちに守られて、彼らの時が満ちたとき、彼らなりの方法で、成長するだろう。

禅師と暮らす

私たち著者は仏教徒ではないが、仏前結婚式を挙げた。結婚の誓いは、「すべての生きとし生けるもののために、互いに助け合って、大心《だいしん》、すなわち寛い心に到達すること」だった。禅というものに最初に触れたのはかなり前のことだが、はじめから私（jkz）は強く惹きつけられた。禅の修行は厳しく、根気がいり、強烈で予測不能、荒々しく狂気じみており、愛情にあふれていて滑稽だ。とても単純だが、そう単純でもない。要はマインドフルネスと無執着だ。そして、もっとも深い次元における本来の自分を知ること、自分が何をしているのかを知ることであり、逆説的な意味での無知と無為が含まれる。

私は何年間か禅の荒行に浸ったが、そこには子育てに共通するものがたくさんあった。両者とも、無条件に、いのちそのものに目覚めることに思われた。それで私にとっては、自分たちの赤ん坊（赤ん坊はみな、まるいおなかと大きな頭を持ち、神秘的な微笑みを浮かべる小さな仏像のようだ）を、わが家に同居する禅師と見るのは難しいことではなかった。禅師は自分のことを説明しない。ただ存在そのものを体現している。考えごとに囚われない。あれかこれかと物思いに浸って途方にくれることがない。物事がこうあるべきと執着しない。また、つねに一貫しているわけではない。ある一日は必ずしも翌日と同じでなくていい。私たちは、彼らの存在とその教えに助けられて自分の本性を直に体験する。また今という瞬間の中に自分の生き方を見つけるように背中を押される。禅師はこれを、言葉を使って導くのではない。あるときは、考えることでは解決できない難問を次々と与えることで、またあるときは、満開のいのちの輝きを映して見せてくれることで、あるいは全体像を指し示すことを通して、これを行う。何より禅師らは目覚めた状態を体現しており、私たちの中からそれを呼び覚ます。

子どもはいろいろな点で禅師に似ているところが多い。特に赤ん坊はそうだ。ただ、子どもが成長するにつれて、それを見ることが難しくなる。しかし、子どもの本性はつねに存在し、見ようとするならば、つねに私たちの本性を映している。

子どもは、いわゆる「オリジナルマインド〔本来の清らかな心、何ものにもさまたげられない心〕」といわれるものを持っている。それは、なんでも受け入れ、純粋で、さまたげになるものがない。彼らはまぎれもなく、完全に今にいる。そしてつねに、学習し、発達し、変化し、私たちに新しい応対を要求する。彼らは成長するにともなって、私たちが持っているあらゆる期待、固執した意見、大切にしている信念、物事がこうあってほしいという願望に戦いを挑んでくるように見える。赤ん坊のときの彼らは、私たちに、彼らの身体面・感情面で必要なものに二四時間気を配ることを求める。つまり、親はつねに、心がここにあること、敏感であること、自分の焦りがちな気持ちを我慢すること、今何が起きているかを知ろうとすること、さまざまな方法をすすんで試そうとすること、自分の試みに対する赤ん坊の反応から学ぶことを求められる。また彼らは、彼らの心に同調して、つながりの中で、喜びや、一つになる感覚をどうやって見つけるか、その方法も教えてくれる。理論を学ぶひまはほとんどないが、何にしても現実の行動とつながらなければ役には立たないのだ。

もちろん、子どもは本物の禅師ではない。子どもは子ども、禅師は禅師だ。理想化しても意味がない。だが広い心で子どもを見て、子どもの年齢に関係なく、彼らを通して純粋ないのちの輝きそのものを見ることができれば、その瞬間に目が開かれて、彼らと私たちの真の姿を知ることだろう。

実際に親になるとはどういうものかは、誰からも教えてもらえない。現場で学ぶしかない。子育てをしながら、自分の内面に蓄えたもの《インナーリソース》（自分が持っていることを知らないものも含む）を頼りにして、次々現れる新たな状況と子どもが出す手がかりをもとに、自分が進む方向を描く。子育てとはどういうものかを知るには、子育てそのものを生きるしかない。それは、深くて終わりのない内面の作業《インナーワーク》であり、そういう言い方が許されるならば、まさに一瞬ごとが霊性修行である。

私たちは、自分の子どもや自分がおかれている環境からたえずやってくる学びを、不都合だ、大事でない、面倒すぎる、難しすぎるといって、抵抗することも、完全に無視することもできる。また反対に、それを深く見つめて、何に留意するべきなのかを示す指針とも、その瞬間に起きていることや必要なものを見定める指針とすることもできる。それは私たちの選択しだいだ。ただし、抵抗するほうを選べば、かなりの不必要な苦痛と痛みを引き起こすことになるかもしれない。というのは、探索して学んで成長するという子どもの生命力を無視したり、彼らの自己統治権を認めないことになると、現実という根本的なものを拒否することになるからだ。そうなれば、いずれはその結果を思い知らされることになるだろう。

たとえば、相手が二歳の子どもだということを一瞬忘れてしまい、お行儀よくふるまうことを期待して厳しく無神経に押しつけることは、その行動が二歳の子どもの適切な行動であることを忘れていることになる。また、そのときに子どもがしていることを拒否したい思いから、親が頑固に意のままに無理強いすれば、まわりに多くの問題を引き起こすだろう。親なら誰でも、どこかでそうした結果を体験したことがあるはずだ。

これとは反対に、「どうあるべきか」を手放して、実際の子どもの姿を包容できるなら（別の言い方をするなら、私たちが、自分が大人であることを思い出して、その瞬間の自分の内面を見つめて、子どもに一定の理解とやさしさを持って接する方法を見つけることができるなら）、私たちの感情と選択する言動はまったく違ったものになり、次に続く展開と結果もまったく異なるだろう。そして、もし後者の道を選ぶなら、二歳の子どもは次のように大事なことを教えてくれるだろう。それは、私たちは決まったように物事が起きることに執着していて、異義を唱えられると心が揺らぐこと、さまざまな選択肢を持っていること、である。私たちは、自分の反応しがちな傾向と無知によってわれを忘れ、二歳の子どもが当然することをしているだけという現実を忘れるという選択もできる。これとは反対に、自分の反応しがちな傾向に気づく力に自信を持って、他の道を選ぶこともできる。それはすなわち、自分の反応に取り組みながら、子どもに実際に起きていることにも取り組むことだ。誰でも、こういうことが実際に起きる前は、今述べたことを全部「知っている」と考えているかもしれない。だが、現実に起きたときには、知識があっても、私たちが自動的に反応することを防いでくれはしないだろう。そういうことから、私たちが感情的に反応して簡単にわれを忘れること、そんなふうになる必要はないことを、二歳児が教えてくれるというわけだ。これは実に重要な教えで、人生のさまざまな局面で使うことができる。結局のところ、私たちの心は、私たちが行動するところにどこにでもつねに付いてきて、思いのままにならないと、起きていることが気にくわないと、似たりよったりの反応をしてしまう。

子育てにかぎらず、人生のどの時点であっても、自分の改善の余地がある部分を故意に意識することができると何が起きるだろう。そうすることは苦痛で恐ろしいかもしれないが、まさに、その場にいようとする意思、「どんなものも」見ようとする粘り強いその姿勢が、物事のありのままの姿と相和する世界に導いてくれる。しかし、それが起きるためには、私たちに与えられるものに注意深く耳を傾け、自分の体験が展開していくさまを、心を大きく拡げて見る方法を学ぶ必要がある。

おもしろいことに、この瞬間に自分の前にあるものに対して、こうあるべきと考えずに気づきの意識を向けると、単にそれをする行動そのものに内在する規律が精神を安定させ、心を開かせて明晰にする。これは強制的に特定の結論や結果を得ようとしてもがいても得ることができない状態だ。というのは、そうした調和の状態はすべての根底にあるからだ。すべてが調和した平安な場は、今、ここに、私たちの中に、子どもたちの中にある——もし私たちが、繰り返し、それが現れる場を作ることさえできるなら。

＊

私たちは草を摘んで　良し悪しを競い　　于此闘百草
また　かわるがわる　　于此打毬児
歌を歌い　鞠をつく　　我打渠且歌

私が鞠をつくと　子どもたちが歌う
子どもたちがつくと　私が歌う
時は忘れ去られ　飛ぶように時が過ぎる
近くを通る人たちが　私をふりかえって笑う
「どうしてあなたは　子どもなんぞと遊んでいるのですか」
私はおじぎをするだけで　答えない
何か言ったところで　わかってもらえるだろうか
わたしの心の中を知りたいというなら　こう言おう
時の始まりから　いましかない　ここで見るとおり　それしかない

我歌渠打之
打去又打来
不知時節移
行人顧我咲
因何其如斯
低頭不応伊
道得也何似
要知箇中意
元来只這是

良寛
一八世紀日本の禅師（禅僧）、隠者、書家詩人
〔漢詩は『校注良寛全詩集』（谷川敏朗著、春秋社、一九九八年）より〕

一八年の修行期間

子どもを小さな仏陀、あるいは禅の師と見ることとは、子どもを上手に育てる助けとなり、親の成長も期待できるように思う。私（jkz）は子育てを瞑想修養会《リトリート》を拡大したようなものと感じることがよく

あった。それは深く集中する内面の修行であり、子どもにも親にも非常に深い恵みをもたらしてくれる。

一般的な瞑想修養会は、数日間、数週間、数か月にわたるものだが、この「子育て修養会」は子どもが一人にかかる期間がなんとほぼ一八年間にわたる。もちろん、日ごとの子育てに要求されるものは、人里離れたところで集中して行われる瞑想修養会とはまったく別ものだ。しかし、どちらも息の長い内面作業《インナーワーク》であることには変わりない。そう考えることで私は、子育てという使命や、長年にわたる気配りや世話や知恵というものを、包括的な視点から見ることができて力がわいた。

いったい瞑想修養会とはどういうもので、その目的は何だろう? 定期的に瞑想しない人たちや、修養会の参加経験がまったくない人も含めて、マインドフルネスによる子育てをしようとする人たちにとって、子育てを修養会のようなものと見ることが、どう理解に役立つのだろう? またそう見ることは、自身の人間的成長にどう役立つだろう?

瞑想修養会は、修養会という環境でなければとてもできない自分の内面作業を行う機会である。そこには優先順位を考えなければならない日常生活の仕事もなければ、邪魔もなく誘惑もない。一定期間家族や仕事から離れて、特別な場所で簡素な生活を送り、自分という人間に細心の配慮と注意を払うことが可能になる、貴重でまれな機会である。

瞑想修養会をリードするのはたいていの場合、一人から数人の熟練の教師で、参加者を励まし、インスパイアし、導き、指導し、参加者の修養会体験に耳を傾ける。基本的な鍛錬の大部分は、無言で座っているか歩くことで、ふつうは早朝から始まり深夜まで続く。座るだけ。単に歩くだけ。たいていは労働の時間があり、これも無言で行う。そのうちに、無言のうちに座り無言のうちに歩く中で養われる静謐な心を保ったまま、風呂掃除や鍋洗い、庭の草むしりをすることができるようになる。大事なことは仕事の種類ではない……重要なのはその仕事に私たちが向ける心である。

注意を向ける方向は基本的に内面で、ふだんはまったく当然と思われている二、三の基本的なことに向けられる。たとえば、呼吸をするときの息が体から出たり入ったりするさまや、身体や心の中で一瞬ごとに知覚されるものに意識を向ける。もちろん、無言で食事をして、就寝する。たいていの場合、読み書きは禁止されている。コンピュータ、インターネットのほか、すべてのモバイル機器も同様だ。電話の使用は禁止、または大幅に制限される。たまに教師との面談があるほかは、現実的に自分ひとりでいる。このような修養会の環境はつらくて困難なものかもしれないが、深い癒しをもたらす。

最初、心はかなり活発に動き興奮しているが、しばらくすると徐々に落ち着いて深く集中できるようになり、そのうち一点集中となる。ときには、長時間にわたって、集中し、安定して静かな状態を維持することができることもある。こうした注意集中の厳しい訓練を続け、さらに観察している対象を認めて受け入れるようになると、これまでとはまったく異なる精神《マインド》と心《ハート》の在りようを知ることが可能になる。高度に鋭敏な気づきの意識が発達して、それが深いところのあなた本来の性質――表面的な姿や執着や個人的歴史の下にあるあなたという存在の本質――を見せてくれる。また、このような継続的で集中した注意は非常に深い洞察――本物の悟りとしての目覚め――を引き起こす力を持っている。それは真のあなたの姿を明かし、あなたがこれまで知らなかった、また、できると考えもしなかった方法で人生を照らすことになるかもしれない。

集中した瞑想は、鏡であり、深い浄化でもある。瞑想によって、物事をより包括的に正確に見るようになるだろう。それは自分についての深い学びを生じさせ、同時に、これがもっとも重要だと思うが、無意識に絶対的にかたくなに自分のものと考えていたもの……ものの見方やものや固定観念などを手放すように促してくれる可能性がある。

自身の心に継続して注意を注いでいると、心がかなり体系的な動きをしていることがわかってくる。動きがしつこく繰り返される場合は、そのパターンを見分けることができるだろう。単に無言で座っている、無言で歩いているだけで、思考の流れには途切れがないこと、思考過程が非常に混沌としている（思考中の順序を見分けることは場合によっては難しい）ことを発見するだろう。そして、そうした思考の大部分が、少しも信頼できない不正確なものであることもわかるかもしれない。さらに心がどれほど瞬時に反応するか、感情の嵐がどれほど強い力を持っているかもわかるようになるだろう。

あなたはおそらく、心が過去（回想する、憤慨する、責める）と未来（心配する、計画を立てる、望む、夢見る）にほとんどの時間を費やしていることも、その瞬間の体験が快適か不快かその中間かをもとにして、心そのものを含むあらゆることをつねに判断していることもわかるだろう。さらに、心の執着がどれほど強いか、つまり、心がたえまなく物や意見に自分を重ね合わせていることや、希望的な考えや他の場所にいたいという欲求、そして、人間関係や物事が今とは別であってほしいという願望などに動かされていることもわかるかもしれない。

そうして、心が今現在のありのままの状態に落ち着くことがどれほど難しいかも理解するようになるだろう。同時にあなたは、心が、しばらくすると落ち着きを取り戻して、心が関わっている多くの動きを見ることが可能になり、内面が静止して、安定し、心そのものの動きによって簡単にバランスを失ってかき乱されるようなことがなくなることも理解するだろう。

もしあなたに、苦しくても瞑想を続ける意欲があるならば、そして長時間静かに座っている身体の痛みに耐えることができるならば、かつおしゃべりや娯楽、気晴らしや目新しさを強く望む心に耐えてじっとしていることができるならば、さらに、時々やってくる退屈、抵抗、悲嘆、恐怖、混乱に負けずに耐えられるならば、そしてそのあいだずっと、断固として、無条件のやさしさで、おだやかに、一切の期待を持たずに、単に、気づきの場に出てくるものを、どんなものも、一瞬一瞬、観察しつづけるならば、どこかの時点で、心の中で、深い海の底のような静けさとウェルビーイング、そして英知に出会うことだろう。

心はたしかにいろいろな面で海に似ている。海の表面は平穏で波静かなときもあれば、季節や天候や風の影響で、荒れて激しく波立ち、一〇メートルを超す高波を作ることもある。だが、どんなに表面が騒いでいても、深いところでは水は静かである。

瞑想を続けているうちに、私たちの心も海と同じであること、すなわち深い静寂と落ち着きは、心固有の、つねに存在する性質であることを理解するようになる。また、たとえどんな理由で感情の嵐に囚えられているときでも、その下には静寂と落ち着き、そして気づく力が隠れて存在していること、それは私たちの不可欠な部分であることもわかるようになる。私たちはこれらの性質を呼び出して、心の波を消すためではなく（海面の波を平らにしようとしないのと同じに）、心の波を理解し、波を入れるもっと大きな容器、すなわち大きな見方を準備するために使うことができる。この容器の中では、動揺そのものが維持され認められるのみならず、理解を深めるために使われることさえある。

こうして私たちは、日常生活で頻繁に起きていること（自分の思考や感情でわれを忘れたり、目が曇るといったこと）が、本当は必要ないことなのだと気づくようになるだろう。また、思考や感情が生み出す苦痛から逃れようとして、それらを抑える努力をすることも必要ないとわかるだろう。

また、このような方法で自身の心の働きに取り組むことによって、自分が孤立している、つながりがない、独りぼっちだというのは、事実でないことがわかるだろう。そして、「私《アイ》」「私に《ミー》」「私のもの《マイン》」というそれ自体が思考でしかないことを理解するだろう。たしかにこれらは私たちに深く根付いている、大きな影響力を持つ執拗な心の習慣だが、思考であることには変わりない。こうして私たちは、自分を孤立した存在と感じ、個人的な心配や損得に多くの時間を費やしている「自分」という感覚の下に流れている川――私たちよりずっと大きく、私たちが属している大きな一つ《ホールネス》という大河――の一部なのだと理解することができるかもしれない。

そうして、親たちが結ばれたことで生まれてきた自分という個人の生命の中に、深い神秘が存在することに気づくかもしれない。親たちの親、その親の親へと時を遡るとき、私たちの存在は自分の親と自分の子どもの間に橋をかけ、会ったことのないこれまで生きた人々と、会うことのない未来の子どもたちの間をつなぐ存在なのだ。

そして、宇宙が一つの途切れのない全体であること、どんなものも他のすべてのものの一つの側面であるという、もっとも深遠な本質を見るようになるかもしれない。すべてが他のすべてに組み込まれ、またすべての中に反映されていること、すべてがもっと大きな全体の一部であることがわかるかもしれない。そして、相互のつながりと相互依存の関係が根源にあり、はかなくつねに変化する一人ひとりのいのちの意味と独自性がそこから生まれることを理解するかもしれない。

そのときあなたは新たな目を持ち、これまでにない深い理解と感謝を感じて、人生の展開は没個性的なものであると同時にとてつもなく個人的なものであることに気づくだろう。思考と強い執着というカーテンが薄くなるにしたがって、今という瞬間、ここという場において、あなたはあなたであり、あなたという存在が独特であることを肌で理解するだろう。あなたには、あなたの顔と性格と欲望があり、あなたの歴史（あなたの両親とあなたの育ち方という遺産）があり、あなたの人生にヴィジョンと情熱を注いでいる、独特で不可思議な道や天命がある。あなたが働いている場所であなたは働いている。あなたが生きている場所であなたは生きている。あなたの責任はあなたの責任であり、あなたの子どもはあなたの子どもであり、あなたの希望はあなたの希望、あなたの恐怖はあなたの恐怖なのだ。

私たちは、「離れている」とか「離れていない」というのが、私たちのより深い現実について説明しようとする単なる思考にすぎないと見るようになるだろう。そして、私たちに起きることは私たちに起きていることではあるが、それらを自分個人のものと捉えることはそれほど賢明ではないと知ることで、よりしなやかな生き方ができることに気づくかもしれない。なぜならどんなことも、個人を超えたものでもあるからだ。そこに在ってそれを個人として受け止める、個体として不変の「あなた」を指し示すことは難しい――仏教徒なら不可能というだろう。もちろん、あなたがあなた自身であることは確実で、あなたは多くのことに責任がある。しかしあなたが、あなたが考えるあなたではないのも確実だ。なぜなら思考には限界があり、あなたの本質には限界がないからだ。

修養会では、私たちの真の姿が、身体でも、思考でも、感情でも、アイディアでも、意見でも、私たちの恐怖でも不安定さでも、傷でもないと気づくかもしれない。ただし、これらは体験として私たちから切り離せないものであり、天候が海面に影響を与えることができるのと同じように、人生に多大な影響を与えることができる。そして、これらに無意識に強い執着を持つと、その影響は特に強くなる。愛しい自分の人生のためにそれらにすがりついて、すべてのものを、暗いレンズ、明るいレンズ、色眼鏡や万華鏡を通して見ることになる。

自分は、自分のアイディアや意見とは別ものだ。このことを知って、自分の体験を見るときの色眼鏡を外すならば、ものの見方、選択、日々の生活の仕方が一変し、自分を見る目も自分の子育てを見る目も大きく変わり、生き方も変化するだろう。

また、自分が他の人と同じように、この世にとても短い間しかいないこともわかるかもしれない。だが、つかの間の人生も、瞬間ごとに意識し、気づくことができれば、無限の長さになる。どんな人生にも基本的に永遠の瞬間がある。今の瞬間に生きることで、私たちは時の支配から抜け出し、時間を超えて、現在《いま》に踏み入る。このような体験をすれば、私たちが必ずしもつねに時間というものに縛られてはいないことを教えられるだろう。

さらに、私たちは万物の無常性にも気づきはじめることだろう。私たちが注意を向けるどんなものも、いつまでも在るものはない。呼吸は一息ごとに入って出ていき、身体の感覚も来ては消えゆき、思考もやって来ては去り、感情もわいては去り、アイディアも意見も欲望もわいては去り、瞬間も来ては過ぎる、昼も夜もやって来ては過ぎていく。同じように、季節が、年が、若さが、仕事が、人々さえも、やって来て去っていくのを私たちは見る。山や河、生物も現れては消える。変わらないものは何もない。たとえ私たちの目にそう見えるとしても、永遠であるものは何もない。どんなものも、たえず動き、変化し、何かになりつつあり、分解しつつあり、現れて、進化している。それは複雑な舞踏であり、外側の世界の舞踏も、心という内側の舞踏とそう変わりはない。子どもたちもまた、この舞踏の一部である。彼らも私たちと同じように、この美しく不思議な世界に短い間しか滞在しない訪問者だ。そして、彼らと私たちが共に過ごす時間は短く、その期間は知らされていない。

この事実が胸の奥まで届いたとき、貴重なことを教えてくれるのではないだろうか？　子どもと一緒に過ごす時間がどれほど貴重なものか、彼らと一緒にいるときのすばやく過ぎてしまう時間をどう意識して過ごしたらいいか。あるいはどのようにハグするか、どのようにキスするか、どのように「おやすみ」を言うか、どのように彼らが眠るのを見ているか、どのように朝に彼らを起こすかなどにも深く影響を与えるに違いない。また、このようなことを理解することで、彼らへの対応の仕方が大きく変わるのではないだろうか？　たとえば子どもが自分のやり方を見つけようとして親のアイディアや意見と衝突する場合を考えてみよう。私たちの忍耐が限界に来て、自分が正しい、なんでも知っているというエゴが前に出そうなときでも、自動的に反応するのではなく、実際に自分が知っている大きなものの見方や前向きな視点を忘れずにいられるのではないだろうか。

子育てを瞑想修養会の一種ととらえ、マインドフルネスを土台にした気づきの子育てという内面作業に修養会と同じ気持ちで取り組み、一日一日、瞬間瞬間に意識を集中し、維持するならば、ホールネスという大きな視野を忘れないことにとてつもないパワーがあるとわかってくるだろう。そうなれば心の表面に立つ波によって、あるいは、狭い人生観や人生にしがみついて自分を失うこともないだろう。今までとは違う方法で一瞬一瞬を捉え、気づかないうちに時が過ぎてしまうこともなくなるだろう。

また、すでに深いところで知ってはいてもふだんは忘れているものを心にとめるなら、子どもにこれまでとは異なる深い配慮をするようになり、世話の仕方も異なるようになるだろう。おそらくは、自分の足で自分の人生を歩く方法がわかるようになり、足下の地面を感じ、顔や身体に吹いてくる風を感じ、ここという場所と、今というときを知り、生きとし生けるものすべての中にあり子どもたちの中にもある不思議な英知を尊ぶだろう。

ここまで、長期のマインドフルネス瞑想修養会における集中した鍛錬を通して気づくことができるもの、理解できるものについて紹介した。時折ふだんの生活から離れてこのような方法で鍛錬できれば、非常に大きな価値がありその効果は持続する。だが、長期間家を離れられない場合や、それが必要でないこともあれば、望ましくない場合もあるかもしれない。特に、子育てや家族の世話や仕事など、いくつもの責任ある仕事をやりくりしている状態では難しいだろう。

ここに子育ての全体験を長い瞑想修養会と捉えることが役立つだろうという理由がある。もちろん、子育ては世間からの隠遁生活ではない。ただ家族生活は、世間からのストレスをある程度やわらげる緩衝材になって、内面の安心とおだやかさを作ることができるとは思う。だがそんなことよりも、私たちは、まわりの世界、そして子育てという環境そのものを、自分のマインドフルネスを養うために最大限利用して、人生に深く目を向け、本来の自分から出てくる行動が、時々ではなく、生き方として自然にいつも出てくるようにしたいものだ。

家庭生活の一日は、修養会のスケジュールよりはるかに複雑で混沌としている。またそれは子どもの変化や成長に従って、日々、刻々と変わる。だが、根本的なマインドフルネスの鍛錬はつねに同じだ。それは、「最大限、今に在ること、そして実際に起きていることを最大限見定めること」である。これをするのは、すでに（前章で）見たように、いつも簡単にできるわけではない。その上で、行動が必要な場合は、そうしようとする意図と気づきとやさしさを持って行動しよう。内面作業は自分の都合のよい時間に毎日行う正式な瞑想によって自分の中に根づくだろう。だが、どうしてもするべき大切な鍛錬は、日常の暮らしの中でマインドフルネスを養うことだ。つまり、毎日、一瞬ごとに、子育ての要求に応じながら、一瞬一瞬を、マインドフルネスを深めるための土俵にすることである。

こうなると、朝起きることの一瞬一瞬が、「起き・上がる」瞑想となり、歯を磨く一瞬一瞬が、「私の・歯を・磨く」瞑想となる。赤ん坊が泣いているから今は自分の歯磨きを始めない、は、「自分の歯磨きを・今は・しないで・赤ん坊の・世話を・優先する」瞑想になる。子どものオムツを替える、服を着せる、食卓に食事を用意する、学校に送り出す、仕事に行く、買い物をする、掃除をする、料理をする、さまざまな手配をするなど、生活のすべてがマインドフルネスの鍛錬となる。すべてが、だ。

鍛錬が重要だ

一日の質に影響を与える、それがもっとも高度な芸術だ。

ヘンリー・D・ソロー『ウォールデン　森の生活』

生活、特に子育てにおいては、「今、ここ」に存在すること、気づくこと、共感すること、受け入れることを今よりもっと高めることが非常に重要だ、と聞くだけで、人によっては、今までと別の生き方をするようになる人がいる。彼らは、意識的に「一日の質に変化をもたらす」ことができる能力が自分にあることに目覚め、自分の暮らしや子育てに新しい寛容性と感受性をとり入れるように触発される。

だが、人の心はそれぞれが独自の働き方をする。それがおおかたの人にとっては突然「単に目覚める」のを難しくしている。今という瞬間と触れるだけでも、たいていの場合、それ相応の努力と一貫性が必要だ。明瞭に見ることも、簡単に持続するようなものではない。たとえばふつうは、自身に自己統治権があることや、それを日常生活の中で具現化する自分の能力を、たまに垣間見るかそれらしきヒントを捉えるぐらいしかできない。洞察や変容は簡単にもたらされるものではない。

そのため、私たちは今に生きることを学ぶ「鍛錬」が必要になる。また、全体性《ホールネス》という目から見る「鍛錬」が必要になる。なぜか？　それはおそらく私たちが、人間の心の性質として、人生のほとんどをマインドフルネスとはまったく正反対の鍛錬をしながら生きているからだろう。私たちは日々、「今の瞬間」に生きないことを「鍛錬」しているのである。私たちは自分の思考や感情や好悪の感情というものによって、自分自身から、自己統治権から、相互のつながりから遠く離れることを「鍛錬」する。不安になること、怒ることを「鍛錬」する。自分がもっとも欲しいものをつかむことを「鍛錬」する。暮らしの中でこうしたパターンを繰り返し「鍛錬」すればするほど、「上達」して、これらの思考や行動パターンから離れることが難しくなる。

ここにマインドフルネスを土台とした気づきの子育てが、単なる哲学とかよい考えというものではなく、鍛錬、規律として理解されなければならない理由がある。鍛錬することによって、心と生活に深く根を張っている思考や行動パターンから解放される。なぜなら、これらの思考・行動パターンこそ、私たちを自分自身から遠ざけているものであり、私たちが持っている無比の瞬間（私たちが生き、成長し、相互のつながりを肯定する瞬間）から私たち自身を切り離しているものだからだ。

私たち著者は、「鍛錬」という言葉を、ふつうとは異なる使い方をする。私たちが使う「鍛錬」は、「今という瞬間に、在ること、意識的に気づくことを具体化すること」を意味する。それは、ピアノを練習する、ダンスのステップを練習する、というものではない。エクササイズやリハーサルといった意味でもない。何かを何度も繰り返すことでそれがうまくなることを意味するのでもない。もちろん、鍛錬を重ねれば、マインドフルな状態が深化することは間違いないが。

赤ん坊を抱き上げるたびに、それを意識的に気づいて行うなら、それは鍛錬である。大事なことは、「身も心も完全にそこに在る」かどうかだ。だが「身も心も完全にそこに在る」とはどういう意味だろう？　それは「ここに完全にいる」ことだ。つまり、あなたが赤ん坊を抱き上げているときに、あなたが赤ん坊を抱き上げていることを知っていること、を指している。それはあなたが、感じていること、匂いを嗅いでいること、接触していること、聞いていること、抱いていること、呼吸していることなど、そのときに起きていることを自覚していることであり、何をしていてもそれに気づいて受け入れていることを意味する。そのとき、あなたの直感や赤ん坊やその瞬間そのものが、あなたが今何をすればいいのか、授乳なのか、オムツ替えか、着替えか、歌を歌うのか、他のことなのか、を知らせてくれる。そしてこのときの「他のこと」には、「無為」も含まれている。つまり、あなたが単にそこに存在するほかには何も要求されていない瞬間もある。

あなたはこれに「長《た》ける」必要はない。もちろん、マインドフルネスの精神には、自分を判断することは含まれていない。この瞬間に存在しているだけで十分だ。なぜか？　あなたはすでにそこにいるからだ。完全にこの場にいよう。そうすればあなたはまさにこの瞬間に、一体感《ホールネス》というものを味わうことができる可能性がある。なぜなら一体感は、つねに、ここで、今、認められ、感じられ、受け入れられるためにあるからだ。私たちは、ひとりだが、同時にひとりではない。

すなわち、鍛錬というのは、何が起きても、意図して、完全にここにいることを思い出すことだ。そうすると、あなたは何が起きても、自動操縦《オートパイロット》になることも、自動的行動をとることもない。赤ん坊を抱き上げるときは、赤ん坊を抱き上げている。子どもをハグしているときには、子どもをハグしてそこにいる。子どもに限界設定をしているとき、彼らに何が期待されているかを伝えているとき、あなたはそのためにそこにいる。あなたの心はどこか他のところに浮ついていない。もしそうであれば、そのことに気づいて、元に戻すことができる。これは単純な作業だが、たやすくはない。心は簡単に他の場所に運ばれていく。

鍛錬方法は実に限りなくある。実際、暮らしの中で、子育ての中で、鍛錬にならない面はない。なぜなら、そのときにしていることを意図的に意識し、そのなりゆきに気づいている状態を維持しているのが鍛錬だからだ。今起きているなりゆきに注意を注ごうとすればするほど、マインドフルネスと気づきの子育てという地面にしっかりと足をつけることになる。そして、内面・外面のこの作業に必要な装備は誰にでも備わっている。つまり、子ども、環境、呼吸、瞬間、すべてここにあり、今、ここで受け入れられるのを待っている。もし人生にこのように取り組むならば、ソローが言っているように、一日の質に影響を与えることはまことに一つの芸術の形になるだろう。それは、毎日私たちに与えられるもので自分を磨き、自分の生き方、そしてこの世での在り方を日々高めていくことに他ならない。

呼吸について

心地よく、これは本物だと感じる方法でマインドフルネスを土台とした気づきの子育てを始めるにはどうしたらいいだろう？　「はじめどき」を待つべきだろうか？　いつから始めてもいいのだろうか？　妊娠してから？　これが「役立つ」ように、最初の子どもが生まれたとき？　人生のどの時点でもいい？

あなたは今、疲れはてて混乱している状態で、始めるどころではないと思っているかもしれない。だが、心の癖を考えると、たいていは偽物である想像上の「好機」を待たないで、自分が手にしている今という瞬間をとらえるのが、始めるチャンスだと思う。

内面に蓄えているさまざまなリソースを手に、「今、ここ」から始めようと決心したときには、すでにマインドフルネスを鍛錬する意欲を持っている。何がそのときに起きていようと、人生のどこにいようと、親になったばかりであろうと、成長した子どもを持つ親であろうと祖父母であろうと、「完全にその場に存在している」価値の探求を始めるスタート地点に立っている。

気づきの子育ての鍛錬を始める方法の一つは、静かなときの呼吸に親しみ、それを一日中ずっと意識していることだ。呼吸はつねに行われている。それはつねに現在である。また、あなたの生命、身体、感情の状態と深くつながっている。呼吸を意識することで、心と身体が「今、ここ」の状態になり、知覚が覚醒して明晰になる。

ためしに、今この瞬間、あなたの呼吸を意識してみよう。そしてそれを数分間、あなたがずっと意識して気づいていられるかどうか、見てみよう。つまり、息が出たり入ったりするのを「感じている」と同時に、息が入ってくるときに、入ってくると知っていること、また、息が出ていくときに、出ていくと知っていることだ。よければ呼吸の「波乗り」をして遊ぶのもいいだろう。呼気と吸気に注意を集中して、波の上で上がったり降りたりするのを感じよう。ゴムボートの中でやさしい波の上に漂っているような感じがするだろう。その後、呼吸に気づいているその意識を、あなたがしていることに持ち込んでみよう。さらに、何かに対処しているときにも同じようにしてみよう。

この実験をすると、心はそれ自身のいのちを持っていることがすぐにわかるだろう。心は、呼吸を覚えていたくないかもしれない、呼吸と継続的につながるのを嫌がるかもしれない。心は気づいている状態を保つことに慣れていないのだ。誰の心もそうだが、あちらこちら、過去未来、ある考えから別の考え、ある感情から別の感情、ある望みから別の望みへと、つねに移っている。時間に追われているとき、問題に対処しているとき、何らかの対立があるときはなおさらそうだ。誰でも、はじめて、座って、沈黙して、呼吸を追ってみると、たとえ数分間であっても、たとえ外側の環境が平穏であっても、今述べたような状態を目にするだろう。

つねに鍛錬を欠かさないでいると、呼吸とのつながりが密接になっていき、あなたの世界でそのときに起きていることに気づきの意識が波及していく。そして、このような方法で気づきを養うと、一瞬の中にある深い潜在的可能性を自分のものとして使えるようになる。

自身の呼吸に気づけば気づくほど、あなたにとって呼吸に気づく価値が大きくなるだろう。気づきは現在を明るく照らして、より大きな静謐さと明晰さの中に「今」を維持するのを支えてくれる。しかし、その気づきをすべての瞬間に自分がしている全部に拡げるためには、積極的な姿勢とエネルギーが必要だ。それは外側に目配りをすると同時に内側を見ること、すなわち目で見ること（looking）と知ること（seeing）で、それは洞察力ともいわれる。この気づきの意識は生活のあらゆる面に持ち込むことができる。すなわち、呼吸しいしいながらオムツを替える。呼吸しいしいながら買い物をする。呼吸しいしいながら目と目を合わせる。呼吸しいしいながら子どもと遊ぶ。呼吸しいしいながら子どもに本を読み聞かせる。呼吸しいしいながら物事を堅持する。呼吸しいしいながら子どもをベッドに寝かせる。呼吸しいしいながら年長の子どもと話す。呼吸しいしいながら夕食を作る。呼吸しいしいながら一〇個の用事に一度に対処するのに失敗しそうだと感じる。呼吸しいしいながら失敗してしまったあと今から事態を収拾して前に進まなければならない。ここに述べたことは、特別な時間を必要としない。ただ呼吸をしていることを思い出すだけだ。

オムツを当てる、散らかしたあとを片づける、けんかをやめさせる、あちらこちらに駆けつける、心配して不安になりながらぼーっと座っている、働いている、遊んでいる、「働く」時間、「休憩」時間。こうした時間は、すべて、「今」にあなたが存在するために、あなた自身の呼吸を利用できるチャンスである。

鍛錬とは育てること

トマトやとうもろこしを菜園で育てるのと同じように、暮らしの中で、家族の中で、マインドフルネスを育てることができる。私たちが「鍛錬」という言葉で意味するものは、この育てることと同義だ。どんなものを育てるにしても、大事なことは植えた苗の世話をする（tending）ことだ。これは、もっとマインドフルになろうとしているときも、子どもの成長の世話をするときも同じことだ。「世話をする（tending）」は「注意を払う（attending）」という意味で、「注意（attention）」から来ている言葉である。そして、これらの言葉にはどれも、今に在る、目覚めている、〜に向かって伸びる、準備万端、意識している、という性質が含まれている。注意を注いで面倒を見ることで、自分が「大きくなり（extending）」、感情が拡大して、やさしくなる（tender）。

この「注意を向ける」「世話をする」は、マインドフルネスの鍛錬における心臓部分である。「世話をされる」若い植物が「守られる」「支えられる」必要があるのと同様、子どもたちにもそれが必要だが、始めたばかりのマインドフルネスの鍛錬にも同じことがいえる。気づきの子育てに着手するときには、その意図と、鍛錬する努力の二つが、護られる必要がある。そうでないと、意図も鍛錬する努力も、人生の混沌とたえまない暮らしの要求に踏み潰されて、まもなく捨て去られてしまうだろう。マインドフルネスを培う意図や努力を支えるための枠組みを作るのはこのためだ。

この枠組みは、正式な瞑想鍛錬と形式ばらない鍛錬両方の実践と規律からなり、全部が一つになってマインドフルネスの鍛錬となる。正式な瞑想はある程度の時間を要する。あなたがこの正式な方法を使うか、どの程度の時間を使うかはあなたしだいである。すでに見てきたように、形式ばらない方法、たとえば一日を通して自分の呼吸とつながりを持っている、というのには時間はとらない。することは、（呼吸に）注意を向ける、注意を向けることを覚えている、それだけだ。

ある意味、誰でも時々はふつうにいうマインドフルネスの状態になる。だが、内省的、無判断、無反応な気づきの意識を維持するためには、繰り返し意図して、マインドフルネスの状態になろうとすることが肝要だ。自分が固執している生き方から抜け出る方法や、自分の思考や感情に縛られない方法を学ぶことはこの一部だ。それには、自分の思考と感情を観察して、それらに流されないようにすることを繰り返すしかない。

トマトやとうもろこしを育てる場合と同様に、ここでも規律が必要である。それは外側から押しつけられるものではなく、つねに継続して世話をするという内面的な自己規律だ。これまで見てきたように、マインドフルネスとは、T・S・エリオットが「回る世界の静止した一点」(「バーント・ノートン」)と呼んだものに、つねに(あるいは定期的に)触れる一つの方法なのだ。

マインドフルネスの鍛錬と子どもを育てる仕事はどちらも、注意を向けることと自己規律の中で、基本的に地に足を着けることが要求されるため、二つを一緒に養おうとするのはそれほどの飛躍ではない。そうすることで双方が養いあい、深めあい、支えあう。

禅の瞑想で好んでいわれることは、鍛錬は特別なことではない、という言葉だ。それは、母親であること、赤ん坊を産むことが特別なことではないのと同じことだ、と。父親であることは特別なことではない。農家であること、土地からものを生み出すことは特別なことではない。生きていることさえ特別なことではない。たしかにこれらの言葉はある意味で本当かもしれないのだが、母親や父親や農家の人に「何も特別なことではない」と言ったらどうだろう? 「何も特別なことではない」ということは、とても特別なことだという意味でもある。完全にふつうであることは完全に並外れたことでもあるのだ。すべては、あなたが物事をどう見るか、深いところに目を向けようとしているか、自分が目にするもの、感じるもの、知るものに従って生きていこうとしているかどうかにかかっている。

思考から自由になる

ＭＢＳＲプログラムを体験した人たちに、プログラムから得たものでもっとも重要なものは何かと質問すると、つねに二つのものがあがった。一つ目は「呼吸」、二つ目は「自分は「自分の思考」ではないとわかったこと」。

もちろん、プログラムを体験する前にも彼らは呼吸していたわけなので、彼らのいう「呼吸」とは自分の呼吸にあらためて気づいたということだ。そして、静寂の中で培われた呼吸のマインドフルネスが日常生活に生かされたとき、それが非常にパワフルだとわかったということだ。

二番目の答えは、ほとんどの人が、自分がつねに考えているという事実にぼんやりとしか気づいていないことを示している。これは無理に体験しようとしても難しいだろう。マインドフルネスの枠組みの中で呼吸に注意を向けはじめ、自分の心にあるものを判断せずに観察しはじめてようやく、安定的に注意を向けることがとても難しく、一つのものに集中していることがどんなに困難かがわかってくる。呼吸という実に単純なものにさえ集中を維持できないことにはじめて気がつく。

そして、呼吸を意識し、呼吸から気持ちをそらすものを意識しはじめると、たちまち自分がつねに考えてばかりいることに気づく。そのうえ思考の大部分が独断であり、全体、あるいは部分的に不正確であることにも気づく。また、思考の大部分が、感知したことの判断や評価、物事についての考えや意見を作ることに没頭していること、また、複雑で混沌として予想がつかず、ほとんど一貫性がなく矛盾していることもわかってくる。

こうした思考の流れはつねに途切れることがないが、検証されることもなく、当人に気づかれることもない。そう考えると思考は彼ら独自のいのちを持っているように見える。空の雲がわいたり消えたりするように、意識という場でわいたり消えたりしている。しかし、私たちは心の中で、これらの思考から、自分や他人や世間についての考えや意見という形で、現実についての雛型を作りだしている。そうして、それを本物だと信じ、それを否とする証拠を否定することがたびたび起きる。

実際のところ、思考が単なる思考であることを知らないと、人生の多くの面で問題を起こすことになる。しかし、このことさえわかれば、自分の心が仕掛ける罠に落ちないでいられるだろう。子育てにおいてこれは特にあてはまる。

たとえば、あなたが「トムは怠け者だ」と考えていたとしよう。あなたは、この考えを自分の意見にすぎないと思わずに、それを本当だと信じるだろう。するとトムを見るたびに、彼を怠惰だと見てしまい、他の面を見なくなる。つまり、あなたの強い意見（あなたが確かな証拠を持っているかどうかは別にして）がフィルターになって、本物のトムの姿を見せなくする、ということなのだ。この結果、あなたはトムと限られた面でしかつながることができず、あなたのトムへの接し方は、トムの反応に反映され、返ってくる。それはあなたの見方をいっそう裏付けることになる。現実には、あなたが、あなたの心の中でトムを怠け者にしたのである。あなたはトムという人間を丸ごと見ることができない。あなたが自分の中で決めつけた彼の特性は、まったく間違いか、ある程度までしか当たっていないかもしれない。もし仮に彼が怠惰であるとしても、状況によって変化する可能性があるのだが、あなたのその態度が、トムによい意味でつながることを不可能にするだろう。なぜなら、あなたの言葉も態度も、トムが不愉快に感じるように「装填《セット》されている」からだ。あなたは、それが自分の思い込みから来ていることさえわかっていないかもしれない。

　教師たちはときにこれをするし、親も同じことをする。実は、私たちはみな、これをしている――子どもに、他人に、そして自分にも。私たちは自分に、「○○すぎる」とか、あれが不十分だといってレッテルを貼り、自分に審判を下す。そして、それを信じる。信じることで、何が現実か、本物かを見る視野を狭め、自分の予言を自分で実現させるような見方をするようになる。そして、その見方が自分と子どもたちをも縛り、制限する。これは大きな苦痛を作る元になるかもしれない。さらに、誰にでもある変容の可能性を見えなくするおそれもある。頑固な固定観念が邪魔になって、物事は多層で複雑であることも、物事の全体も、つねに変化していることも、見えなくなる。

　そこで、マインドフルネスの鍛錬においては、思考を単なる思考として見ること、それを「真実」と見ないことが重要になる。感情の状態も同じように捉えるべきだろう。感情は思考と密接につながっているからだ。

　そのように自分の思考と感情を見ると、「私」「私の」といった人称代名詞の握力が緩むのを感じるだろう。そして、その瞬間に「私の」考えではなく、単なる「一つの」考えになり、「私の」感情ではなく、「一つの」感情になるだろう。これは「私」の思考、感情、意見という強い執着から私たちを解き放って、より広い視野と自由を与えてくれるだろう。当惑や困惑、焦りや怒りなど、どんな感情であれ、その存在に気づいて、単に認めること（当惑や困惑、焦りや怒りはこういうふうに感じるのか、というふうに）によって、これまでにない新しい選択肢が現れる。その結果、その感情のために、われを忘れたり、行き詰まったり、心にもない反応をすることがたとえ少しであっても減少するだろう。これは自分の感情や思考を真剣にとらないとか、それについて何も行動しないということではない。しかし、思考は思考、感情は感情、と気づくことで、より適切な行動ができるようになる。それだけではない。自分をしっかり持って、その状況に必要なことが何かがわかるようになる。

＊

心配事を空にせよ
誰がその思考を作っているかを考えよ！
どうしてあなたは獄にとどまるのか
扉がこれほど広く開いているというのに？
もつれからまる恐怖の思考から外に出て
沈黙の中に生きよ
下へ下へと流れ落ちよ
存在の輪をつねに広げながら

ルーミー
（コールマン・バークスによる英訳を和訳）

識別することと判断すること

私たち著者は、マインドフルネスを、「意図して、今という瞬間に、判断《ジャッジ》することを一切しないで、注意を払うことから起きてくる、気づき《アウェアネス》」として話している。この気づきは、より深い自己理解と英知に達するために働き、最終的には、自分自身の（たいがいは）吟味されていない心の習慣と無知が生み出す苦しみから解放されることを可能にする。このとき、無判断という部分がきわめて重要である。たとえ短時間でも自分の心で起きていることに注目すれば、自分の中に裁判官や批評家らしき者がいて、年中働いていることに気がつくだろう。彼らは、私たちのまわりのことだけでなく、私たち自身も私たちの体験も対象にしている。私たちは知らずして、事実上、この審判の囚人になっているおそれがある。これは私たちのエネルギーを非常に消耗させて、目を曇らせ、そのときに起きている学びを頻繁にさまたげている。

前節で見たように、たいてい私たちはすばやく自分の意見を作り上げ、それが真実であるかのように確信してしまう。しかし実際には、その意見は単なる思考であり、その特別な思考の「中身」と言えば、心が、物や人や自分たちについて出した結論でしかない。そして、心にあるほかの思考と同様、その意見がポジティブかネガティブか、正確か不正確かには関係なく、私たちはその結論に縛られてしまい、それを超えたところや他のものを見る力も自由も失ってしまう。そうして自分のアイディアや意見に執着している程度に応じて能力が低下し、成長の可能性も小さくなってゆく。

人生のほとんどをこのように生きるならば、何年かのちに振り返ったときに、あのときの自分の意見は「単なる意見」でしかなかったと深く後悔するかもしれない。そしてその意見が、自分に他の選択肢や可能性を探ることも見ることもさせなかった結果、本当の自分ではない生き方をしてしまったことがわかるかもしれない。自分の意見というものが、雲が太陽の光を遮るように、自分の自己統治力を見えなくすることがある。また、自分の子どもにも他人にも自己統治権があることを理解する力すら阻害することがある。

マインドフルネスを養い、気づきの子育てをするために必要なことは、判断ではなく「識別（見分けること）」である。識別とは、物事を深く注視して、鋭く、明晰に、関連性のある違いを見抜く能力のことをいう。識別力は、「これおよびあれ」を見る能力であり、「これまたはあれ」を見る能力のことではない。それは、全体像を見ること、そして、その詳細と相対性を見ることに他ならない。識別的に見ることは、現実を尊重する心の現れでもある。それは、物事の大まかな概要と微細な部分を心にとめ、同時に複雑さや神秘性にも気づいていることを示している。そこにはフェアな精神と公正さがある。それが現実の全体像により忠実だからだ。「ガウェイン卿と恐ろしく醜い貴婦人」の話の中で、カイ卿と他の騎士たちはラグネル婦人を、その容姿をもとにして偏った目で見て判断し、彼ら自身の騎士道の規範と良識を裏切ることになった。ガウェイン卿はしかし、もっと深いものを識別して、判断しなかった。

ただし、マインドフルネスとは判断しない気づき《アウェアネス》だといっても、そのときに起きていることに目を向けないとか、必要で大事なことを区別しないというのではない。実際、本当に何が起きているのかを見るためには、判断はさまたげにしかならない。自分だけの意見、好悪の感情、信条、恐怖、無意識の検証されていない偏見、物事がこうあるべきだという強い願望などの、自分が持つフィルターに気づき、表面に見えるものを超えたところを見るには、判断しないことが肝要だ。

　判断しない状態とは、自分の心がつねに判断していることに気づいて、判断することを意識的に停止して、心を、実際に起きていることを直接に観察する状態に戻すことを意味する。そのとき心はものごとの違いにすべて気づきながらもオープンに受け入れる意識状態であり、概念を通さず知っている状態である。この境地は、マインドフルネスと子育てにおける内面作業《インナーワーク》にとって重要なだけではない。たとえば、既知と未知の境界の根底にある秩序を識別することを追求する科学的探究など、さまざまなものの探求に不可欠である。科学者にとって、自分の先入観と偏見を鋭く自覚していること、時期尚早に結果に飛びつく心の傾向を自覚していること、心が、知っていると考えるものに対して心地よくなりすぎるきらいがあることを自覚していることは、決定的に重要である。先入観や偏見は、既知のものを超えた先にある、未発見でまだ理解されていない場に到達するブレークスルーをもたらす洞察を妨げる。

　識別している状態では、自分が判断していることを自覚しつつ、何のために判断しているかも知っている。そのとき私たちは、心に深く染み込んでいるこの判断という悪習を、いくぶん慈悲を持って観察することが可能になり、ひどく判断好きな自分を裁かないでいられる。そして、自分が知覚しているものの重要性を理解することによって、識別から英知が生じてくる。その英知は、好き嫌いの感情やどうしたらいいかわからないという恐れから私たちを自由にして、子どもたちに対してより賢くふるまうことができるようにする。結局、親の非難や判断の下にあるものをのぞけば、そこにあるのはたいていの場合、怖いという思考である。だがそれらも、他の思考と同じように、単に気づいて保っているだけでいい。そうして、そうした思考から来る非難や判断がどれほど正しいと言えるか、どれほど関連性があるかと考えてみれば、答えは明らかだろう。

判断するのは心の性質である。だが、そこに識別（白黒の間、これとあれの間、善悪の間のさまざまな色調を見ること）が欠けると、その判断は愚かな行動につながる傾向が強い。識別することによってこそ、新たな解決の糸口をもたらす一瞬一瞬を、賢明に見分けて進むことが可能になる。とっさの、反応としての判断は、そうした突破口を見えなくする危険がある。識別力がなければ、知らない間に、反射的行動ではない、マインドフルネスから来る対応のために新しい選択肢を受け入れる気持ちがもっとも必要なときに、視野を狭くしてしまうだろう。

五歳の子どもの母親が、たえまなく、子どもの行動を「危ない」といって付きまとい、「○○をしたら××が起きる」、「××をしたら○○が起きる」といって、自分の恐れをいちいち言い立てているときは、母親の視野は非常に狭くなっている。また十中八九、母親は自分の思考と行動に気づいていないだけでなく、子どもに及ぼす影響にも気づいていない。彼女は子どもの恐怖に自分の恐怖を加えているだけ、または、子どもがしたいことを邪魔して不必要に締め付けているだけだ。

もし母親がそのときに自分に気づいて、深く自分を見つめ、自分の行動と、その行動のもとになっている物事の見方を識別するなら、恐怖から来る衝動がある程度やわらいで、気持ちが少し自由になり楽になるだろう。その結果、思っていたより広い選択肢があることがわかるかもしれない。そしてそれに気づくことで、自分の恐怖（それは、子どもの安全を配慮する上で重要な要素を持っている）と子どもが持つ自立への欲求とのバランスをとることにつながるだろう。そうして、子どもが興味津々で探索に乗り出すとき、これまでよりも子どもを自由にするようになるかもしれない。もちろん父親も同じように、こうした恐怖からの行動を取る。また、それは息子だけでなく娘にも向けられる。

その上で、私たちに深く根付いている習慣的なものの見方（これかあれか、よいか悪いか、危険か安全か、大丈夫かそうでないか）に対して、ある程度は寛大な気持ちで思いやりを持つといいと思う。たとえば親として後悔している行動があったならば、逆に、あなたがしたよいことにも目をやることが大切だ。かたくなで、白黒思考の、あれかこれかだけの考え方は例外なく不正確であり、パートナーや子どもとの間に幻想や妄想を作り、衝突を長引かせるだけである。

子育てにマインドフルネスと識別を用いると、自分たちがどれほど子どもを判断し、自分たちをも判断しているかに気づくようになる。私たちは、子どもについて、彼らがどういう人間か、どうあるべきなのかという自説を持っている。そしておそらく、自分が心の中で作り上げた理想と現実の彼らを比べている。彼らをそのように判断しているときは、私たちを子どもから遠ざけ、また子どもたちを私たちから遠ざけてしまっている状態だ。そこで、意図的に、判断することを停止し、もっと識別力を養うことで、子どもたちと自分自身に再びつながる可能性を作りたいものだ。

識別することの中には、自分の子どもたちのありのままの姿を見ようと努力しても真の姿を完全に知ることはできないこと、また彼らの人生の行き先もわからないと理解することが含まれている。私たちにできることは、最善を尽くして彼らを愛すること、受け入れること、彼らという存在の神秘に敬意を払うことだけである。

正式な瞑想法

たとえ正式な瞑想をしないにしても、時折するだけにしても、正式な瞑想の方法について知ることは、どのようにマインドフルネスを育てればいいかという明確な地図を与えてくれる。また、子育てや日常生活のすべての面にどのようにマインドフルネスとハートフルネス（本心の声に耳を傾けること）を取り入れるといいか、手引きもしてくれる。マインドフルネスというレンズを通して自分が体験していることに注意を向けると、人生すべてが瞑想になる。すべての瞬間が、気づきを培う貴重な機会、目覚めるための貴重な機会となる。

正式な瞑想鍛錬に興味があるならば（取りかかる理由は、子育てのため、ストレス軽減、深いヒーリングと変化をもたらす方法で自分を養いたい、なんでもいい）、静かなときを見つけて、それをいつでも利用したいものだ。もしそういうときがまれなら、ふつうより早起きして時間を作る必要があっても、スマートフォンやパソコン画面の電源を全部切らなければならなくても、静かな時間を作って瞑想することをすすめる。

自分だけの時間、自分のための時間、一人きりでいること。孤独は人間を深いところで支えている大切なものだ。だがそれは、暮らしの速度が加速するにつれて急速に失われていく。子育てのある時期には、それほど疲れていない時間に正式な瞑想のための時間を見つけるのはほとんど不可能に感じられるだろう。日常生活の中で瞑想を行うかどうか、いつ、どういう方法で静止する時間を作るかは、当人が選択するしかない。

行動を停止する静かな時間は、長くなくてもいい……時間がないなら一、二分でもいい。昼間にソファに横になる、あるいは眠る前にベッドで横になる、ランチ時間の五分間、停車した車で赤ん坊が眠っている間でもいい。やる気があれば、ほとんどの場合、二四時間のどこかで数分間の、運がよければ一五分もの自由時間を見つけることも可能かもしれない。おそらく最初は難しく退屈にも感じるだろうが、停止するには強い意志が必要だ。そうでないと簡単に、せっかく見つけた「自由な」時間を、メールを見たりウェブをあちこちのぞいたり、つぶやきを発信したり、新聞や雑誌を見たり、テレビやラジオに気を取られて、時間を「つぶす」ことになるだろう。現代の私たちの生活は、年中何かに気を散らされているか、何かで気をまぎらわしている。

実は、目が覚めているときに静かな時間を過ごすことは、心身を休ませて気力を回復させてくれるのだが、そのことを覚えているのが難しいこともある。特に小さな子どもを持つ親たちにとっては誰よりもこの時間が必要かもしれないのだが。自分たちのための時間、ひとりでいる時間は、多くの親たちが持つのがもっとも難しいもの、そしてもっとも望んでいるものだ。だが、実際にそれが手に入ったときには、その時間をどうしたらいいかわからないことが多い。特にあちこちに分散した二、三分の自由な時間では何かをするには十分でなく、また「タイミングが悪い」場合もある。

たしかに、正式なマインドフルネスの瞑想鍛錬にはある程度の時間がかかることは避けられない。これは疑う余地がない。しかし、正式な瞑想に心が惹かれるのであれば、時間を取るだけの価値はある。それほど長くなくともいい。なぜならあなたが、「今」という瞬間に存在し、過去と未来を手放し、思考の流れから外に出ると、そこで「時が存在しない」体験をするからだ。たとえ数分であっても、時間がない瞬間という体験は解き放たれる瞬間であり、気力を回復させる。そこでは行かなければならないところも、するべきことも、何もない。あなたはその瞬間、時間と義務の拘束から自由になる。そして、その瞬間に、欠けたところのない全体としての自分を体験し、同時に相互につながる大きな全体の一部であることを体験する。

正式な瞑想を生活の中に取り入れる場合の方法を一つ紹介する。数分間、ひとりだけで静かになることができる時間を見つける。横たわる、あるいは背筋を伸ばして（堂々とした姿勢で）座る。少しの間、腹部を意識して、呼吸とともに腹部が動くのを感じる。あるいは、鼻腔に注意を向けて、空気が出入りするのを感じる。どちらにしても呼吸やおなかに無理な力を加えないようにする。自然な呼吸の動き、自然なおなかの動きのままにする。

呼吸や身体に注意を払うことは、それに干渉することではない。それは単に、身体の中で感じるものに、そして息が身体に入ったり出たりするときの感覚に注意を払うことだ。息を吸うたびに腹部が盛り上がってふくれ、息を吐くたびに元に収縮するのを感じる。あるいは、空気が鼻孔の中で行ったり来たりして通るのを感じる。それをしばらく試したら、おなかと鼻孔のどちらかを選んで、できるかぎり、そこに注意を向けつづけよう。

すると、すでに述べたように、心が、海の波のように、風にはためく旗のように、たえず激しく騒いでいることに気づくだろう。心はすぐに他のものに気を取られる、思考や感情にさらわれる。たとえ呼吸に注意を注いでいても、繰り返し呼吸から注意が離れたり、呼吸から引き離される。一瞬のおだやかさすら、一息も続かないかもしれない。その状態は、呼吸の感覚を維持してリラックスしている状態とはほど遠い。あなたが体験するのは、ほとんどが不安、そしてたえまなく気が散っている状態だけかもしれない。

だが、それで大丈夫。もともとくつろいでいると感じる（それも可能なことが多いが）ことは想定されてはいない。実際、どう感じるべきかというのは決まっていない。むしろしてほしいことは、あなたにとって、一瞬一瞬が実際どういう在りようなのかにただ気づくことだ。つまり、もしあなたが緊張を感じていたら、自分が緊張していることを心にとめる。もし怒っていたら、怒っていることを心にとめる。もし退屈なら、退屈だと気づく。眠いなら眠いと気づく。それだけである。自分の心と身体に注目して、見ている。判断は必要ない。実は私たちが養おうとしているのは、どんな瞬間であれ、そのときの体験に対して、努力せずに、反応せずに、判断せずに、単にそこで感じられること・知覚されることを、感じる・知覚するという態度である。同時に、可能ならば、人称代名詞（特に、私《アイ》、私《ミー》に、私のもの《マイン》）に執着する傾向があることに気づいて、それを手放すといい。中でも感情に貼りつける人称代名詞に気づいて手放すことをおすすめする。

ほかにも、正式なマインドフルネスの鍛錬を始めるにあたって忘れないでほしいことがある。それは、あなたの注意が呼吸から離れたとき、あるいは身体から離れたことに気づいたとき、注意を向けているものがどこにあるかを心にとめることだ。言葉を変えると、何があなたの心にあるかに気づくことだ。これはとても重要である。なぜならこれによって、思考やフィーリングやイメージに気づくことになり、自分の心の状態をよく知って心と親密になるからだ。そして、いったんこの瞬間に心にあるものに気づいてそれを認識したら、そのあとは、それを意図的に手放して（つまり、それをあるがままにしておいて）再び呼吸そのものに戻ろう。それはおなかの呼吸かもしれないし、鼻孔の呼吸かもしれないが、どちらでも、吸う息と吐く息の直接の体験とその感覚をとらえよう。たとえ心が呼吸から他のものへと何千回漂い出しても、まずあなたの心にあるものに気づいて心にとめたあとは、注意の先を元に戻すだけである。思考の中身を追求することもしないし、どんな心の動きも抑圧しない。あなたは単にそれを観察し、あるがままにして、去るのに任せて、呼吸に戻るだけだ。そのうちに、あなたは鍛錬を拡げて、呼吸をしながら、または呼吸を超えて、他のものを、注意を払う対象として加えることができるようになるだろう。

正式な瞑想鍛錬とふだんの形式ばらない鍛錬は、互いに連携し互いを強固にする。究極的には瞑想は生活そのものと違いはない。子育てはつねに動かなければならない仕事ともいえるので、動いている日常のすべての瞬間を鍛錬とするのが肝要だ。それには子どもたちと生活をすべて自分の教師にして、今に在ろうとする意思を強く保つことである。

時間があるなら、正式なマインドフルネスの瞑想鍛錬にはほかにも多くの方法がある。MSBR（マインドフルネスを基盤としたストレス低減法）では、毎日多様な誘導瞑想によってマインドフルネスを培う。中には、ボディ・スキャンと呼ばれる横になって行う瞑想や、さまざまな座る瞑想、マインドフルなハタヨガなどもある。これらの内容と練習方法に関する詳細は、これら四冊の本（『マインドフルネスストレス低減法』、『マインドフルネスを始めたいあなたへ』、『我に返る（*Coming to Our Senses*）』、『マインドフルネスのはじめ方』）以外に他の本でも紹介している。実際に試してみたいという方には、誘導によるマインドフルネス練習用CD、デジタル版のダウンロード、さまざまな長さの瞑想のスマートフォン用アプリ（ウェブサイトから入手可能）がある。本書巻末の案内をご覧いただきたい。これらは毎日、あるいは定期的に、正式な瞑想鍛錬に取り組むときの助けになり、瞑想を深めてくれる。

禅に興味を持つ少女への手紙

ある日、私（jkz）は、友人の娘のケイトリンから手紙をもらった。彼女は学校の研究課題として禅仏教を選んだのだが、入手した二、三の資料のほかにも情報が欲しかったので、父親が私に手紙を書くことをすすめたという。手紙は要点がよくまとめられていて、落ち着いた文章と質問から真剣さが伝わってきた。私はすぐに机に向かって、瞑想に関する禅の視点の美意識と深さをできるだけ伝えようとした。書いたあと、自分が瞑想修行について大人にも参考になるような要点を書いたことに気がつき、本書に入れることにした。

私たち著者は、概していえば、子どもに瞑想をすすめることには非常に慎重であるべきだと考えており、子どもたちに瞑想を教える人として、親は必ずしも最適ではないかもしれないと考えている。もちろん、子どもたちが、親たちが瞑想しているのを見るのはとてもいいことだ。私たちの子どもたちは小さいとき、私（jkz）が座っているところにやってきて膝に乗ったものだ。私は彼らを腕の中に入れて、羽織っている毛布でくるんで、静かに座りつづけた。子どもが離れたくなったときには、毛布を開いてやると、出ていった。もし彼らが、「パパ、おなかがすいたよ」と言ったら、それが、その朝の正式な瞑想の終わりとなった。だが、それでも、子育てのすべての面にマインドフルネスを使う精神から言えば、子どもから発せられるヒントに敏感に気づくことが大事なことで、子どもたちに私たちと同じ価値観を持ってほしいという思いで押しつけていないかどうかに敏感でなければならない。その上で、子どもと一緒に瞑想したいと思っている親たちのために参考になると思われる本が何冊か出ているので、ここに二冊を紹介しておく。『親と子どものためのマインドフルネス』と『感情的知性を育てる（*Building Emotional Intelligence*）』は、どちらも誘導瞑想のＣＤ付きで、軽い気持ちで楽しみながら鍛錬に入っていくことができる（巻末の「推薦図書」を参照）。

ケイトリンの場合、瞑想について知りたいという強い気持ちは本人から来ていた。読者は私の返事を読んで、菜園を耕すための道具を彼女に与えようとしたと思うかもしれない。だが、あとからわかったのだが、彼女はすでに優れた庭師だった。彼女の許可を得て、ここに彼女に宛てた私の手紙の一部と、彼女から送られてきた彼女の詩を何篇か紹介したい。

＊

一九九六年二月一一日

親愛なるケイトリンさま

一月三一日付のすばらしい手紙を受け取りました。ありがとうございます。あなたが禅と仏教にとても興味を持っていることを知ってうれしく思っています。このような難しいプロジェクトを抱えると、たいていは簡単に手に入る資料から情報を集めるものですが、あなたはそれ以上の興味を持ったわけですね。それはすばらしいことだと思います。本が大いに役立つと思いますので、私が愛読する本を何冊か同封します。時折読んでみてください。時とともに本が伝える言葉の意味が変わっていくでしょう。特に禅については、本の言葉を超えたところに進む必要があります。つまり、それが何を言っているのかを本当に理解するためには、本の言葉が指していることを「体験」しなければなりません。

禅と仏教の中心にあるものは、「あなたが何者かを知りなさい」です。あなたは、「バカらしい、もちろん自分が誰かなんて知ってるわ！」と言うかもしれません。また、こうも言うかもしれません。「私はケイトリンで、一一歳よ」と。でも、「ケイトリン」は単なる音で（それを私たちは名前と呼びます、とても美しい名前です）、あなたが生まれたときにあなたの両親が与えたものにすぎません。そして、一一歳というのは、あなたが生まれてから地球が太陽のまわりを回った回数にすぎません。ケイトリンと名前がつく前も、あなたは「あなた」ではなかったでしょうか？

そしてあなたは、五歳のときのあなた、二歳のときのあなたと、今も同じ「あなた」ではないでしょうか？　もちろんそうですね、同時に、違いますね。あなたはつねに成長して、変化しているのですから。昔のあなたが考えたこと、欲しかったもの、感じたことと、今のあなたが考えること、欲しいもの、感じることは、同じではありませんね。でも、深いところにある「あなた」は同じあなたで、これからもそうでしょう。

しかし、これもまた不思議なことではないでしょうか、あなたとは誰なのでしょう？　禅はまさに、あなた自身を知ること、あなた自身を理解すること、そのことが何を意味するのかを知ることです。そして、何を意味するのかの中には、次のようなことを知ることも含まれています。

それは、知ること・理解することの中には、言葉を超えているもの、思考を超えているもの、どんな人も言葉で表現することができないものがあることです。そして、この場合の「知る」は、たいへん個人的で直感的なものです。そのために禅の大部分が、詩の形で、あるいは答えることが不可能な禅問答という形で表されるのです。こういうものは、考える精神を通過して、思考を超えたもの、より自由でより根本的なものを指し示します。とはいえ、考えることが「悪い」というわけではありません。考えることはすばらしいことで、たいへん重要で、深く考える方法を学ぶことは必要です。しかし、思考することがすべてではありません。そして、うっかりすると考えることがあなたの人生を支配して、あなたという人間の、もっと深く、もっと感じ、もっと直感的で、もっと芸術的な面……本当のあなたを忘れさせてしまうことがあります（仏教徒ならこういうでしょう……「本当」のあなたは……名前、年齢、意見、好悪の感情を超えたものである）。わけがわかりませんか？　それは、私が言葉を超えているもののことを、言葉を使って話さなければならないからです。その究極の単純さが、禅の美しさの一つ……簡素さそのもの。そして、その単純さが、表面的に神秘的なものであるかのように見せていますが、本当はそうではありません。あなたはそれが何を指しているのかを理解しなければなりません。

ここに紹介するのは、伝統的な禅の指示の言葉です。友人が、以前、こういう言葉にイラストをつけて、本を出しました。

座っているときには、座っていなさい。
食べているときには、食べていなさい。
歩いているときには、歩いていなさい。
話しているときには、話していなさい。
聴いているときには、聴いていなさい。

見ているときには、見ていなさい。
触っているときには、触っていなさい。
考えているときには、考えていなさい。
遊んでいるときには、遊んでいなさい。
一瞬一瞬に感じるもの、その日その日に感じるものを楽しみなさい。

ナラヤン・リーベンソン
『歌うときはただ歌う：瞑想としての人生（*When Singing, Just Sing: Life as Meditation*）』

あなたはこんな質問をしました。「あなたにとって意味があって、一日中あなたのそばにある禅の問い（日本では伝統的に公案と呼ばれるものです）がありますか？」。はい、ありますよ。とてもすばらしい公案で、何年間もずっと私を助けてくれています。あなたが示唆しているように、重要なことは、一日に何度もその問いがあなたの心を訪れるように、心を開いていることです。いくつか紹介します。

- 犬には仏性があるか？
- あなたの両親がまだ生まれる前のあなたの顔は？
- あなたは誰か？
- 朝食は終えましたか？　それなら飯碗を洗いなさい。

忘れてはならないのは、これらの問い（公案）は、通常の考えや言葉を持ってしては、的確な答えも理解も得られないことです。私の先生の一人である韓国人の禅師は、よくこう言っていたものです。「口を開くと、間違います」（禅の師はよくこういう言い方をします）。また、こんな言葉もあります。「月を指している指を、月と間違えてはなりません」。禅の公案や禅の話は、何かを指している指と考えてください。指すこと自体は何ものでもありません（「ニューヨーク」と矢印が書かれた標識に登って、ニューヨークに到着したとは誰も思いませんね？）。そのうえ禅の公案では、指されている対象である「何か」は、「もの」でさえもありません。ですから、心にその問い、公案、話を保っているのが最善の策です。そうして、あなたにとって意味があるなら、それがなんであっても、心の中にしっかり抱いて育んでください。このとき、ふだんの考え方でそれに答えたり理解しないように心してください。これが本当に瞑想することです。瞑想とは、「身体を持って」いること、生きていること、家族や友人たちや自然とつながっていること、地球とつながっていることの、「生」の神秘と美しさを、念頭に置いていることであり、また、すべての答えをいつも知っているわけではないこと、自分がどこに向かって歩いているかをいつも知っているわけではないことの神秘と美しさを、つねに心にとめていることなのです。今のままですべて「よし」です。重要なことは、「目覚めている」ことです。つまり、今の瞬間に、あなたが体験しているすべてのこと、そしてあなたの感情・直感・想像・身体、そして身体が感じ、行っていること、および考えていることすべてと共に、ここに在ることです。それは全部あなたという人間の一部分です。しかし、あなたはそのすべてを集めた以上の存在であり、全体であり、しかもつねに成長しつづけてもいます。在ると同時に何かになってゆく存在であり、知っていますが、知りません。それは「よし」というだけではなく、すばらしいことです。つまり、「あなた」はすでに、絶対的にすばらしいという意味です。ですからあなたは、すばらしくなる必要も、もっと良くなる必要もありません。単にあなた自身になることが必要なだけです。また年中、自分自身の生き方の邪魔をしないようにしてください（あなたにはこの問題がないかもしれません。しかし多くの人は残念ながらそうなのです。そこで瞑想が役立ちます）。これが、お釈迦さまがもともと発見したことでした。それは、特別なことで、同時にそれほど特別でもありません。なぜならどんな人の心も潜在的にはお釈迦さまと同じだからです。問題は、目覚めていて、注意を払っているかどうかということです。同封した曹洞宗の尼僧、シャーロン・浄光・ベックの本は、『特別なものは何もない（*Nothing Special*）』というタイトルです。彼女は七八歳のアメリカ人でお孫さんがいる禅の師です。本人に会ったら、とてもふつうの人だと思うでしょう。そのとおり。あなたや私、あなたのお母さんやお父さんと同じです。何も特別ではありません。そして、とても特別なだけです。

あなたの三番目の質問、テクニックの話に進みましょう。たしかに、本当のあなたを理解すること、生きていること、生きとし生けるものと生を分かち合っていることを深く感謝できるように手助けをしてくれるテクニックはあります。しかし、テクニックをいくつか紹介する前に、テクニックは月を指差している指でしかないことをここでもう一度確認する必要があります。テクニックはゴールではありません。それはあなたが体験できるように方向を指しているものであり、自転車に初めて乗るときの補助輪のようなものでしかありません。それは、今に在るとはどういう「感じ」かを本当につかむまで形式的に使うのに役立ちます。「歩いているときには、歩いていなさい」を思い出してください。というのは、これがひと言でいう「禅の心」だからです。「単に歩く」「単に座る」、あるいはどんなことであっても、「単にすること」は、実際にはそれほど簡単ではありません。歩くことを例にとってみましょう。「単に歩こう」とするとき、歩くことに加えて、どこに行くのかと考えたり、遅刻の心配をしたりとか、そこに着いたら何が起きるだろうとか考えたりするでしょう。そのため、歩いているとき、あなたは自分の身体、たとえば、足、手、背骨、呼吸などにはっきりと気づいていないと思います。このように、単に歩くだけというのは簡単ではありません。努めなければなりません。この努める作業を「鍛錬」とか「修行」といいます。そうです、瞑想とは、単に、何をしているときでも、一瞬一瞬に気づくように努力することです。そして、それがどんな思考や感情であっても、それにさらわれないことです。それらがおもしろくても、幸せでも、不幸せでも、つまらなくても、どんなものであっても、流されてしまわないことです。どんなことも変えようとしないことです。重要なことは、そのときに体験していることを、ありのままに、一瞬一瞬、気づいていることです。

あなたがこれを若いときに学んで、それがあなたの生き方になったら、何年も何十年も、あなたの人生に信じられないほどの深い影響を与えるでしょう。なぜならそれは、より賢明で、幸せで、思いやり深く、楽しい人間になるための、内面の能力を養ってくれるからです。どんな人でも、特に若いときには、この能力を持っています。しかし、人生の辛苦や老いが重くのしかかると、自分の中に、知恵と思いやりと創造性というすばらしい力があることを忘れてしまいます。瞑想の修行は、それを忘れないようにしてくれる一つの方法で、一生涯「真の自分」を育てるための道です。そうなると、物事がときに驚くべき形で、あるときには困難な形で変化するでしょう。あなたはこの変化に関わり、貢献して、英知と気づきを持って自分の人生に方向性を与えることができるでしょう。そうすれば、人生の選択はより健全なものになり、たとえ非常に厳しく多くのストレスがある状況でも、うまく対処することが可能になるでしょう。

鍛錬する気持ちさえあれば、テクニックはたくさんあります。中でも、呼吸に注意を払う方法がスタートとしていちばんいいでしょう。なぜなら呼吸はどこに行くにも付いてくるからです。呼吸は誰でも、いつも歩いたり、話したり、座ったり、食べたりしているわけではありませんが、呼吸はいつもしています。ですから、呼吸に注意を払って、呼吸と友達になることはいつでもできます。呼吸を意識すると、動揺したときに心を鎮めてくれます。もっと重要なのは、呼吸はあなたを今という瞬間につなぎ続けてくれることです。そうです、この瞬間に、です。この瞬間は再びは手に入りません。ですから、禅では、この瞬間を逃すな、といいます。「またとない機会をただ過ぎるままにするな」（イスラム教の神秘家であるインドの宗教家・詩人カビールの言葉）。

もう一つ。テクニックは真に重要なものではなく、あなたのいのちともっと親密になるための一つの体系的な方法にすぎません。ですから、座ったり横になったりして、毎日ある一定の時間を呼吸に集中することだけが瞑想の鍛錬ではありません。あなたが、一瞬一瞬、毎日毎日、その瞬間にどんなことをしていても、重要なことは、今に在って、目覚めていて、気づいていることです。そして、呼吸はつねにあなたと一緒なのですから、いつも呼吸を用いて、自分を身体の中に落ち着かせ、今の瞬間に戻ることを忘れないでください。

あなたが歩いているとき、あなたはただ歩いています。

あなたが食べているとき、あなたはただ食べています。
あなたが弟を手伝っているとき、あなたは弟をただ手伝っています。
（あなたが弟をからかっているとき、あなたは弟をただからかっています）
あなたが電話で話しているとき、あなたは電話でただ話しています。
あなたが勉強しているとき、あなたはただ勉強しています……

ここまでで、大体つかめたと思います。

最後にもう一つ。考え方としては、判断せずに感情的な反応をできるだけせずに、呼吸（あるいは他のもの）に、一瞬一瞬気づく鍛錬をすることです。これは判断や反応が起きないという意味ではありません。もちろん起きます。しかしそこで、つねに判断する心の存在に気づいて、判断することを止めて、ものごとをあるがままにしておきましょう、少なくとも瞑想の鍛錬をしている間だけでも。もしあなたがふだんありとあらゆる人や物事を判断し、何にでも意見を持っているとしたら、頭と心は、思考と判断、好きと嫌い、といったもので満杯になっている状態で、あなたの見る能力はあなたの意見によって曇っていることでしょう。

私が好きな禅の話があります。ある大学教授が禅の師に会いにきて、禅とは何でしょうかとたずねました。教授はすでに多くの本を読んでいましたが、禅の師から直に話を聞くために訪問したのです。

禅師は教授にテーブルを挟んで座ってもらうと、お茶をいれました。そして、客人の茶碗からお茶があふれても注ぎつづけました。お茶は茶托からもあふれ出てテーブルに流れ出し、床を濡らしました。

驚いた教授は叫びました。「何をされているのですか？　お茶が茶碗からあふれていますよ」

「ええ、わかっていますよ」と禅の師は言いました。「あなたも同じなのです。あなたの頭はアイディアや考えでいっぱいです。そういう状態なのに、私がそれに何かを加えることを期待されていらっしゃいますか？」

ですから、忘れないようにしてください。つねにどんなものも判断しないようにしてください。また、何に対しても強い意見を持たないようにしてください。これが難しいことはわかります。学校も社会も、つねに私たちに意見を持たせようとしていますから。でもあなたは、あなたの意見ではありません。このことを知っておくといいでしょう。実際に、あなたは、あなたのどんな思考でもありません。あなたは、自分が考えている、自分が感じている、自分が見ている、と言うかもしれません。でもこの手紙の最初のページ「それは何者か」を思い出してください。それをいつも頭に入れておきましょう。気づいていること、目覚めていることを、何よりも信頼してください。本当の自分、あなたの本心、あなたの直感を信頼してください。別の言い方をすると、意見を持つことは結構ですが、それに気づいていないと、自分の意見に執着して心を閉ざし、新しいことを学ぶことができなくなるでしょう。

ところであなたは、どうして私がこのような瞑想法や教えの修行をはじめたのかとたずねました。それは、私が分子生物学を学んでいた大学院生のときに、人生には自分が体験していること以上のものがあるはずだとハートでわかったからです。私はそのとき、自分自身の人生をただ過ぎるままに生きるのはいやだと思いました。それでヨガや瞑想や武道に夢中になりました。それらが深いところで、他のものが与えてくれないものを与えてくれるとわかったからです。その結果、以前より怒らなくなり、ずっと幸せな人間になりました。瞑想は私を以前よりも落ち着いた、明晰な思考の、愛情のある、寛容な人間にしてくれたと思います。瞑想を始めておよそ三〇年になりますが、瞑想をしなかったらこうだろうと考える自分の行動より、はるかに有効な行動を取るようになっています。今でも毎日瞑想を続けています……何かに達するためでもなく、気持ちよく感じるためでさえありません。瞑想をするのは、それが人生を愛するための方法、大切なものに触れている方法だからです。私は静寂に聴き入っているのが大好きです。

もう一つのあなたの質問は、仏教と禅は世界にどのような影響を与えるかですね。私の考えでは、仏教も禅も、人生、そして人々の中にある何か普遍的なもの（人類という種の生存に欠かせないもの、社会における私たちの幸福、および個人としての幸福にとって重要なもの）を指し示していると思います。昨今、世界はますます複雑になり、急激に変化しています。私たちはますます時間に追いかけられてストレスを感じるようになっています。今、私たちは、自分たちとこの地球を大切にする方法を学ぶことが必要でしょう。仏教の英知はこの点で大いに助けになります。「仏教経済学」というものがあります。「小なるものは美しい」という言葉を聞いたことがあると思いますが、それは仏教経済学の一部です。生きとし生けるものに害を与えないというのもその一部で、世界はここから学ぶものがあると思います。政治にも経済活動にも一般社会にも、もっと気づきと無私の精神が必要だと思います。アメリカ国内では現在、何百万人もの人々が瞑想をしています。二〇年前とは大違いです。とてもよい変化だと思います。

最後の質問は、私が興味深く洞察に富むと考えている、特別な信条や鍛錬法はありますかというものですね。私としては、今私が述べたことは全部、どこかふつうではないとあなたが考えるのではないかと思っています。私たちは、円を一周して元のところに戻ったと思います。大事なことはあなた自身の心を見つめることです。信条があるのはいいでしょうが、それにあまり執着しないことが大事です。そうでないと、その信条が現実のほかの面を見えなくしてしまいます。最終的には、単にありのままのあなたであること、ありのままで気持ちがいいと肌で感じているということです。どの鍛錬もそうなるのを助けるものです。私たちがすでに「OK、大丈夫、よし」という存在で、とても貴重でユニークな存在なのだと気づかせてくれます。

こんな言葉があります。「私が彼に、時間をたずねたところ、彼は私に、時計の仕組みを教えてくれた」。おそらくこの手紙も同じようなものかもしれません。私がわかっていることは、私があなたの手紙とその奥にある熱意に心を打たれて、七ページにもなる返事を書いたということです。どうかこの手紙に当惑しないでください。私は話しすぎたかもしれません。複雑にしすぎたかもしれません。もしそうだったら、あなたが納得する部分だけを受け取って他は捨ててください。

よければ、いつでも手紙をください。あなたの研究課題がうまくいきますように。

ごきげんよう。

ジョン

一九九六年二月二二日

親愛なるケイトリンさま

お手紙と詩を送ってくれて、ありがとう。あなたは実にすばらしい課題を選びましたね（それとも課題のほうがあなたを選んだのでしょうか?）。偉大な現代詩人、ウィリアム・スタフォードは、毎朝、他のことをする前に一篇の詩を書きました。三〇年間です。すごい瞑想です!

ところで、禅と仏教に関する理解は時とともに深まるだろうとあなたが考えているのはそのとおりですが、あなたの手紙と詩を読むと、あなたの言葉でいえば、すでにかなり「吸収している」ことがわかります。

あなたとこのような形で知り合うことができたことを感謝しています。研究課題がうまくいきますように。いつでもお手紙を歓迎します。

ごきげんよう。

ジョン

＊

ケイトリンの詩より

「枝」

細くて　絡み合い

どんな芸術家も及ばないシルエットを作る
それは自然のみに可能なこと。
マーラはいろいろな形になる
ゴールド　宝石　繻子のカーテン
ダイヤモンドの指輪に　プラスチックのハート
ホールマークカードからささやきかける嘘っぱちの愛は
あなたを追いかけて　誘って　引っかける
いつわりの歌で　罠にかける
お釈迦さまが言ったように　真実を探すためには
昔からの豊かさに耳を傾けなければならない
木々や空気　そして「自然」の歌は
昔からずっと「本物の」楽しみだった。
（筆者注：マーラは、釈迦が悟りを得る直前に、俗世間の楽しみで彼を誘惑した）

＊

「禅」

静かに　明晰に
賞賛し　ただ在って　じっと見る

星明かりの中の一輪の花
気づき

波間の静寂

マインドフルネスとそこから来る明晰な状態は、とても単純だ。それは何も特別なことではない——それがとても特別だということを除けば。T・S・エリオットは、彼の詩集、『四つの四重奏曲』の中でこの「何も特別なことではない」に言及している。

(一切を犠牲にして到達する)
一つの完全に単純な状態

子どもは、どの子どもも、一人ひとりがはかり知れない可能性とフィーリングの宇宙に生きる唯一無二の存在だ。私たちは、彼らの声、歌、いのちの感触と響きを十分に聞き取ることができるほど、注意深く耳を傾けることができるようになれるだろうか? エリオットが「葉かげで子どもたちが、声を殺して笑う声」といったものを聞き取ることができるだろうか? それができるのは、今というときしかない。

さあ早く、ここよ、今よ、いつもよ――
（一切を犠牲にして到達する）
一つの完全に単純な状態

さあ早く、「この」瞬間しかない。私たちの子どもであろうと、私たち自身の心の波の動きであろうと、見る、感じる、あるいは聞くことができるのは今、この瞬間だけだ。それも、この状態は、私たちがすすんで注意を向け、その場に在り、「忙しくないよ（君のために手があいているよ）」という気持ちで、子どもを見て、耳を傾けて、心を開きつづけるときにしか起こらない。このようでなければ、自分の子どもを理解し、つながることができる特別な機会は、目の前にあってもずっとあいまいなままだろう。

捜さないから知らずにいるが

しかし、目を向ければ、おそらくかすかに光が見えるだろう。自分の内面に耳を傾ければ、自分のいのちが、もっとも深いところから呼びかけている声が聞こえるだろう。
聞こえて来る、かすかに聞こえて来る
海の波間の静止した所に。

思考と思考の間隙の静止した空間。それに気づいてそれを維持するとき、その静けさの中で次のようなものが聞こえるだろう。

隠れた滝の声
また、りんごの木に隠れて子供たち。

繰り返し、繰り返し、詩人の深い洞察は、今の瞬間の中に隠れている呼び声に、切望に、可能性に、気づかせてくれる。エリオットは、私たちの本質と可能性を見せてくれるその空間、静寂を、指差して、言葉にする。

われわれは探究をやめない
そしてすべての探究を終わったとき
もとの出発点に到着し
その場所を初めて知る。
知らない、憶えている門を入る
するとこの最後まで残っていた未発見の地は
最初の出発点。
どんなに長い河でもその源には

隠れた滝の声
また、りんごの木に隠れて子供たち。
捜さないから知らずにいるが
聞こえて来る、かすかに聞こえて来る
海の波間の静止した所に。
さあ早く、ここよ、今よ、いつもよ――
(一切を犠牲にして到達する)
一つの完全に単純な状態
よろずのものやがて全きを得む
よろずのたぐいやがて全きを得む
そのとき炎の舌はことごとく抱き寄せられ
あい結ばれて火の王冠となり
かくて火とバラは一つになる。

T・S・エリオット『四つの四重奏曲』
〔訳文は森山泰夫注解、大修館書店より〕

この止むことのない探求こそ、気づきが行う偉大な仕事だ。私たちはこの気づきを、どんなものにも取り入れることができる。だが、私たちの見方や生き方を養う場として、子育てほどよい道場はないだろう。

第5章

どう生きるか

妊娠

妊娠している時期はマインドフルネスの鍛錬を始めたり、それを深めるのに自然なときである。身体の変化だけでなく、知覚や思考や感情にも劇的な変化が起こることで、これまでに体験したことのない覚醒、驚き、感謝の念が呼び起こされる。人によっては、自分の身体をすみずみまで体験する感覚を初めて味わうかもしれない。

身体の変化は本人にとって興味深いだけではない。妊婦はたえず、自分が特殊な状態であることをまわりの人から知らされる。善意からの質問やありがた迷惑な忠告もあれば、おなかを突然触られるといったことも起きる。

妊娠時に女性が体験する身体や感情の変化は、マインドフルネスの鍛錬が持っている多くの側面に親しむユニークな機会——自分が体験していることに注意を向ける、完全に今に在る、自分の期待に気づいている、受容・親切・思いやりを育む（特に自分と自分の赤ん坊に対して）、相互に深くつながっていることを実感する——になる。

この特別な時期には、父親になる人やパートナーにとってもマインドフルネスを取り入れる機会が数多く与えられる。妊娠は、身体にも、感情にも、人間関係にも、大きな変化が起きる時だ。父親になる人は、自分の感情のすべてにマインドフルネスを使うといい。中には、女性の体の変化に対する感情、赤ん坊の誕生が自分たちの生活に否応なく引き起こす変化に対する感情も含めて、それまでに感じたことのない感情や不愉快な感情もあるかもしれない。その他、出産プランを立てるのに参加したり、さまざまな選択に加わるといった外側の作業のほかに、自分にある与える力や世話をする力を引き出すなどの内面作業《インナーワーク》もする必要がある。

心を開いて気づくこと、そして受け入れることは、家族が二人から三人になり、三人から四人になるという過程の特別な状態、神秘と奇跡を、尊び認めることになる。この気づきは、赤ん坊が生まれたあと、いよいよ不可欠なものになっていく。

＊

妊娠前には、私たちはつねに猛スピードで運転しているような状態で生活していたかもしれない。それは迅速に動き、ある程度無意識で、前へ前へと進んでいく生活だ。しかし突然自分が、速度を緩め、受容的な「存在モード」になっていることに気づく。場合によっては、極度の疲労が動きを緩慢にさせることもあるかもしれない。なぜなら、妊娠した体は胎盤を通して血液供給を大幅に増加させ、胎児を育て、栄養を与えているからだ。もしこのようなときに、それまでと同じ生活をしようとして変化を無視するなら、あっという間に過ぎていく豊かなときを、まわりの世界をゆっくりと深く意識して敏感に体験するまたとない機会を、逃してしまうだろう。たとえ、日々迫りくる出産の日がつねに先々のことを考えさせ想像させるとしても、刻々と変化する身体の状態は、さらにさらにと、今現在起きている奇跡に私たちを引き込んでいく。

妊娠という状態は自然に内側に目を向けさせるので、呼吸を使って自分の身体に落ち着いて、今の瞬間とのつながりを深め、自分に波長を合わせるよい機会だ。こうすると、自分の考えや感情、身体やおなかの子どもにはっきりと気づくようになる。呼吸が自然にゆっくりと深くなるのに任せて、身体のどこで緊張を感じているかを認識しよう。そうすると、身体の中の緊張を、吐く息ごとに外に流すことができるようになる。受け入れる気持ちでそうした感情を観察し、瞬間ごとにそれが変わっていく様子を観察しはじめると、それとともに、以前は怒りや恐怖や不安をごまかしたり無視したりするのに使っていたエネルギーが解き放たれるだろう。

妊娠期間は、感情が高ぶり、急速に感情が変化する時期でもある。望んだ妊娠で幸せであっても、一瞬の恐怖やアンビバレンス、後悔や不安などに襲われることもある。これからどんな生活になるのだろう、本当に親になる準備ができているのだろうか?などと。また、感情面でより傷つきやすくなり、たいていは気持ちが解放的になり、見るものや音や匂いに敏感になるといわれる。

一つとして同じ妊娠はなく、妊婦もみんな違って、同じ日もない。当然だが、体験の幅は非常に大きい。それまでにないほど健康だと感じて幸福感に輝いているときもあれば、ひどい体調不良で、みじめで身体が動かないときもある。また、体験していることが、自分が妊娠に期待していた（妊娠したらどうなるか、どう感じるかと考えていた）こととはまったく違っていて、失望やいらだち、怒りを感じることもある。

妊娠中にマインドフルネスの状態にあるという意味は、なにか決まったように感じるべきだと「想定されている」わけではない。あるいは、赤ん坊と自分のために、最善の何か理想的な状態を作らなければならないというわけでもない。マインドフルネスとは、自分が感じること、自分が体験することを完全に認めて受け入れて、精いっぱいそれに取り組むことを意味する。気づいて受け入れているこの態度が、逆に、静かなリラックスした状態と、ウェルビーイングの感情をもたらすことが多い。

どんな人でも、程度の差はあれ、苦しい体験や難しい家族関係、まだ治癒していない（あるいは治癒した）古傷を抱えている。親になる準備をするときに、子どものときに体験した批判や非難、条件付きの愛情を認めることは重要なことだ。手始めとしてできることは、ふだんの生活の中で、自分を判断したり貶めたりしている瞬間に気づくことだ。どんな気持ちが起きても、大きな気持ちになって、たとえ数秒間でも、自分にやさしくしながら、その気持ちに気づいている状態を保つことができるだろうか。

もう一つ、自分を癒しはじめる方法がある。それは、一日の中で時間を作り、自分の内側に気持ちを向けて、自分に思いやりの気持ちを注ぐことだ。人によっては、自然に簡単に、心の奥にいる自分や自分の赤ん坊に、愛情あるやさしさを示して受け入れることができる人もいる。しかし、そうしたやさしい気持ちを自分の中に起こして、それを自分に向けることが非常に難しい人や、あるいは違和感を感じる人もいる。そういう場合は、まず自分が愛情を感じている動物や人物を考えて、次にその相手や動物に対する自分のやさしい感情を感じ、その感情を自分に向けるようにするといい。

また、内面に気持ちを向けたとき、自分が多くの変化を経験していることに気づくと同時に、心の底に、妊娠・陣痛・出産・子育てなどに対する重い感情を伴う思い込みがあることに気づくようにしよう。こうした思い込みは、意識しているか無意識かにかかわらず、多くの人が持っている。それらは、自分の体験から来るもの、メディアを通して見ること、聞くことから来るもの、家族や友人、知人から聞いた話から来るものなどさまざまだ。深くしみついていていながら、ほとんどが検証されたことのないこうした思い込みの数々は、これから迎える出産に対する希望や恐怖に色を付けることがある。

大事なことは、私たちが出産について信じていることが、どんなものであれ、必ずしも「真実」ではないと頭に入れておくことだ。それは単なる一つの考えにすぎない。あるとき、当時四歳だったわが家の子どもが「そう〝信じてる〟ってことだね」と言ったが、そうした「信じ込み」のネガティブな影響を取り除くための第一歩は、それが単なる思考であることに気づいて、意図してそれらを検証し、その源とそれに力を与えていた背景を理解しようとすることだ。

友人や家族の何気ない会話のように見えるものを通して、妊娠や出産、子育てに対するネガティブな考えや態度という毒の種が、無意識に私たちの中に撒かれていることがある。それが、両親や保健師や友人など、権威ある人、知識ある人と思っている人から来ている場合には、その影響は小さくない。

出産に関する自分の信じ込みや考え方のゆがみにもっと気づきたい場合は、母親や祖母から自身の出産体験や他の家族の出産について、できるだけ詳しい話を聞き出すといい。また、不要な医療的介入をしない出産に数多く立ち会った医療専門家らを探すこともすすめたい。自分が耳にした怖い出産の話をどう見ればいいか、彼らの知識と体験と信条から説明してもらうといい。

たしかに帝王切開が必要な状況はある。ただ、最近の研究（*Health Affairs*, March 2013）では、帝王切開が行われる確率が顕著に高くなっており、「低リスク」妊婦の場合にも同じ傾向が見られる。全妊婦における帝王切開率は七・一〜六九・五パーセントという大きな違いがあり、低リスクのコホート研究でも、病院や医療従事者によって、二・四〜三六・五パーセントという違いが見られる。帝王切開の割合にこれほど広い幅があるという研究結果から、この違いは、実際の医学上のリスクが要因ではなく、病院のケアの形態の違いに基づくものと推定される。

すべての要素をコントロールすることは不可能だとしても、自然分娩について知ることによって、よい出産環境を作るためにできることが私たちにはたくさんあることがわかるだろう。この過程で重要なことの一つは、陣痛から出産まで自分を支えてほしい人たちを選ぶことだ。出産準備のために医師と話すときは、現実を見る努力をすること。専門家や権威者を盲信する傾向が自分に少しでもあったら、それに気づくようにつとめよう。バースエデュケーター（出産教育者）、ドゥーラ（出産援助者）、助産師、産科医は、その人独自の教育訓練と体験を持ち、出産過程についての考え方も人によって異なる。不要な介入をしなくても分娩が起きる身体の力を信じている人や、そうした分娩を数多く介助した体験を持つ人たちは、そうでない人より出産過程を信頼していることが多い。その信頼が、妊婦に敬意を払って力を出させるような方向に彼らを促す。

とてもいい人のように見えるというだけでは、その人を信頼する理由としては不十分だ。可能ならば（さまざまな理由から現実には難しいかもしれないが）何人か候補になる医師や医療従事者らと面談して一定の質問をするといいだろう。たとえば、診察している場所、緊急時に代理をするのは誰か、陣痛誘発の判断基準やクライアントの帝王切開率などを知れば、出産に対する考えや姿勢を知る重要な手がかりになるだろう。また、同じ医師にかかった女性から詳しい体験を聞くことも大いに役立つだろう。

情報が集まるにつれて、自分が何を快適に感じるか、何が自分にとって大切かが明確になるだろう。医師や医療従事者らが話す言葉に耳を傾けて、彼らの基本的な考え方をたずねれば、人によって視点が異なることもわかると思う。その中で、もっとも自分の考え方と一致する人たちを選ぶのがいい。

出産時にもっとも安全だと感じる場所、もっとも気持ちがいいと感じる場所を決めることも大事な準備である。最初は、病院での出産がもっとも安全だろうと考えていたものの、しばらくすると自分が自宅での出産を望んでいることがわかる人もいる。また、自宅出産を望んでいたが、最後には、病院か助産院のほうが安心できると感じる人もいる。

人によっては、自分の医療従事者ネットワークと健康保険（健康保険を持たない場合もある）の種類から、選択肢がほとんどないと感じる人もいるだろう。たしかにそうかもしれない。だが、心を開いて、工夫して、制約に対処する方法を見つけよう。情報を集める、自分に気づく、直感を使う、の三つを組み合わせて、自分の内側と外側に働きかけてみよう。そうすることで、情報に基づいた決断をすることが可能になり、自分と自分の赤ん坊のニーズにもっとも近い出産コースを描くことができるだろう。

出産について

陣痛が持つ力と強烈さは、妊婦とまわりの者たちを、否応なくその瞬間に引き込んでいく。出産はそれぞれ独自のもので、人生と同じでどう展開するかわからない。分娩ひとつひとつにそれぞれのリズムとテンポがある。出産に関わる一人ひとりが自分の役割を果たして陣痛が徐々に着実に進行し、ついに赤ん坊が生まれるという静かで神聖な感じがするものがある一方で、急激に進行して緊張が高まってゆくような、どこか滑稽にも感じられる出産もある。

出産は持っている力のすべてを集中させる体験であり、期待していたことや自分の判断を脇においてその瞬間に起きることを受け入れさせる力を持っている。たとえば陣痛が始まる前には、陣痛の間はマッサージを受けてやさしく身体をさすってもらうことをイメージしていたかもしれないが、実際の陣痛では、誰にも触ってほしくないと思うことが起きる。また、好きな音楽をかけながら友人たちに囲まれての出産を計画していたのに、そのときになると、静かな部屋に二、三人だけいてほしいという気持ちになる場合もある。あるいは、自分は聖母マリアのようにおだやかな出産をするだろうと考えていたのに、現実には怒ったりいらついたり、ののしったり文句を言ったり、ありとあらゆる罵声を上げるということもある。

陣痛の痛みは、私たち女性に、静かで、やさしく、思慮深く、身だしなみのよい、他人を思いやる、「よい娘」のマントーーー女性が社会の中で装っている姿ーーーを脱ぎ捨てる機会を与えてくれる。それは、自分を完全に解放して、内面に気持ちを集中し、分娩という手元にある仕事に全身全霊で打ち込み、自分が何になろうとどうであろうと、完全に受け入れて自由になることを自分に許すときである。もしまわりの人たちが、このすばらしい過程の中で（その中で妊婦は中心的・最重要な役割を演じている）、私たちのやり方と自己統治権を認めることができれば、出産は、私たちの魂に大きな確信と深いヒーリングをもたらして、人間として新たな領域に入るイニシエーションとなるだろう。

妊娠期間中に呼吸を用いるマインドフルネスを養っていた人は、陣痛が始まるまでには、今を意識しリラックスして集中することが助けになることをある程度理解していると思う。陣痛が強くなってきたら、身体に息が入ったり出たりする感覚に意識を集中しながら、一瞬一瞬、要求されることと陣痛の痛みを、心を開いて受け入れよう。陣痛がどんな経過をたどろうと、どれほど激しく苦痛であろうと、この巨大な未知の体験に直面して一瞬ごとに呼びさまされる気づきは、この体験のすべてを完全に受け入れて自分のものにするように促す。その結果は、赤ん坊を歓迎して育てることにつながるだけでなく、大きな力がわいた体験が一生涯、自分のものになる。

陣痛の間にマインドフルネスを養うためには、子宮収縮が強くなっていくのを感じるとき、ゆっくりした深い呼吸を保つことを忘れないようにすることだ。このためには、吸う息を使って子宮収縮の痛みの感覚を感じて保ち、吐く息を使って身体の中の緊張や抑えていたものを外に出すといい。一回の子宮収縮が終わるたびに休息がやってくる。どんなに短い間でも、それは姿勢を変えたり、水分を補給したり、ハグしたり、笑ったりするときだ。もちろん、その間も呼吸に意識を向けていてもいい。「今、ここ」を意識していれば、そのときに自分に必要なものがよくわかり、また、感じることができる。

陣痛の間、呼吸を意識して今という瞬間に在ることは、また痛みや不愉快さの中で呼吸をしてそれを意識していることは、陣痛の不愉快さを忘れよう、なんとかしようと戦うよりもずっと体力を消耗しない。身体には身体の知恵がある。抵抗したり緊張したりすることは、開いて産むという出産時の身体の仕事を難しくする。ここに陣痛時に今にとどまるのを助けてくれる方法をいくつかあげておく。ゆっくりと深い呼吸をする。姿勢を変えることで感じている不愉快さに対応する。介助者に指圧や温湿布をしてもらう。自分の感情やフラストレーションを表現する。パートナーや友人の手をしっかりつかんでいる。

陣痛時に妊婦がよく気がつくのが、痛みに対する恐怖のほうが、痛みそのものよりも悪いことだ。痛みがどれくらい続くのか、次の収縮はいつか、などと考えずに、子宮の収縮だけを意図的に体験することができれば、「この」瞬間にするべきことにポジティブな影響を与えることができる。陣痛のはじまりから出産までの間、一瞬一瞬、妊婦が、今述べたように、今という瞬間に完全に在るためには、勇気と集中力、そしてまわりの人たちの愛と支えが必要である。

一般に痛みは病理的なものと捉えられている。だが、陣痛と分娩の痛みは、子宮が、子宮頸部を開いたあと赤ん坊を外に押し出すために収縮するという、劇的な身体の動きから生じる健康的な痛みである。妊婦はこの間、陣痛の力と強烈さ、あるいは痛みでさえ、意図的にイメージを心に浮かべることで、陣痛にポジティブな「信じ込み」をもたらすことができる。たとえば、子宮頸部が花のように開いていくイメージや、子宮が収縮するたびに赤ん坊が下へ下へと滑り落ちていくイメージなどだ。また、激しい陣痛の中で、子宮が収縮するたびに大声で「オオーッ」「アアーッ」と叫ぶときに喉が開く様子を、子宮頸管と膣が開くイメージと結びつけるのは意図してできる方法だ。

出産は一つの過程であり、子育てと同じく、それぞれの状況から一瞬ごとに別の問題が現れる。私たちはそれに十分に立ち向かえるときもあれば、逃げたり、心を閉じたり、自動操縦モードになるときもある。また、完全に途方にくれることも、みじめで頭が真っ白になるようなことを体験して、文句を言い、悪態をつき、拒否してしまうこともあるかもしれない。

もし自分が目の前の困難から逃げて心を閉ざしていることに気づいたら、再びゆっくりと呼吸に注意を払うといい。こうすると、再び今という一瞬を意識して、あるがままの現実に対処できるようになる。どの一瞬も新しいはじまりだ。そして、子宮収縮が一回終わるたびに、再び新しく始めなくてはならない。自分が消耗していると感じ、不安で、弱気になっている場合はなおさらだ。新しいはじまりを現実のものにしようとする積極的な姿勢こそが、なにより力強いはじまりになる。こうして準備万端に整えて重労働をした末に、ついに赤ん坊が生まれ、母親になり……新しい家族が誕生する。

＊

出産では、ときに思いもしなかったことが起きる。すべてを予想することも、すべてをコントロールすることもできない。出産は自分にやさしくすることが大事なときである。だが、自分と出産に対して持っていた期待が裏切られると、それがどんな理由からでも、期待に対する強い執着のために、非常に苦しむ場合がある。たとえば、「自然」分娩をするために懸命に努力したのに、鎮痛剤を欲しがる自分がいるかもしれない、医療的介入が必要な状況になるかもしれない。そうしたとき「完全な」出産や「完璧な」赤ん坊への期待があると、そのとき実際に起きていることに対処する能力が弱まることがある。思ってもいなかったことに直面したときに「今、ここ」に在ることは、消極的になることではまったくない。非常に難しい状況の中にあっても、自分の感情と直感を信頼して、その場に必要なとっさの判断をするためにベストを尽くすことは可能だ。

その場に起きてくることに対処しつつ、こうあってほしいという強い期待を手放すのは簡単ではない。手放すためには、自分の中にある感情（フラストレーション、怒り、落胆、恐怖、悲嘆）を自分に十分に体験させること（体験することを自分に許可すること）、そのための時間を自分に与えることが必要である。癒しが起きるために、そして自分を取り戻すためには、自分に、自分の困難に、自分の努力に、自分の限界に、自分の人間的な弱さに思いやりを感じることが、不可欠なのだ。

妊娠中の私たちは身体面でも精神面でも持てる力のほとんどを赤ん坊の誕生に集中している。そして、赤ん坊が生まれるまでは、誕生ははじまりでしかないことをよくは理解していない。だが、妊娠している間、そして出産時に行う内面の作業は、気づきの子育てをするためのよい訓練になる。また、私たちを今という瞬間に引き込み、先入観を捨てさせてくれる出産の力と直接性は、マインドフルネス鍛錬の真髄そのものだ。赤ん坊が生まれるとき、同時に私たちは、自分の中に新しい可能性を生み出したことを知るだろう。

ウェルビーイング

マインドフルネスを日常の生活と子育てに取り入れはじめると、新しい気づきが生まれて、これまで当然と考えていた多くの基本的な前提を見直すことになったり、それに疑問を抱くようになるかもしれない。

たとえば、初めて親になった人は、まわりの人たちから「赤ちゃんは夜にぐっすり眠るようになった？」と聞かれることが多い。この質問の裏には、親たちのウェルビーイング〔心身ともに健全で幸せな状態〕に対する自然な気遣いと、赤ん坊は夜中ずっと眠るものだという前提があることが多い。そして、前提の裏にあるのは、親のニーズが優先されるべきという思い込みだろう。

こうした思い込みはしばしば、新しい親たちへの頼まれもしないアドバイスとなって現れる。「あなたたち二人だけの時間を取ることが大事よ」「二人の仲を大事にしてね」「赤ん坊はベビーシッターに任せて、二人で出かけなさいよ」などがそうだ。こうした助言はよく考えると、その焦点が、赤ん坊のウェルビーイングよりも、圧倒的に親たちのウェルビーイングにおかれているとわかる。赤ん坊が丈夫で強い回復力がある一方で、親のほうは脆弱で、守らなければならない存在のようだ。もちろん、新しく親になった人たちが自分や互いをいたわることが必要なのはいうまでもない。また、新米の親たちにたくさんの初めての経験が突きつけられる大変化の時にあっては、家族や友人からの愛情あふれる援助が必要なことも明白だ。しかしだからといって、この間に赤ん坊に必要なものが過小評価されたり、見逃されたりしてはならない。私たちがある程度の気づきを持って行動することができれば、赤ん坊のウェルビーイングを犠牲にしないで、かつ自分たちをいたわる方法を見つけることができると思う。

どのような子育てをしていくか、優先するものは何かを決めるときには、次のようなことを知っている必要がある。それは、今後の家族全体の長期的および短期的なウェルビーイングを考えるにあたって、最優先されなければならないのは、赤ん坊と私たちの間に信頼とつながりの感情を築くこと、それを維持することだということだ。すでに「共感」の節で考察したが、幼児に関する研究から次のようなことがわかっている。それは、感情生活におけるもっとも基本的学びは、両親と赤ん坊の間で非常に早い時期に起きる、些細で、繰り返される相互作用〔言葉やしぐさのやりとり〕の中で築かれるという事実である。アタッチメント研究で名高いダニエル・スターンによれば、そのような親密な瞬間とふれあいの中でもっとも決定的なことは、「子どもに、自分（子ども）の感情が、共感で迎えられ、受け入れられ、応答として戻ってくることを知らせる」ことだという。これは、「同調（attunement）」の過程の一部でもある。親たちが、幼児期における同調が、のちに子どもの情動調整力〔emotional competence：自己および他者の情動を理解し、解釈し、建設的に対応するための社会的スキルの一連〕の基礎を作ることを知れば、特に子どもが小さいときには、子どもたちとの一瞬一瞬の相互作用に、また彼らを世話する方法に、もっと注意を払わなければならないと思うだろう。

たとえば、赤ん坊が夜中眠らないときがある。親は疲れてフラストレーションがたまり、赤ん坊自身が「眠るときだと考えて眠る」まで「泣くのに任せる」ことにしたとする。だが、そうした場合の、赤ん坊の体験はどういうものになるだろうか。赤ん坊と両親は相互につながって全きひとつというものを形成している。赤ん坊は苦しくなると、自分の力で必要なものを満たすことができないので、親が自分をなだめてくれて、自分とつながりを保ってくれることをあてにする。そのニーズが満たされないままに、人とのふれあいも欠いたままで放っておかれると、赤ん坊の苦痛は非常に大きいものになるだろう。その結果、赤ん坊の選択肢としては、心を閉ざすことしかないかもしれない。人から何の反応もないことで、つながりを断って心を閉ざすことは、大人でもある。それなのにどうして、大人よりも格段に心を支える内面の蓄え《リソース》を持たない赤ん坊を大丈夫と考えるのだろう?

マインドフルネスによる気づきの子育ては、親と赤ん坊のニーズが相互につながっている点に焦点をあてる。赤ん坊のウェルビーイングと親たちのそれを、競うものとして捉えない。〔『シアーズ博士夫妻のベビーブック』の著者である〕ウィリアム・シアとマーサ・シアの言葉を紹介しよう。「生物学の見地から、相互に与えあう点を見てみましょう……母親が赤ん坊にお乳を与えるとき、母親は栄養と心地よさを与えています。一方、赤ん坊はお乳を吸うことで、母親らしい行動をさらに高めるホルモンが出るように刺激します。母親が、母乳を与えて赤ん坊を眠らせることができるのは、母乳が眠りを誘う物質を含んでいるからです……一方、赤ん坊に母乳を与えることで、母親にはプロラクチンというホルモンの生産が増えて、それが心を落ち着かせます。つまり、お母さんが赤ん坊を寝かしつけると同時に、赤ん坊がお母さんを寝かしつける、というわけです」。これは一例だが、親と子がさまざまな方法で相互につながっていることにはっきりと気づけば、授乳にしても赤ん坊と親が同じベッドで一緒に眠ることにしても、子育てのさまざまな面を今までとは違う見方で見るようになるのではないだろうか。

マインドフルネスを土台とした子育てをすることは、親が強いフラストレーションを感じることがないことでもなく、親と赤ん坊のニーズが直接に衝突していると感じるときに、こんなことが起こらないといいのにと思うことがない、というのでもない。たとえば、どうしても朝の三時に赤ん坊をだっこする必要があったり、子どもと散歩をしなければならないこともあるだろう。そのときの親の最初の衝動は、おそらく抵抗だろう。だがそのとき、意識的してマインドフルネスと識別を用いることができれば、怒りや腹立たしさ、フラストレーションの感情に「加えて」、共感や理解といった感情も感じていることがわかるだろう。直面するすべてを「マインドフルネスを土台とした気づきの子育てという鍛錬」と見ることによって、その瞬間に赤ん坊のニーズを満たすのを億劫がっている自分の抵抗を、否定せずに、はっきりと見るという選択が可能になる。そして、その瞬間のこれかあれか思考がどれほど合理的で理屈に合っているように見えても、その下の、ハートから来る大きな英知に基づく行動を選ぶことができる。このように、今という瞬間を保つことは、子どものウェルビーイングを犠牲にせずに、真に独創的な解決法を見つけることを可能にしてくれる。またそれによって、限界だと認識していた自分のうつわを広げることになり、私たち自身のウェルビーイングも養われる。

赤ん坊はいつまでもそのままではない。完全に私たちに依存しているこの発達段階は比較的短く、たいへん貴重な時期である。この期間の彼らのウェルビーイングの感覚は、親が、一瞬ごとに、赤ん坊が感じていることと彼らのニーズにどう同調したかに、また親の応対の質と一貫性に、密接に関わっている。そこで気づきの子育ては、私たち親は、子どもが私たちからもっとも必要とするものを重んじて対応することができる力を養おうとする。

授乳

栄養を摂ることは人間の基本的活動であり、私たちの生活の時間、活力、思考の大きな部分を占めている。だが、一瞬一瞬の気づきの意識《アウェアネス》がそれに向けられることはほとんどない。赤ん坊に栄養を与えるにしても、同じようにほとんど意識されることがないため、栄養を与えることの重要性を理解する私たちの力も、その価値を認める力も弱くなっている。しかもこれは親たちが一日に何度も関わることなのだ。もし私たち親が、人間同士のつながりや関係というものが恐ろしく重要であることを理解して子育てを始めるなら、授乳時の、何気ないように見えるがその後の子どもを形成していく母親の態度や、さらに重要な、授乳時に赤ん坊に与える気配りの質は赤ん坊のニーズに全面的に一致するものになり、単におなかを満たすだけではなく、赤ん坊という人間のさまざまな面に栄養を与えるものになるだろう。

赤ん坊がお乳を飲み終わると、一種の没入感、至福に浸る状態が起きる。母と子が互いの目を見つめあう光景は、聖母が赤ん坊を見つめているルネサンス期の絵画によく描かれているもので、そこには深い平和の感覚、明らかなつながりと深い愛情が見られる。

オジブワ語では鏡を「wabimujichagwan」といいます。それは「あなた自身の魂を見ている」という意味で、イメージと実体の神秘をある意味で捉えている概念です。もし、私たちが赤ん坊にとって鏡であり、彼らが見つめることで自己の境界が形成されるというのが本当なら、おそらく私たちは、こうして愛情に満ちて見つめあっている間、彼らが霊的魂の自己を作るのをも助けているのでしょう。このとき、時間は止まり、あたりはおぼろげになり、大地は清涼になって、深い真実の感覚が私たちを支配します。

ルイーズ・アードリック
『アオカケスのダンス（*The Blue Jay's Dance*）』

母乳とミルクのどちらを赤ん坊に与える栄養として選んだとしても、赤ん坊からの合図に応じて与えることは可能だ。赤ん坊がお乳（またはミルク）を必要としているときに与えること、そのときに気遣いを持ってだっこすること、赤ん坊が私たちの体温を感じ、私たちの身体の気持ちよさを感じられるようにすること、十分に時間があるようにすること（スマホやインターネットから離れ、本や新聞を脇において、テレビを消すこと）、赤ん坊に完全に気持ちを集中して目を見つめるすべを養うこと。これらはどれも内と外が溶け合う瞑想そのものである。

赤ん坊が出す合図に応えるのではなく、決まった時間に母乳やミルクが与えられることは、大人が決めた「食事の時間」に食べものが来るということだ。そこに欠けているのは、赤ん坊が空腹を体験すること、また赤ん坊の出す多種多様の微妙な（あるいは明白な）合図に親が応じることで空腹が満たされるという体験である。このような食事体験はまた、たやすく、赤ん坊自身とも食事を与える人とも関係がなくなり、切り離されたものとなる。赤ん坊は自己制御する能力を拒まれて、受け身的立場におかれる。それは、元気になって親子の信頼とつながりが強くなる体験ではなく、むしろ親子が乖離する体験になるおそれがある。

母乳であろうとミルクであろうと、赤ん坊の合図に応じる形で食事を与えることは、赤ん坊自身の生命力を養うことになる。なぜなら、このとき赤ん坊は、自分に必要なものを得る能力、まわりの世界から適切な応答を引き出す自分の能力を体験するからだ。自分が望んだ効果を手に入れる体験を繰り返した上に築かれる内面の自信は「自己効力感」と呼ばれる。研究によれば、自己効力感はこれ一つで、その人が将来、健康で、治癒力があり、ストレス処理能力および生活を健康的なものにする能力を持つだろうと予見できる、最強の要素だといわれている。幅広く壊れにくい自信を持つための基盤は、子どものときの、親密で緊密な相互作用から始まるわけだ。

ときに、何らかの事情で母乳を与えることができない場合、フラストレーション、無力感、罪悪感をはじめ、さまざまなつらい感情に苛まれる人がいるかもしれない。本書ではすでに、決まった形の出産にこだわることの弊害について触れたが、同様に、自分と自分の状況にやさしさと受容を示すべきである。最終的には、母乳かミルクかという選択より、赤ん坊をどう抱いて、どう見て、どう応じるかのほうがはるかに重要なのだ。

母乳を与える場合、経験ある人やグループの支援があるととても助かるだろう。授乳を始めたばかりのころは、赤ん坊や母体の欲求によっては、フラストレーションや難しさを感じることもある。何か問題が起きると、どうしていいかわからなくなることも多いと思う。だが現実には、解決できないように見えるようなことでも、簡単な方法で解決できることが多い。知識を持つ人たちからの手助けと、積極的に対処する気持ちがあれば、最初の数週間をなんとかやり遂げることができる。そうすれば、自分と自分の身体、そして身体のすばらしい仕組みに自信を持つようになる。やがて、授乳をするのに努力がいらなくなり、授乳は赤ん坊と母親を深い次元で育む子ども主体の子育ての土台になる。

今は母乳が赤ん坊の健康によいことが一般に知られるようになった。また、他の面での重要性についても理解が深まっている。たとえば、精神的安らぎをもたらす、母子の絆（幼児と母親の間に生じる出生時からの親密なつながり）ができる、互いの生物学的リズムに身体と心が同調する（幼児と母親の身体と心の相互作用によるもの）、長期の神経学的・発達学的効果などがあげられる。

子どもたちが赤ん坊や幼児だったとき、私（mkz）は、お乳を与えるとたちまち彼らが深くくつろぐことがわかった。そのときに何が起きていても、たとえ彼らを当惑させることが起きた直後でも、お乳をあげると、落ち着きを取り戻して元気になることを期待できた。お乳を与えることは、いっときの間、彼らを刺激の多い世界から慈しみに満ちた静かで平和な心地のよい場に戻し、栄養を与えて活力を取り戻させる機会になった。よちよち歩きの幼児期になると、彼らは、私から少し離れたところで遊び、そこから栄養補給のために戻ってきた。このころには、彼らはさまざまなものを食べていたので、空腹が理由ではなく、それ以外の部分を元気にするためにお乳を求めていたのだ。

母乳育児のもう一つユニークで大切な面は、母乳を吸うのに必要な、集中する努力である。母乳の場合、何もしなくても彼らの口に乳が注がれるわけではない。手に入れるためには労働する必要がある。最初は、吸っても少ししか出てこないだろう。彼らを観察していると、ある時点で吸う間隔が長くゆっくりになることがわかる。これは母乳が自然に流れ出ていることだ。赤ん坊はリラックスして、満足したリズムで吸っている。集中しているが、リラックスしている。彼らは、お乳が出なくなってからも吸いつづけることが多い。それは、心地よさ、落ち着き、リラックス、つながりという欲求を満たすためである。

何年か前に、母乳育児を支援し、情報を広めている団体であるラ・レーチェ・リーグがスポンサーをしている会議に参加した。大きな会場は赤ん坊や幼児を膝に抱いた女性たちで満員だった。お乳を飲んでいる赤ん坊もいれば、だっこされている幼い子どももいた。私は赤ん坊が母親に気持ちを完全に集中しているのを感じて深く感動した。この具体的に表現された親子関係の重要性については、社会学者であるロビー・フォイファー・カーンの深い洞察による著書、『出産の意味：誕生の言語（*Bearing Meaning: The Language of Birth*）』の中で論じられている。

母乳で育つ赤ん坊や幼児は、母親を「源」と見ている。子どもたちは冒険や探索に出かける一方、安全と養育の源泉である母親の元に戻ることでバランスをとる。また、母親と子どもは強くつながっているため、子どもの行動範囲は母親がいる領域の内にとどまる。彼らは、母親、そして母親の身体とつながっていて、母親から離れたり母親に戻ったりすることができる。

小さな子どもたちで満たされたあの会場で、私はその静けさに胸をつかれた。それは、母親のやさしさに包まれ、抱かれ、お乳を与えられている、満足感そのものだった。

魂の食べもの《ソウルフード》

子どもたちが小さかったとき、彼らはよくまわりの人たちから、「ほっぺがバラ色で健康そのものだね」と言われたものだ。そんなとき私（mkz）は、それがなぜなのか知っていたのでひとり微笑んだ。それは母乳育児から来るものだった。

授乳しはじめた最初の数週間は、つらくてイライラが高まった。身体はお乳が出すぎるか、少なすぎるかを見きわめようとしていた。そこをいったん乗り越えると、お乳を与えることが私をくつろがせて、落ち着かせてくれることがわかった。乳房をお乳が流れ落ちていく感覚は霞に包まれるようなすばらしい気持ちのよさで、ほかのことは大事でなくなった。計画していたことを脇において、赤ん坊と一緒にいる今の瞬間に身を任せた。赤ん坊と私にとってそれは黙想的な時間になった。

授乳は私が母親として子育てをする上で、何よりも力づよく支えてくれた。自分にはいつでもどこでも、赤ん坊に飲ませて安心させられるものがあると知っていることで、大きな自信ができた。赤ん坊は、お乳をあげるために抱くとうれしい表情を浮かべた。そして、お乳を飲んだあとも、お乳が出なくなっても、安心するために吸いつづけた。そのあとは完全にリラックスした。とても疲れているときには眠ってしまった。昼寝が必要なときは、抱いてお乳をあげると、大騒ぎしないで簡単に眠らせることができた。夜中に目を覚ましても、そばで寝ていたので簡単だった。そうでない場合は、私のベッドに連れてきた。どちらにしても赤ん坊も私も完全に目を覚ますことはなく、授乳が終わると二人ともまた眠りに落ちた。

子どもがさまざまなものを食べるようになっても、授乳は心地よさの源泉でありつづけた。子どもに、その日に何か疲れることがあったり、圧倒されることや過剰な刺激があったときも授乳を頼りにできた。どんなところでも、彼らが膝に上がってきて、腕の中に落ち着くと、そこが静かな場になった。彼らは母親の体温と呼吸のリズムを感じながら、お乳を吸うのに懸命になっているうちに緊張がほぐれていった。授乳を通して私とずっとつながっていることが深い安心感と自信を与えるのだ。私はそのことを彼らのすべての面で感じていた。彼らは身体で世界を体験していた。それは、私と私の身体とのつながり、そしてお乳を吸っている、抱かれている体験だった。彼らは満足と元気回復の供給源を知っていた。それは、触れることができ、見ることができ、頼りにできるものだった。そして、地に着いているこの体験が、好奇心と冷静さを持って世の中に出ていくことを手助けした。彼らは、比較的早い時期にオムツをやめたが、その理由の一つは、お乳をあげることによって、短時間でもだっこされて、「赤ん坊」のようにやさしく扱われたことで、十分に安心感を感じたことにあるかもしれない。

子どもが話しはじめると、お乳をあげることが彼らのいたずらで陽気な面を引き出した。息子が最初の冗談を言ったのは一歳半のときだった。彼は茶目っ気たっぷりに私の乳房をふうふう吹いて、「あちゅい〔熱い〕！」と言って、うれしそうに笑った。彼が二歳半になったある朝、私が彼にお乳をあげながら、「もう下に行って朝ごはんを食べようね」と言うと、彼は、「おっぱい！」と返した。私がお乳をあげるのをやめようとするたびに、彼が「おっぱい！」と言うので、ついに私はこう言った。「あなたは頭が変《ナッツ》〔nut：木の実〕だわ」。すると彼は私を見て、「ぼくはナッツじゃないよ。レーズンだもん」。私たちは笑ってハグして、朝食をとりに階下に降りていった。

私の身体は、彼らの日常に欠けてはならない、慣れ親しんだ存在だった。子どもたちはそれぞれ、授乳、乳房、母乳に、自分だけの言葉を持っていた。中でも、「ヌック」「ヌーニー」は特に好きな言葉だった。私が片方の胸にイースト菌感染症を起こして皮膚がボロボロむけたとき、息子はそれを、「イタイほう」と呼び、もう片方を、「ぼくが好きなほう!」と呼んだ。

一番下の娘は特に韻を踏むのが好きで、創造力を発揮した。ある朝、彼女は私を歓迎してこう言った。「オー、私がいちばん好きなジュース、ヌーニーさん。マイラ・ムースさん〔マイラは著者の名前、ムースはヘラジカ〕」

彼女は、どんなに「ヌーニー」を大事にしているかをさまざまな言葉で表現し、劇に使うような言葉を選んで、独特のふしまわしをつけた。ある朝のこと、身体にタオルを巻きつけてシャワー室から出てきてこう言った。「私のヌーニーから金貨をこぼれさせないようにしているの」。またあるときは、シェイクスピアの悲劇のようなふしまわしでこう言ったこともある。「私のヌーニーが盗まれちゃった」。

授乳はわが家の子どもたちにたいへん大きな影響を与えていたので、私が家にいなくても魔法の力をふるうことがあった。上の娘が二歳だったある日のこと、私は出産の手伝いで一日中家を留守にしていた。午後になって家に電話をすると、夫のジョンが、「娘がすごく話したがっている」と言った。それを聞いた瞬間に、娘が私の声を聞いたら、悲しくなって、すぐに会いたがるだろうとわかったので胸が塞がる思いだった。思ったとおり、彼女は電話口に出たとたんに、「すぐに家に帰ってきて」と泣き出した。私は「できるかぎり早く帰るから」と言ったが、彼女は哀切な調子で「おっぱいちょうだいよう!」と言う。私は「家に帰ったら、すぐにあげるね」と言ったが聞き入れない。「ダメ、今すぐ! おっぱい欲しいよう!」。私は彼女を慰めたくて、やさしくこう言った。「いいわ、今、あなたにおっぱいをあげているわ。どう?」。彼女は静かになった。ジョンが、娘が電話口に座って、目を閉じて、リラックスして、瞑想しているようになって、電話を通して私に「授乳」させている、と説明してくれた。

子どもが怒っているとき、イライラしているとき、圧倒されているとき、あるいは単に不満なとき、お乳をあげることで安らぎと満足が訪れた。子どもたちは、授乳という形の愛を受け取るときに、いちばん愛らしくなった。ある晩、娘に授乳しながら寝かしつけているときのことだ。彼女は私を見上げて、愛があふれる声で言った。「ママぁ、ママはとってもやさしい人だね」。そして、私たちはやさしさに浸った。

子どもたちに授乳をしなくなってからも、私の身体は子どもたちに慰めと幸せを与える泉だった。彼らは、うとうととして眠りに入っていくとき、よく私の胸に手をおいて、おだやかな美しい表情を浮かべていたものである——あたかも彼らを深く慈しんだ至福の瞬間に戻るにはそれで十分とでも言うかのように。それがソウルフードと呼ばれるものだろう。

家族の寝床

私たち夫婦が子育てを始めたころ、子どもは子ども部屋でひとりで眠るべきというのがこの国の世間一般の考え方だった。だが、これは世界的に見れば非常に特殊な習慣であり、アメリカでもつい最近までそうではなかった。幼児期に親と子が別の寝床で眠ることは、「社会の進歩」が「養う」のではなく「奪っている」ものの一つといえる。この場合、親も子どもどちらも奪われる側だろう。

第一子が生まれたとき、かかりつけの小児科医から、「一日目から子ども専用の部屋で、子ども用のベッドで眠らせなさい」と言われた。しかし、私たちは違和感を感じた。私たち夫婦は直感的に、夜の間も新生児が居るべき場所は私たちのところだと感じていた。私たちのそばで眠っている赤ん坊は、くつろいで、親の身体の柔らかさと温かさを感じることができる。親のそばにいる安心感と心地よさに浸っている。赤ん坊が私たちの間で、たいていはどちらかにすりよって心地よく眠っているとき、私たちにとっても世界は満たされた場となった。

赤ん坊が自分のそばで眠っている深い満足感は、どんな言葉でも表現できない。同じベッドで眠っていれば、赤ん坊の声や音が聞こえないのではないかと危惧しなくていい。「毛布はきちんとかかっているだろうか、寒くないだろうか、風や雨の音で赤ん坊の声が聞こえないことはないだろうか」といった心配はいらない。子どもは私たちと一緒にいるのだ。

生まれたばかりの赤ん坊は自己制御の能力が十分に発達していない。片親か両親のそばにいることが、彼らの生理機能を安定させる助けになる。私たちの呼吸が彼らの呼吸制御を助け、私たちの体温が彼らを温かに保つ。ちょうどミクロの生態系のようなものだ。身体的な接触は、授乳と同様、この自然の力学の重要な部分だ。

私たちは数年のあいだ一緒に眠り、一緒に呼吸をした。彼が自分のベッドで眠るようになっても、眠りはじめるのは私たちのベッドのことも多く、そのまま朝まで眠ることもあった。自分たちだけになりたいときには、子どもが眠ってからベッドに運んだ。大きくなるにつれて、彼は自分の部屋の自分のベッドで眠りたがるようになった。それから二人の女の子が間をおかずに生まれて、四人一緒に私たちのベッドで寝ていた時期があった。寝室に大きなベッドを入れることになったのはこの時期だ。

子どもたちが小さかったとき、一晩中一度も起こされないで眠ったことはほとんどなかった。子どもたちは夜中に何度も目を覚ました。理由は空腹だけでなく、歯が生えはじめたときや、病気のときもあった。子どもたちは一人ひとりまったく違う。生後まもなく、あまり目を覚まさないで眠るようになる子どももいるが、ほとんどはそうではない。

ところで、赤ん坊のそばで眠ることで、あるいはお乳を欲しがるときに授乳することで、かえって彼らを起こしてしまうのではないかと私たちが考えたことはあったかと問われると、もちろんあった。だが、いっとき疑問を抱いたからといって、一緒に眠ることを止めることはしなかった。なぜなら私たちは二人とも、一緒に眠ることにたくさんの利点があると感じていたからだ。私たちは他のことに対処する場合と同じように、問題に向き合い、適切なバランスを取ろうとした。子どもたちが幼児のときには、夜に起こされる回数が多すぎて、とても疲れてイライラした時期があった。そういう時期に私たちが試したことは、目を覚ますことが、彼らにとってできるだけ魅力がないものにすることだった。お乳を与える代わりに、ジョンが子どもと一緒に散歩することもその一つだった。

そこには私たちが、眠りがさまたげられないことよりも大事にしている一つの意図があった。私たちは、自分たちの身体が子どもに安心感と安らぎを与え、彼らの全面的な栄養になっていると直感していた。効果は目に見えていた。彼らの、あけっぴろげで、何にでも興味を示す、生き生きとした、愛にあふれた表情がそれだ。私たちは、自分たちが夜に子どものそばにいることが、彼らを精神的にも感情的にも安定させて、彼らが自身とまわりの世界を心地よく感じることに一役買っていると感じていた。気持ちが安定している状態は、昼の間、彼らが静かにまわりの世界を観察している様子に見て取ることができた。彼らは好奇心にあふれて活発だったが、過剰になることはなかった。彼らが発散する幸せと喜びは驚くほどまわりに伝わった。彼らは、うれしくて笑うときも、怒って叫ぶときも、愛にあふれて抱きしめるときも、浮わつくことなく全身でそこに存在していた。

もちろん、歯の生えはじめや、風邪をひいた、おなかが痛い、などの形で、私たちの眠りがさまたげられることは何度もあった。そんなとき私たちは、イス取りゲームならぬベッド取りゲームをしているような気がした。ジョンと私のどちらか、より睡眠が足りないほうが、あいている子どものベッドで眠ることもあった。あるときは、正常と感じる睡眠時間を最低不可欠という視点から見直さなければならないこともあった。

私たちは、自分たちに必要な睡眠時間や自分たちだけになる時間よりも深いものを子どもたちに与えていると確信していた。もしそうしたい場合は工夫して解決した。そして、彼らに一晩通して眠る準備、彼らのベッドで眠る準備ができたときには、自分からそうするだろうと信じていた。たしかに、ちょっとした励ましで、彼らは実際そうなった。

子どもが歩きはじめるころになると、他の家族が眠っているベッドで夜に授乳をするのは、彼らの眠りをさまたげることもある。そのうちにデメリットがメリットを上回っていると感じはじめるかもしれない。こうした事情は、家族によって子どもによって異なるので、家族の状況を、一歩下がって、マインドフルネスの視点から検証することをすすめたい。母乳育児や子どもたちと一緒に寝るという選択が、家族一人ひとりのウェルビーイングに与える影響を検証することで、家族全員のためになる選択ができる。

私たちはこの節で、子どもが小さかったときの自分たち家族の睡眠をめぐる体験を紹介し、自分たちがそれをどう見ていたかを述べた。それは、私たちが、子どもたちが小さいときにこうした方法で育てることを非常に重要だと強く感じていたこと、そして今も同じように感じているからだ。このことを強く言っておきたいと思う。なぜなら私たちがしたことは、現在のアメリカの家庭で行われていることとはまったく逆だからだ。だが、多くのアジアの国々では、親と子が一緒に眠るのはあたりまえのことである。若い人たちは、これは選択肢の一つであって実行可能であること、また子育てを、難しいが深い満足を得られるものと見てほしい。小さな子どもたちを親のベッドで眠らせることは、たしかにそれなりの代償を払う。だがそれは、信頼感とつながりの感情という、困難なときに助けになる具体的な恵みをもたらすだろう。

実際、最近の研究は、親と共に寝ることを体験した子どもには、自信と独立心に関するプラスの影響が長期的に見られると示唆している。親子が一緒に眠ることに関する疑問や安全な実施方法の研究は、現在活発に議論されている分野である。ノートルダム大学の研究者である、ジェームズ・マッケンナは、安全なコ・スリーピング〔同じベッド、もしくは同じ部屋で、（親子が）共に眠ること〕のための指針を次のホームページで提供している。http://cosleeping.nd.edu/safe-co-sleeping-guidelines/〔英文サイト〕

＊

どんな親にも、子ども時代の歴史と個人としての体験がある。自分の感情に気づいて、それがどこから来ているのかを理解することは、自分と家族にとって正しい選択をするために重要である。たとえば、思いやりのあるやさしいふれあいを体験しないで育った場合、あるいは、不適切な身体の接触によって自分の境界が侵害され、信頼が壊された人の場合には、同じ寝床を分かち合うのを強く躊躇するのは当然で、場合によっては恐怖さえ感じるかもしれない。そういう場合、そのような感情、付随する思考、そういう自分を、その瞬間に自動的に判断しないで、ありのままの感情や思考に気づいている状態を保ちつづけると、それらがはっきりと見えるようになる。その結果、自動的・衝動的にそれらの思考や感情に命じられる行動をすることが少なくなるだろう。それと同時に、自分の不快さとその理由を軽視したり否定しないで、それらに敬意を払うことも大切だ。

子どもたちが必要としているものを満足させ、自分たち親も気持ちよく感じる方法を見つけるには、親の側に、解放的で柔軟な態度、思慮深さ、未検証の固定観念を超えて成長し人間的に大きくなろうとする意志が必要だ。だがこれは、マインドフルネスを土台とした気づきの子育てが簡単ではないのと同じで、それほどたやすくない。私たちはしばしば、これが自分の限界だということに直面させられる。そして、それを気づきながらやさしく維持し、その上で、それに対処すると同時に敬意を払うということこれまでにない新しい取り組み方を見つけなければならない。もちろん、どんなものでも新しい子育て法を試すことは、特に親二人の見方や価値観が異なる場合には、困難きわまるものだろう。

そうした状況ではマインドフルネスを土台としたコミュニケーションが一段と重要になる。気づく意識《アウェアネス》を持って子育てをするにはさまざまな方法がある。気づきの子育ての姿勢とは、赤ん坊と必ず一緒に眠らなければならないとか、そうでないとよい親でも気遣いのできる親でもない、というものでは決してない。気づきの子育てに必要なのは、自分たちがしていることに注意を向けることだ。これには自分たちが行った選択に注意を向け、それが子どもと自分たちに与えている影響を検証しつづけることも含まれる。また、私たちが何をしているか、なぜしているかを問いつづけることもそうだ。

私たち著者は、家庭のぬくもり、快適さ、親密さ、授乳法に関する決めごと、および健康と幸せとウェルビーイングをもっとも促してくれる境界と限度についての決めごとを、非常に重要なものと考えている。そして、この決定にあたって、マインドフルネスを取り入れることは、子育てを、刻々変化する親子双方のニーズに敏感で、意識して努力するものにする上で非常に重要である。「正しい方法」は一つではない。健康な子どもと愛情にあふれた家庭にする方法は数多くある。

それに、家族の眠りについてあることを決めたとして、ある時期はうまくいくだろうが、突然何かが変わって、変更することになるかもしれない。昼間に赤ん坊に会うことができない場合は、同じベッドで寝ることが再びつながりを作ってくれることになるだろう。だがこの方法はある子どもにはうまくいくかもしれないが、よく目を覚ます子どもだったら、そうはいかない。その結果、自分が不機嫌になり短気になって、うまく子どもの世話ができなくなるかもしれない。そうなったら他の方法を試さなければならなくなる。

あるときは、親にとって、子どもたちに夜中に起こされないことが最優先事項になるかもしれない。

親たちがぐっすりと眠ることが必要なことは明らかで、実現すれば子どもたちにもよいかもしれない。そのときには、子どもに配慮しながら、眠る前にするいつもの習慣《リチュアル》を変更して、他の方法で子どもが信頼と安心感を感じられるようにすればいい。一緒に眠るときの身体のふれあいを手放すならば、昼間、意図して子どもを抱きしめたり、だっこすることでバランスをとることができる。赤ん坊の場合は、たとえ別のベッドでも、同じ部屋で眠れば、親の呼吸音や存在を身体で感じている。単に一つの選択で子育ての全部が変わることはない。多くの選択によって私たちが織り上げる織物全体が大事なのだ。つねに気づきの意識を持ち、断固とした態度で、できるだけやさしく、家族内のさまざまなニーズのバランスを取ることが大切である。夜間の問題の解決策は一つではない。

幸いに選択肢はたくさんある。一つのベッドをシェアすることが、あなたやパートナー、あるいは子どもに都合が悪いときには、子どものベッドを親のベッドの隣におけばいい。あるいは子どもを隣接する部屋で眠らせるのもいい。その場合は、子どもが楽しみに待ちわびるようなリチュアルを作るといいだろう。本を読むのでもいいし、お話をするのでもいい、静かな音楽をかけるのもいい。子どもが眠るときに一緒に横になるとか、一緒にベッドに座るのもいいだろう。また子どもが、親の様子から、自分ひとりで寝ても大丈夫だと親が確信していること、安全で、ひとりで眠れるようになると確信していることがわかるのがいい。子どもが眠るように何を準備するかよりもずっと大事なことは、親のあなた自身が、信頼や安心感、つながりや内的回復力《レジリエンス》を育む方法を、自分なりに見つけることである。

就寝時の問題が出たときには、父親も母親も、子どもと自分たちにとって何がいちばんいいかを自分に問いつづけること、一緒に解決法を見つけることが重要だ。新しい目で人生の半分を占める就寝時間の過ごし方を探るためには、お互いの洞察を分かち合い、自分たちの感情的な反応について検証し、子どもの視点と相手の視点から物事を見ようとすることが解決策を見つける助けになる。

第6章

共振、同調、存在

共振

音叉を叩くと、近くにある音叉も振動する。同じ波長に調律されている場合は特にそうだ。振動しているひとつの物体の動きが、他の物体に感応的な共振を起こすこのプロセスは誘引〔entrainment：ある自律的リズムが、他の振動に強制的に同調させられること〕と呼ばれる。ピアノのA（ラ）の弦は、部屋の向こうでバイオリンのA（ラ）が弾かれると同調させられる。

同じように、親と子はつねに互いの振動に影響を与えている。私たちの生命は、互いの力の場《フォースフィールド》の中を、身体的、感情的、精神的に、軌道を描いて回っており、微妙な方法やそれほど微妙でない方法で、頻繁に相互作用しあい、互いに影響を与えあいつづけている。私たちはそれに気づいているときもあれば、まったく無意識のときもある。

科学者らは、私たちの脳も、互いがその場にいると互いに共振していることを発見した。大脳皮質にあるミラーニューロンといわれる特殊な細胞が、相手がある動作をするのを観察すると（特に感情が入っていると）発火する。この現象が、他人と共に「感じる」能力である、共感の神経学的基盤かもしれないと考えられている。私たちは文字どおり、脳の同じ場所が同じパターンで発火しているのを体験しているわけだ。

呼吸そのものが、私たち一人ひとりを生命と振動させている基礎的な生物学的リズムである。このリズムに同調すると、文字どおり赤ん坊と共振するすばらしい機会が得られる。私（jkz）は、今の瞬間により大きなマインドフルネスをもたらす一つの方法として、赤ん坊と一緒に呼吸をしたものだ。赤ん坊を腕に抱いてハンモックの中で揺られながら、二人で一緒に呼吸をしていたこともあるし、夜遅くに子どもを抱いて歩いて行ったり来たりして同じことをしていたこともある。揺れながら、歩きながら、あるときはやさしく歌ったり言葉を唱えたりしながら、呼吸を合わせて互いに共振していた。

赤ん坊と自分たちの間の共振に意識的に気づくようにすれば、赤ん坊と私たちの関係はあらゆる種類のたえまない気《エネルギー》の交換（それは調和することもあり、調和しないこともあるだろうが）になるだろう。そして、調和してもしなくても、たとえ私たちが、そのとき料理をしなければならない、洗濯をしなければならないとしても、また、あれやこれやで邪魔が入るにしても、共振に気づくことは、今という瞬間を最高に豊かなものにするだろう。できるときはどんなときも二人で呼吸を合わせて人生のダンスをするといい。

⁂

家族の中ではさまざまなレベルで誘引が起きる。ときとして私たちが望まないようなことになることも、また、どのようにしてそうなったのかわからない場合もある。その瞬間の気《エネルギー》の種類に気づかなければ、簡単に罠にかかる。うつや、怒り、不安などに陥るときのように、私たちの感情は誘引によって、たやすく引きずり下ろされる。家族の中では誰もが、異なる周波数で波動を発し、思考や感情、またその表現である言語や非言語、しぐさや行為によって、たとえどんなに小さくても、物事や他人の行為に対する感情的反応という形で、互いの気《エネルギー》と相互に作用し、たえまなく気《エネルギー》の交換を行っている。もし自分たちが異なる方法で互いに共振していることを知っていれば、人間関係の中でバランスを崩すことなく、互いのリズムに対して巧みに動くことができるだろう。

子どもは、非常に気《エネルギー》が高くなることがあり、さまざまに私たちに影響を与えることがある。これに気づくことができれば、私たちは自分を見失わずに、もっと意識的に対応することができる。子どものテンションが上がったとき、自分も自動的に同じテンションになって共振する必要はない。そんなことになれば、子どもにとっても自分にとってもよくない事態に陥るだけだ。

また、子どもが一体感や驚嘆する出来事を体験する瞬間もたくさんある。そうした瞬間に彼らと体験を共にし、彼らと共振する……それは純粋な喜びの瞬間だ。

⁂

夏。屋外のレストラン。二人の子どもを連れた若い夫婦。一人は三歳ぐらい、もう一人は四か月ぐらい。母親が赤ん坊を膝に抱いてお乳を与えている。かなり長い間、赤ん坊の顔は、母親の胸とブラウスの間に埋まっている。赤ん坊の手は母親の手と遊んでいる。やがて赤ん坊の頭が現れたかと思うと、母親の膝に仰向けになり、母親をじっと見ている。母親はやさしい声で話しかけ、頭を軽くかしげる。赤ん坊は口をまん丸に開ける。青い目が大きく見開かれて、母親の顔に見とれている。目も口も大きく開かれ、完全に無防備な表情になる。赤ん坊はこの瞬間、純粋な存在そのものだ。

母親が、自分のひたいを赤ん坊のひたいに近づけて、くっつけて、また元に戻る。赤ん坊の笑顔。ここには二人をつないでいる一つの完全な力の場《フォースフィールド》がある。この瞬間、赤ん坊は母親という星の軌道内にいる。そして二人は、ふれあう身体、そして彼らの間に流れる空気を通して、無限の方法と波長で会話をしている。

このあと、父親が赤ん坊を、肩越しに後ろが見えるような格好で抱き上げた。赤ん坊は安心して父親の身体に落ち着いた。目を大きく開いて、完全に受け入れている様子。赤ん坊が私（jkz）の顔を見て、視線を止めた。私は微笑んだ。赤ん坊の顔から、それに気づいたことがわかったが、言葉でそのことを説明するのは難しい。それは目新しいものに対する警戒だ。赤ん坊が笑顔になる。純粋な世界からの祝福。赤ん坊の姉も屈託のない表情をしている。テーブルに座っているとき、その子も、赤ん坊と同じように、身体に緊張がなくて、家族の力の場の内にいるのを感じた。そんなに会話があるわけではない。むしろ会話をしていない。だがそれでも、この家族はかたい絆で結ばれて、子どもたちはその中で完全にくつろいでいる。それは子どもの状態に現れていた。その家族がそこを離れるとき、母親が私たちに話してくれた。「あまり長いあいだ車内にいたので、子どもたちは車の外に出ることが必要だったんです」と。

どこにでも見られる食事の光景だったが、子どもたちは明らかに、親たちとたえまない相互作用をしていた。それが愛の絆を作って、周囲の世界の思いやりと寛容さを子どもたちに伝えていた。

同調

同調：親密な間柄、あるいはすぐに応答する関係に入ること。

子どもに同調するとは、彼らが私たちに送っているメッセージ――単に言葉だけではなく、彼らの存在のすべての面から発せられるメッセージ――に気づいていることもそうだ。

ある日のこと、私（mkz）が近くのコーヒーショップに入ると、近所の人がテーブルに座っていて、九か月の赤ん坊に授乳していた。彼女はそこで友達と待ち合わせをしていた。私が彼女と赤ん坊に「こんにちは」というと、赤ん坊は好奇心をそそられて、お乳を飲むのをやめて私のほうを見上げ、にっこりと笑って、またお乳に戻った。赤ん坊と私の距離は少し離れていたが、私がコーヒーを頼む列に並んでいる間、ゲームが始まった。赤ん坊はお乳を飲んで、それから頭をのけぞらせて、私を逆さまに見た。それからニコッと笑うと、またお乳を飲みはじめた。そして、また頭をのけぞらせて私をじっと見た。母親は赤ん坊から合図を受け取り、赤ん坊がしたいようにさせた。母親は自分の娘が喜んでいるのを見て、喜んで笑っていた。ある雨の水曜日の朝、地域のコーヒーショップで一人の赤ん坊が至福に浸っていた。

＊

子どもたちがまだ赤ん坊だったころのこと、私（mkz）は、友達の一〇か月になる男の赤ん坊をあずかったことがあった。その子を腕に抱きかかえて歩きながら、さまざまなことを試してみた。どんな反応をするかに注意しながら、やさしくリズムをとって歌いながら彼を上に下に動かして、その子が気持ちよく感じる動きを見つけた。私が呼吸をゆっくりにすると子どもの身体の緊張が緩んで、私の身体にもたれるのがわかった。私に何が欲しいかを伝えるのに言葉はいらなかった。私が腰を下ろすと、彼は全身で私にこう知らせた。「いやだ、座らないで、ぼくをもっとだっこして歩いて」。それから小さな声を立てはじめたので、それに気づいた私は、一緒に声を出した。彼の頭が私の肩にもたれた。子どもの力が抜けて、だんだん重くなって、完全に眠ったのがわかった。私はゆっくりとソファに横になった。子どもの温かな柔らかな身体、甘い匂い。この同調の体験は私たち二人に与えられたすばらしい贈り物だ。この春の日、子どもは、まわりの人をここでもまた信頼できることを発見していた。彼は、私から思いやりのある応答を感じた。それは、彼が欲しいもの、必要としているものはとても大事なもので、敬意を持って対応されることを伝えていた。子どもは、自分に必要なものを手に入れて、満足し、安心し、おだやかさを感じている。このすべてが一つの小さな出会いから起きた。

＊

もう一人の母親のはなし。彼女は、自分の子ども（幼児）が動きまわって、どんどん乱暴になって抑えがきかなくなるところまで行ったのを見たとき、カーペットに横になって子どもを自分の身体に登らせ、自分の髪で遊ばせることにした。母親は文字どおり、子どもに母親とのつながりを回復させていたのだ。子どもは徐々に静かになりはじめて、動きがゆっくりになった。しばらくすると母親の上に横になって、くつろいで、母親の呼吸の落ち着かせるようなリズムの中に身を沈めた。このとき母親は、子どもが彼女の落ち着いた雰囲気に同調するのを助けていた。母親は、親から独立して離れるという子どものニーズを理解していたのと同時に、母親の近くにいてつながっていることも必要だと知っていた。そのことが全部このときのリビングルームの床の上で繰り広げられた。

＊

子どもたちが成長するに従って、親と子の間の同調は複雑さを増してくる。私（mkz）の娘が一〇歳のときのこと、学校から不機嫌な顔で帰宅するなり、「おなかすいた！」と声を荒げて言った。私はすぐに、学校で何か気持ちの負担になることがあったのだとわかった。彼女は強い感情に打ちのめされていた。たくさんの人の中で一日中過ごして、もう少しで倒れそうだった。私は、娘が帰宅したときに軽食を用意しておくといいことを学んでいた。また、これまでのたくさんの失敗から、質問はしないで、子どもに心の余裕を与えることも学んだ。今は声の調子がどうだこうだと小言を言ったり、行儀作法を教えたりするときではない。彼女はたいてい、少し休んだあとは、私をより好意的な目で見るようになって、ハグをしに来るか、音楽を聴きに自分の部屋に消えるか、なのだから。

もっと大きな子どもの場合は、同調するとは、集中するための時間と空間が彼らに必要であることに敏感に気づくことになるだろう。特に彼らが親たちと同じ場所を共有している場合はそうだ。また、いつさりげなく救いの手をさしのべ、やさしくすればいいかを敏感に感じ取ることも、同調に入る。

私が友人宅のキッチンにいたときのこと。彼女の一六歳の娘が、首が痛いと言いながら入ってきた。友人はどこが痛むのとたずね、私と話しながら娘の首をマッサージしはじめた。そして、時々私との会話を中断して、指が触れているところのしこりが消えていくことを静かに娘に話した。マッサージをしながら私と会話を続けて一五分ぐらいたったころ、女の子は部屋を出ていった。友人は、このごろは娘とこんなふうに一緒にいる時間はまれなのよと言った。おそらく、私という大人がいたことで、母親との適当な距離ができたのだろう。私は友人の敏感さ、娘からの思いがけない頼みにすすんで応えようとする心の広さ、そうして貴重な瞬間を持てたことに感謝する姿勢に深く感動した。

子どもと仲がいいといってもいつもうまくいくわけではない。仲違いして衝突しているときに「今、ここ」を意識しているためには、自分が持っているすべて、あるかぎりのエネルギーと洞察力が要求される。そうしてはじめて、争っている最中でも、子どもの真の姿を見失わず、彼らが私たちから必要としているものを忘れないでいられる可能性が出てくる。ただしこれには、自分の恐怖、考えなしの反応行動、自分の心配を積極的に認めることが必要で、なおかつ、平静でいるためには、呼吸と身体を意識し、最大限に大局的なものの見方を堅持する必要がある。そうすることでようやく、より適切な、新しい考え方で子どもたちの感情の状態を理解して対応できる土台ができあがる。もちろん、争いや断絶の瞬間はつねにある。親と子どもにとって、それは、つながりを回復して再び始められることを知る機会となる。

タッチ——触れること

「触れる：タッチ」という言葉は、オックスフォード英語辞典の中で、もっとも長い説明がある言葉の一つである。それはまちがいなく、触れることが人間の体験としてきわめて根本的なものであるためである。〔文化人類学者の〕アシュレー・モンタギューが、触れることが健康とつながりの基盤であることに気づいたのはかなり昔のことだ。猿の赤ん坊は、ふれあい、暖かさ、柔らかいものがつねにないと、健康に育たない。私たちは彼らと違うだろうか？　触れることは生きる根本にある。タッチはつながることも含む。それは一つになる体験でもある。タッチには、必ず返されるタッチが伴う。それは、自分がひとりではないと知る一つの方法でもある。どのように触れられたかによって、愛されている、受け入れられている、大事だと思われていると感じる。また反対に、無視されている、軽視されている、傷つけられたなどの感情を抱く。

タッチは気づきを起こして、まわりの世界に私たちを触れさせる。私たちは、すべての感覚〔見ること、聞くこと、嗅ぐこと、味わうこと、触ること〕と、固有受容覚〔自分自身の身体の姿勢、位置、方向、動きを把握できる感覚〕および内受容感覚〔身体の中の感覚〕を通して、触れて、触れられる。

人は、気遣いを持って抱擁されると、心が身体に落ち着いて、つながっている感覚が呼び覚まされる。それは自分自身と他人の存在に気づかせてくれる。意識して、繊細に、敬意を持って子どもに触れることは、子どもの全身全霊に敬意を払うことに他ならない。自分がどう感じているのかに「接触」できるようになるのは、この、安全を感じる、大切にされていることを感じる体験から育っていく。だっこする、ハグする、揺すってあやす、寄り添う、揺らす、ハミングする、歌う、見つめるなどによって、親と子は、自分自身を、そしてお互いを体験する。まさにふれあいの魔法だ。

＊

自動車登録所で自分の番を待っていたときのこと、私（mkz）は大柄でやさしそうな女性と三歳ぐらいの赤毛の男の子どもに気がついた。母親はベンチに座って、認可証が出されるのを待っていた。男の子は、母親の身体をベッドにしたりまくらにしたり、ジャングルジムがわりにして遊んでいた。

そうしてたえず自分の身体や頭や腕を母親に押しつけていた。彼が手を伸ばして母親の指で遊んだとき、母親が長い爪で彼の手をトントン叩いたので、子どもがうれしがった。彼女は子どもをあるがまま受け入れていて、子どもに、静かにしなさい、ちゃんと座っていなさい、そんなことをしてはダメ、というような注意をしなかった。やさしさとおだやかさがそこにはあふれていた。女性には特有のアクセントがあったので、どこで育ったのか知りたいと思った。彼女の子ども時代はどうだったのだろう、彼女がとても忍耐強くて、すべてを受け入れ、触られることを心地よく感じるのは、何から来ているのだろうと思った。

こういう場面に出会うのは珍しい。たいていは、親が子どもを「お行儀よくしなさい」と叱っている。子どもが、二歳児らしい、三歳児らしいふるまいをしているのに、それを怒りはじめる。よちよち歩きの子どもが、親の後ろから疲れて泣きながらあとを追っているのを見ることは珍しくない。親は子どもを抱き上げるという簡単な解決法も取らない。この母親のように、大人が忍耐強く寛容に子どもの活発さに付き合って、愛情深い関係を保っている場面を目にすることはほとんどない。

私たちの社会は、ますますふれあいを奪われ、肉体から切り離された社会に変わっていくようである。人が身体で愛情を表す様子、友達が手を握りあい、腕を互いの身体に回したり、恋人たちが抱擁しているのを見かけることはまれになった。私たちがもっと、こうしたいのちの栄養とコミュニケーションの重要性に気づけば、子どもと一緒にいるときに、もっと身体で愛情を表す方法やつながる方法を見つけようという気持ちになるのではないだろうか。

タッチは必ず境界のところで起きる。私たちはこの重要な境界線をつねに意識していなければならない。そうしないと子どもに無意識に触れて、無神経な大人になったり、彼らを軽視することにもなる。境界線は一瞬で変わる。境界を推定することは不可能だ。当然こうだろうと考えることはできない。どの瞬間も新たな、異なる瞬間である。おやすみのキスをしていいと聞いたときに「いやだ」と叫んだ同じ子どもが、別のときには、ハグをしてほしがるのはこのためだ。私たち親の側が子どもにもっと同調して、彼らの気《エネルギー》の状態や感情に気づくようになれば、彼らがいつ思いやりのあるタッチやハグを必要としているか、いつひとりにしておいてほしいかを感じることが上手になるだろう。

時々自分に、タッチは誰のためなのかをたずねるのもいい。思慮に欠けた、土足で踏み込むような大人の側の衝動をチェックするためだ。私（mkz）は子どものときに、親戚の人たちから頰をつねられてキスをされたときのことを鮮明に記憶している。その人たちは、私がそれをどう感じたかにまったく気づかなかった。子どもの感情と境界を無視して、自分が温かさと愛情が欲しいばかりに、子どもにハグやキスを求める大人はけっこう多いのではなかろうか？

＊

子どもたちが、私（mkz）のところにやってきてハグをすることはめったにない。だからそういうことが起きると、とても感動し、驚き、ありがたく思う。そして、彼らがハグすることではなく、彼らのハグの仕方にとても驚かされる。彼らは、ゆっくりと、くつろいで、静かに、愛にあふれた触れ方で、抱擁する。子どもからハグされるとき、私は、彼らからいとも自然に与えられる滋養あるものを楽しむ。まるで愛で描く円が完成したように感じて。

幼児（よちよち歩きの時代）

子どもは、どの年齢でも、どの発達段階でも、どんな一瞬でも、思いやりのある共振とは何かを探る機会をたっぷり与えてくれる。その一方で、私たちは彼らの発達面と感情面のニーズがたえまなく変化していることにも気づいている。子どもがよちよち歩きの年齢になると、親は子どもに、明確な境界と期待される行動というルール（それは満足と安全という感情を与える）の中で冒険する自由を一定程度与えつつ、自分の同調状態を維持するという難しい問題に直面する。彼らはたいへん活発で急激に気分が変化するため、私たちはこうした機会に何度も遭遇する。彼らは、次の瞬間には今とはまったく別の状態かもしれない。また彼らは、自分がしたいことをなんでもするには言葉も運動能力も足りないので、簡単にいらだちやすい。そういう兆候を感知できれば、彼らがそうした状態を通過するときに手助けすることができる。

これをするには、親が、自分の感情も子どもの感情が変化するのと同じくらい急激に変わることに気づいていなければならない。子どものいらだちに親がイライラして反応すると、子どもの気分に簡単に引きずられてしまう。反対に、その瞬間に自分も自動的に緊張してしまうことに気づいて、自分を取り戻そうと努めるなら、理解あるやさしく心の広い人間として、適切に対応することができる可能性がある。

あるとき私（jkz）は、若い父親が三歳の娘と一緒にレストランで食事をしようとしているところに遭遇した。食事が出てくるのが遅くて、ようやく来たころには、女の子はじっと座っていることができなくなっていた。子どもはいらついて、疲れて、あれこれと要求した。父親は実際、食事に手をつけることもできなかった。子どもはめちゃくちゃな要求をしていた。こういう状態では父親が怒りをつのらせるのも簡単だ。子どもに怒ることもできたし、食事が来るのが遅いことに怒ることも、空腹で疲れているのに食事ができないことを怒ることもできた。しかし、父親は落ち着き払っていて、何をしたらいいかを見ていた。彼は何度か食べものを口に運ぶ努力をしたあと、食事を包んでもらい、彼の髪を引っ張っている娘を肩に乗せて支払いをしたあと、レストランを出ていった。父親がそばを通ったとき、娘たちと一緒に座っていた私は、彼に笑顔を向けた。そして、親業の試練について二言、三言言葉を交わした。私の子どもたちは食事が出てくるまで辛抱強く待つことができる年齢になっていた。私は自分が、「よちよち歩き時代の子どもの心」に同調してしまったころを、強烈で急激に変化する子どもたちのニーズに振りまわされてその場その場の選択をしていた時代を、懐かしく思い出していた。この時期にどっぷり浸かっているときは、それが永遠に続くような気がする。だが、すぐに終わってしまうことを忘れないほうがいい。それに、そのときに必要とされることを受け入れると、思いがけない贈り物を受け取ることもある。

どの年齢にも、どの段階にも、独特のドラマがある。この父親がとても巧みに、寛容に、自分の娘に対応しているのを見て励まされる思いがした。

＊

私（jkz）は、できるときには早めに仕事を終えて、歩きはじめたわが子と一対一の「デート」をしたものだった。一緒に遊び場に行く、そり遊びをする、川沿いの散歩、繁華街に出かけて人や車などを一緒に眺める。週末には、彼らの友達も誘ってお祭りや農場や湖に出かけるのが楽しみだった。この年齢の子どもは、床でのレスリングごっこでも、レーシングカーを行ったり来たり走らせるのでも、ボール遊びでも、たとえ数分間でも一緒に何かに集中することでつながりを作ることができる。

子どもが小さいときはよく「身もだえゲーム」をした。これは息子と私が自然に発明した遊びだ。二人で床に横になり、私の腕を息子の腰のあたりに巻きつける。そのあと息子が全身を使って、身をよじって私の腕から出ようとする。私は腕の力を調節して、子どもを抱いている圧力を強めたり弱めたりして、ちょうどよい抵抗を与える。子どもは邪魔をする力に懸命に打ち勝とうとする。自由になろうとしてさまざまな方法を思いつく。

私には、子どもが力と知恵を振り絞って拘束から自由になるこの遊びが、そのうちに彼らが立ち向かう人生のメタファーのように思われた。そして、言葉を使わないこのレスリングはいろいろな点で私たちを近づけた。一緒に呼吸し、互いに抵抗して、もがいたりあがいたり、逃げ出す寸前になったり、脱出して自由になったり。二人でしばしば弾けるように笑ったものだ。こうした種類の遊びを通して身体で同調したあとには、共振し、喜びに満ちて、静かに過ごす時間が待っていた。

あるときは、私が日曜日の朝にリビングでヨガをしているのに加わることもあった。彼らは私の「ヨガの先生」になって、私の隣でいろいろなポーズを指示して一緒に同じポーズをとった。「二人でするヨガ」では、私が揺り椅子のポーズをして子どもと一緒に揺れた。肩立ちのポーズでは私の上にのぼった。背中を床につけて足をあげるポーズでは、私の足の上で床と平行になって空中を鳥のように飛ぶまねをした。橋のポーズではその下をくぐって遊んだ。楽しみは尽きなかった。

子どもたちが大きくなるにつれて、一緒に遊びに集中して、そのあとに来る静かな時間を共にすることは難しくなった。それでも私たちは、キャッチボールをしたり、一緒に走ったり、あるときには踊ったりして、一緒に集中する方法を見つけた。形は変わっても、共振は同じだ。

時間のこと

親はたやすく、十分に時間があったためしがないという気持ちに陥る。つねに時間に追われていて、焦燥感を覚えている。ある朝のこと、娘はそのとき四歳ぐらいだったと思うが、その日に着るものを三着の中から選んでいた。私（jkz）は彼女に、「急いで。時間がないんだから」と言ってしまった。なんとひどいことを伝えてしまったのか。

余裕を持つために、持ち時間を有効に使うために、できることはいくつもある。急がなくていいように、もっと朝早く起きるとか、子どもたちをもっと早く起こすことで、朝の時間を十分とることはひとつの方法だ。子どもが、翌日に着るものを前の晩に選ぶようにするのもいいだろう。何にでも緊急性を持たせて焦らないようになるために、内面作業《インナーワーク》をすることもできる。これには、自分の呼吸に合わせること、未来に関する自分の恐怖を単なる思考として見ることを忘れないでいる一方で、今起きていること——現在——こそが、貴重なもので踏みにじってはならないものであることを思い出すことだ。今の瞬間に内在する「時とは関係のない性質」は些細な物事の中にある。たとえば、いってらっしゃいと言いながら目を合わせること、一日の中で時々ハグをする時間をとること、などだ。もちろん、それが「いいこと」だという理由から自動的にするのではなく、本当の自分、開かれた心から自然に湧き上がる行動にするのが鍵だ。

また、自分と子どもが時間に遅れそうだとわかったときに、自分の声のトーンに耳を傾けるのもいい。試験的に、声を低くして、今という瞬間へ、今の身体の中へ、今の呼吸へ、深く落ち着いてみよう。

もう一つできることは、子どもたちのスケジュールをきつく詰めないようにすること、もっと詰めこみたいと思う自分の衝動に気づくことだ。子どもたちはただ自分でいる時間が必要である。休息時間《ダウンタイム》は時間のスピードを遅くして、子どもがひとりで、あるいは友達と一緒に、想像して工夫して遊ぶことができる余裕を作ってくれる。子どもたちには、退屈する時間と、退屈を体験して、それをどうくぐり抜けるかを見つける時間が必要だ。これには親たちからの助言がある場合も、ない場合もあるだろう。

時間的なプレッシャーが家族に与える影響に気がつかないでいると、ますます生活が加速して、止まらない状態に陥り、しかも、そういう生活の仕方を子どもの世代に伝えてしまう危険がある。今や世界的トレンドとなったあらゆるところに存在するデジタル機器は、四六時中私たちの行動に割り込み、気を散らせる。それらは、「もっとよい時間」を提供することで、私たちを現在という瞬間から引き離す。かつてマイクロソフト社の研究者だったリンダ・ストーンはこの状態の特徴を「慢性的に部分にだけ集中する状態」と名づけた。たえまなく気を散らされるこの社会的な病に侵されないように、静謐さと、今、ここという感覚（presence）を養って、それを家庭に取り入れることが必要である。

そうすれば、バランスを取り戻して、「何もしていないこと」によっていちばんよく体験できる豊かなひとときを育むことができるだろう。

MBSRのプログラムを体験した人たちの多くが、次のように話している。朝早く起きて、静けさの中で瞑想すると、その日一日の調子が定まって、少し長く眠るよりもずっといい。瞑想しない場合よりも気持ちが落ち着いて、その日にしなければならないこと、大切だと思っていることに、意識を向けることができる、と。また、家族が瞑想の効果を感じていることがわかるという人もいる。家族の中で一人がマインドフルネスを実行すると、家族全体のストレスの程度が下がることも起きるようだ。

場合によっては、もっと収入を増やすことよりも家族一緒に過ごすことを選ぶ決断のほうが、家族にとってずっと健全なこともあるだろう。いつも可能だとはいわないが、頭が私たちに考えさせているよりは実現する可能性が高い。そうでないと、「生きる」ために働いているにもかかわらず、皮肉なことに、「生きる」とはどういうことかをよく考えずに一生を過ごしてしまい、人生でもっとも大事なことを見失って、悲劇的な結末を迎えるかもしれない。

むだに過ごした悲しい「時」の、
長々と前後に延びたおろかしさ。

T・S・エリオット
「バーント・ノートン」、『四つの四重奏曲』
〔訳文は森山泰夫注解、大修館書店より〕

その場に在る

「ママは私の話を聴いてない！」

私はそこにいたはずだが、心はどこかに行っていた。しばらくの間、心はその場に引き戻されるが、再び想像世界にさまよい出すか、とりとめなく過去や未来を考える強迫的思考に捕らえられてしまう。これは誰にでも起きるし、つねに起きている。マインドフルネスとは、基本的に、さまよう心や集中しようとする自分の注意をたえまなくそらそうとする衝動を感じながらも、一瞬ごとに覚醒状態でいる態度を養うことである。たとえ一瞬でも、それが自分のためであっても、マインドフルネスが完全に現れるのは難しい。子育ての中でマインドフルネスを養う場合には、意図的に、ものごとを無視するのではなく、ものごとに気づいて、それに波長を合わせるように、自分に言い聞かせよう。

もちろん、考え込んで忘我状態になっている自分、気が散っている自分に気づく鍛錬の機会は無限にある。それが人間だということでもある。また、考えたいものごとや考えなければならないものごともつねにある。問題は、それをするときは今なのか、ということだ。自分が今というときから引き離されていること、特に今、何が、ここから自分を引き離しているのかに気づくことができるだろうか？　自分の思考にとらわれていることによって、見失っているものがあることに気づくことができるだろうか？　気づくことで選択肢が生まれ、「今、ここ」に戻るチャンスができる。

たとえば、子どもが部屋に入ってきたとき、意識して一瞬だけでも時間をとって、本当にその子どもを見て、その存在を認めることを忘れないでいられるだろうか？　私たちは知人にはそうするかもしれないが、自分にもっとも近い人たちにはそうしないことが多い。つねに言葉で表現する必要はない。むしろ無言で身体で表現されたときに、その人の存在を深く表すものだ。

ところで「その場にいる」ことを間違って解釈しないでもらいたい。それは、親がたえまなく子どもたちに注意を向けているべきだ、という意味ではない。それは可能なことでも、望ましいことでもない。子どもたちには彼ら自身の体験が重要だ。子どもたちは、自分に本来備わっている自主性に親が満足していることを、親から感じる必要がある。マインドフルネスを土台に子育てすること、親の在り方を養うことは、親たちが子どものまわりをつねに飛びまわって彼らの行動にたえず意見を言ったり、励ましたり、褒めたりすることでもなく、年齢相応の彼らの冒険に割り込んで助けることでもない。過剰に子どもに傾倒して親が自分を失うのは、子どもにも私たちにとっても問題だ。

子どもと一緒にいるときの親の在り方は、子どもと親の関係の質に大きな影響を与える。「在り方」を深めるには、私たちは、何度も繰り返し「この瞬間に」戻って、もっとも重要なものは何かを思い出し、本物でいよう、目覚めていよう、同調しようとする意志を、意識的に努力して奮い起こさなければならない。

本物であることは、偽らないという意味だ。感情を隠さない、感じないふりもしない。自分や子どもたちに湧き上がる特定の感情を分けへだてしない。むしろ、自分がどんなふうに感じていても、自分にとって不愉快な感情であっても、それに気づいて、それを理解し、歓迎することができることだ。だが、正直になることは、安全だと感じて成長するために感情を隠す必要があった人、感情を否定するしかない育ち方をした人の場合は、とても怖くて難しいだろう。その人にとっては、それは新しい世界、未知の世界なのだ。

私たち人間はどのように自分を制御しているかを通して、多くのことを伝えている。物思いにふけっているとき、特に心配、不安、ストレスを感じているときは、身体がそれを全部抱えている。親が緊張して萎縮していると、子どもはそれを感じる。そんなときには、現在の瞬間に立ち返って、自分の身体が何を知覚し、どういう感情を感じているかに気づくようにするといい。他の言葉でいうと、自分が体験していることを身体に気づかせるのだ。この点で、大いに信頼できるのが自分の呼吸だ。意図的に呼吸の感覚に集中すると、身体がリラックスして、気持ちがおだやかになり、そのとき起きていることをよりオープンに受け入れられるようになる。私たちが、気づきを住処とすることを学べば学ぶほど、より真実の姿を体現するようになる。そうすると、自分、そして自分が愛する人たちのために、自分を役立てることが一段と可能になる。

今より少し自分に気づいているだけでも、子どもたちが私たちをどう体験するか、そして私たち自身の体験の質に、大きな違いが出るだろう。何度も繰り返し、自分自身に立ち返る鍛錬をすることで、私たちの在り方がますます本物になってゆく。

ジャックとまめの木

子どもは、大事なときには大人に全身全霊で関わってほしい。だがそうでないとき、たとえば、自分がおもちゃや何かで遊んでいるときや、友達と一緒にいるときは、放っておいてほしいと思う。たしかにそれは必要なことでもある。

大人は、何事であっても、気持ちを一〇〇パーセント注ぐことは難しい。長時間にわたる場合は特にそうだろう。大人の心はたいてい、矛盾する衝動や思考で満ちていて、それらが私たちの注意を引こうとたえまなく競いあっている。また、大人は多くの責任を抱えている。非常に多忙だ。子どもが私たちと遊びたい、本を読んでほしいというとき、大人は応じるかもしれないが、気持ちを目いっぱい本に向けることはない。そして、子どもは敏感にそれを感じる。私（jkz）は、子どもに本を読み聞かせながら、子どもが眠ったらすぐにしなければならない電話連絡のことを考えていたことが何度もある。また、お話の本を読んでいるときに、話が進んでいるのを知りつつ、内容そのものは頭に入ってこなかったときもある。言葉から言葉へ移る間とはいわないまでも、次の行に進む間に考えていたことは山ほどあった。

あるとき、疲労が極限に達していて、目を開けていることさえ難しかったことがある。私はそのとき、一頭のライオンのお話を作って娘に聞かせていた。疲れていたせいだろう、五分後にはライオンがうさぎに変わっていた。娘がそれに気づいて、二人で大笑いしたものだ。

息子が四歳のころ、「ジャックとまめの木」が大好きだった。私に一、二回読ませたあとも別の話に移らせてくれなかった。繰り返し何度も読んでとせがんだ。私も「ジャックとまめの木」は嫌いではなかったが、七回も八回も同じお話を繰り返し読むのは苦痛だった。しかし、あるとき私は、子どもがこの話を聞くたびにまるで初めて聞くかのように体験していることがわかった。乳が出なくなった牛を売らなければならなくなるという物語の深い主題、巨人の城の中に隠れて彼の強欲さを観察している緊張感、金貨と魔法のめんどりと歌う竪琴を盗む冒険、追いかけられながらまめの木を下りるスリル、母親から危機一髪で斧をもらい、まめの木を切り倒して巨人を打ち負かす瞬間——子どもはこれらを毎回新たに体験していたのだ。巨人が部屋に入ってくると子どもの体は緊張し、ジャックが巨人を倒すと笑顔になった。

子どもの目で見ることによって、私は読むたびに完全にその場にいることを学んだ——私の大人の心の一部はそれにひどく抵抗してはいたが。その抵抗を手放すと、お話は楽曲の一節のように主要テーマの繰り返しになった。読むたびに、同じであると同時に、同じものではなかった。このことがわかったとき、私の世界は広がった。「ジャックとまめの木」はかなり長い間、私の瞑想の鍛錬に含まれた。自分がもうその場にいたくないと思うときも、その場にいることを教えてくれた。ここでも子どもは親の教師だ。フィー・ファイ・フォー・ファム〔巨人の「うおー、おー、らー」といったうなり声〕、……さあ、急いで木を切り倒そう。

おやすみの時間

「何も」起きない静かな時を家庭の中で作るのはとてもいいことだ。子どもたちがベッドに入る前、ベッドに入って眠るまでのそうした静かな時間に、人間としての成長が、難問の打開が、創造性が、打ち明け話が、つながりが、現れる。世界の動きが止まる。静けさの中で私（mkz）の娘はスケッチブックを取り出し、静かに座って、集中し、描くことに没頭する。ときには私が、彼女を想像の世界に引き込むような短いお話を読む夜もある。私たちが心を動かされる場面や思わず笑いが出る場面で、私は娘の目をのぞきこむ。また、一緒にただ座っているときもある。そんなとき、しばらくすると、彼女のほうから学校で起きたことや悩んでいることを話してくれることもある。夜の静けさはいろいろなことが浮かび上がってくるときだ。

子どもたちが小さかったときは、歌を歌ってあげたり、お話をしたり、本を読んだりした。一〇代になっても本を読んでほしがる子もいた。眠くなる前に音楽を聴くときもあった。就寝時間になると、昼間の出来事のさまざまな流れが一気に押し寄せてきて、その夜の眠りに影響を与える。

子どもは一人ひとり異なる。簡単に寝つく子どももいるし、なかなか寝つけない子どももいる。私たちは、その日のおやすみの時間をおだやかなものにしようとして、自分たちにできることはなんでも試した。だが、特に私たち自身が疲れているときにかぎって、どんなことをしても一日の平和な終わりにならないこともあった。

私たちがこのおだやかな時間を護ろうとすればするほど、いろいろな邪魔が入った。終わらせなければならない仕事があったり、翌日の予定を立てるための電話をする必要があったり、世話が必要な子どもが一人だけでないとか、年齢の違う子どもたちからの異なる要求などで、気持ちが四方八方に引っ張られた。特に年上の子どもたちのニーズはどうしても後回しになってしまった。次から次とすることがあって、まるで曲芸をしているようだった。ベッドに入るときの平和なひとときはこの中で失われてしまった。しかしそんな中で、私たちが意識して心に余裕を持ち、一〇〇パーセントその場にいる努力をして、なんとかそうなった夜には、子どもの訴えに耳を傾け、子どもがまどろんで眠りに落ちていくのを感じながら、そのひとときがどれほど貴重なものかを思い出していた。

＊

今　眠っている息子の小さな身体のそばで
私の胸にある隠れた川が　息子の川と共に流れていく
私は、彼の呼吸のリズムに合わせて話しかける

私の夜を息子の夜と一つにして　彼の夜の歌を歌う
地下を流れるそれらの水が　あたかも
魂を洗う隠れた川であるかのように

語られたことのない人生を引き出す

その人生は彼が成長したときに加わることになる流れ
彼の自負心が後方に下がるとき　静かな時の中で。

そこで彼は見つけるだろう
音符と音符の間の休符が
歌に価値を与えていることを。

デイビッド・ホワイト「夜をふり返る（*Looking Back at Night*）」
『多くの川が出会うところ（*Where Many Rivers Meet*）』より

偈《げ》と祝福

瞑想修養会や日常のマインドフルネスの鍛錬には、短詩や短い言葉がよく使われる。これは、知っているはずだが忘れがちなことを思い出させてくれるもので、仏教では「偈《げ》」と呼ばれている。朝起きるときの偈、食事のときの偈、茶を喫するときの偈、吐く息・吸う息に感謝を忘れないための偈など、日常生活のほとんどについて偈がある。これを唱えることで、つねに現実を意識し、考えにふけって自分を忘れるのを防ぐ。

だが、偈を暗記して習慣的に繰り返しても、何の価値もない。大事にして、唱えて、思慮深く扱えば非常に大きな力を発揮する。偈はとても単純で、単に記憶をよみがえらせるための言葉だが、方向を指し示すすばらしい力がある。偈は癒し、慰める。また、思い出す必要があるものを示す。ここに子どもが学校で学んできた小さな偈を紹介しよう。

太陽は私のハートの中にあって
その力で私を暖めてくれる
そして　いのちと愛を呼び覚ます
鳥の中の
動物の中の
花の中の

幼稚園や小学校低学年で、子どもたちは一日のはじまりに学級全員で毎日これを朗唱した。そのとき、この言葉を唱えながら次のような動作をした。頭上で、手で円を描き、太陽を表す。手を頭からハートに下ろして胸を両手で抱き、太陽が温めてくれる動作をする。てのひらを空に向かって広げ、温かさを送り、鳥のしぐさ、動物のしぐさをし、てのひらで花びらのカップを作って、動作を終了する。

私たちは、ハートについての小さな偈を子どもが定期的に唱えることを喜んでいた。それが心《マインド》と身体に滋養を与えることは、学校で学ぶほかの教科と同じかそれ以上のものと考えていた。この詩句を毎日朗唱することで、彼らが守られ、何か貴重なものが育てられている感じがした。それは彼らに、いのちの力と貴重さ、ハートが持つ中心的生命エネルギー——私たちが愛と呼ぶもの——を毎日思い出させてくれた。クラスで行う朝の小さな瞑想、それはハートを呼び覚まし、子どもたちにすべてのものが互いにつながっていることを気づかせる……太陽、ハート、いのち、力、鳥、けもの、花、子ども、愛……すべて分かつことができない一つなのだ。

私たちは子どもからたくさんの偈を教わった。学校で子どもたちがランチの前に朗唱する偈を、家で夕食時に家族みんなで唱えた。一つの家族として、テーブルを囲んで手をつなぎ、偈を唱える。それは私たちが、多忙だった一日から静かなつながりを感じるときへと移る方法になった。

私たちにこの食べものを与えてくれる大地
食べものを実らせ美味しく熟させてくれる太陽
愛する大地よ　愛する太陽よ
あなたのおかげで私たちは生きています
私たちは　心からの感謝を
あなたに捧げます

唱えたあとはしばし沈黙し、テーブルのまわりに座っている家族を一人ずつ見まわし、それからテーブルの上に並んでいる夕食とテーブル全体を見てこう言う。「私たちの食事と私たちの家族に祝福を」。他の人が同席している場合には、「私たちのお客さまに祝福を」と言う。

マイラが育った家でも私が育った家でも祝福や祈りの言葉を唱える習慣はなかった。そのため、そういう習慣がある場に出くわすと居心地が悪かった。しかし、私たち夫婦のどちらも、歳を重ねるにつれて、人生の中の健全なものや善いものを、意識すること、祝福することの大切さを理解するようになった。そうでなければ、意識されず、祝われずに過ぎてしまうからだ。

子どもたちが偈を家に持ち帰って私たちに教えてくれたとき、気づいて感謝する偈を心地よく感じたのはそのせいだろう。それらの偈はすべてを包み、深く感謝し、温かく抱擁する。まるでマインドフルネスの祝福のようだ。私たちは小さな詩句を口にしたあと、呼び起こされる感情にしばらく浸っていた。私たちは、長い年月の間これらの詩句が私たちの心の中の種に水をやっていたと思っている。その種は今も、私たちの家族の中で、子どもたちの中で、どこに行こうと花を咲かせつづけている。ハートの中に太陽があることを知っているのはすばらしいことだ。

これらの偈はまた、子どもたちが、表に見えるものの裏側にあるものを愛するための種を蒔いてくれたと思う。偉大な詩人たちは、裏側にあるそれを知っていて、驚くほど正確に、言葉を使って祝う。

胸に楽しさが流れてくるのがあまりに心地よくて
どうしても笑ったり歌ったりしてしまう
我々はすべてのものに祝福されているのだ　そして
我々が目をやるすべてのものは（我々の）祝福を受けるのだ

ウィリアム・バトラー・イェイツ「自我と魂の対話」

第7章

選択肢

癒される瞬間

私（mkz）はこれまでの人生で学んだことのほとんどを、親になったことから学んだ。子どもたちは今も、私が知らなければならないことを、知るべきときに教えてくれている。私は長い間、子ども一人ひとりの視点から物事を見なければならないと自分に言い聞かせなければならなかった。そうすることで目が開いて、自分が子ども時代から引きずっている偏狭でネガティブな人間関係のパターンに気づくことができた。気づくのが比較的難しかったのは、自分の子ども時代に欠如していたものを補いすぎてしまい、反対方向に極端な行動をとる傾向があったことだ。親としての決断は、自分が育った家庭に特有の力関係の中で体験したことに影響を受けることが多い。だが、自分の子どもが体験している家族の力学と、自分が体験した生家のそれには大きな違いがあることを自覚していたほうがいい。物事が起きている背景が異なることに気づけば、今実際に必要とされている、適切でバランスのとれた選択ができる。

子ども時代の自分の体験に対する理解が進むたびに、それが子育てのガイド役になって、過去の呪縛から徐々に私たちを解放してくれる。昔の破壊的思考・行動パターンが自分のなかに湧き上がるのに気づいたときには、自分の声の調子（例：子どもの感情を貶める・過小評価する）であろうと、顔の表情（例：蔑視・侮辱）であろうと、あるいは言葉（例：「それがなんだっていうのよ」。あるいは傷つける呼び方をする）であろうと、絶好の選択チャンスと考えよう。もちろん、自動的に出てくる行動、ときにはとてもむごい行動を続けることを選ぶのも自由だ。ある意味では、そのような行動は自分が育つときに体験したものであるため、違和感がないかもしれない。だが、その瞬間に立ち止まり、自分の強烈な反応の後ろにあるものをよく見るという選択肢もある。深く条件付けされている感情面の癖を持つ心の頑強さに負けないで、新しい目で、こう問うこともできるはずだ。「今自分は何をしようとしているのだろう？　どうして私はこの状況でこんなに強く反応しているのだろう？　この方向に進みつづけたら、どういう状態に行き着くだろう？　今この瞬間に子どもたちが私から本当に必要としているものはなんだろう？　今どんな選択肢があるだろう？」。

　たしかに、そんなときに、その場でハートを開くことを検討するのは大仕事である。特に、その状況から来る内面の激しさと、それまでの人生で深くしみついている習慣から、われを忘れてしまっている状態ではなおさらだ。それでも、そんな瞬間に、自分を停止させて、ありのままの今の瞬間に気づいて、自動操縦《オートパイロット》モードから目の前の事態をどうにかしようと思わないで、自分の衝動そのものを観察することができるだろうか？

　子どもたちがさまざまな成長段階を通るとき、親は、同じような時期に自分が体験した不穏な気持ちが戻ってきて、特定の状況で悩むことがある。それらは、突然衝撃的にその存在を知らせることもあれば、私たちの意識の端あたりで雲のように漂っていることもある。あるなじみの状況が私たちに強烈な反応を起こす引き金になることがあるが、その反応は子どもに対する反応というよりも自分自身に深く関係している。こうした反応の形には、子どもがしたことに対してひどい反応をする、ある特定のときだけ耳を貸さない、あるいは、恐怖・不安・不愉快さの感情がわく、などがあげられる。

そのような不穏な感情が一つでも誘発されたときには、内面の動きを一瞬だけでも止めて、その感情に耳を傾けよう。動揺が強いほど、集中することは難しいだろう。どれほどその感情が心をかき乱しているかを知るヒントは、自分がその感情をどれほどすばやく脇に追いやるかを見ることだ。最初は、その瞬間に気づいて捉えることは非常に難しいだろう。子どものときに、家族に自分の感情が大事にされず受け入れてもらえなかった場合は特にそうだ。臭いものにすばやく蓋をすることに慣れているだろう。

しかし、その感情の存在に気づくことさえできれば、その感情はより深いところにあるものを示すヒントとなる。だが、同じような感情を起こす体験を何度もしたあとにしかその重要性を理解できないかもしれない。時間をとって内面の動きを止め、呼吸をして、どこにその感情があるかをつきとめ、感じて、感情が身体に与えている緊張を感じよう。少なくとも、自分が今も、昔の体験という呪いに影響を受けていることを理解するチャンスを自分に与えよう。そうすれば、それに気づいたことによって呪文から目覚めて、より本当の自分から来る自分独自の対応をするようになる可能性がある。

私たちが、自分を取り戻して道筋を変えることができた瞬間に、これまでとは別の行動を選択して子どものニーズに足並みをそろえる行動を選んだ瞬間に、私たちの中で変容と癒しが可能になる。そうして癒される瞬間が訪れる。

親が子どものニーズにこのような方法で敬意を払うことを選ぶとき、親は、自身の子ども時代に叶えられなかったニーズにも敬意を払っている可能性がある。冷酷にならないでやさしくすることを選ぶとき、私たちはやさしさを体験する。やさしさが現実となる。ぶたれた子どもだったなら、相手を攻撃したい衝動がわきあがったときに別のもっとよい解決法を選ぶことによって、深い満足感を覚えるはずだ。誰からも守ってもらえない子どもだったなら、思いやりを持って子どもを守ることで、自分が安全を感じ、深い安心感を覚えることがわかるだろう。

昔は役に立ったかもしれないが今は役に立たない、自分を守るための感情で作られた鎧を捨てて、もっとオープンで思いやりのある、子どもの気持ちがわかる親になる道を選ぶのは、どんなときも可能だ。そしてこの過程で、自分の子ども時代がそうであったような体験をするだろう。だがもっと重要なことは、自分の子どもたちとばかりではなく、自分自身とも、今という瞬間の本質的な自由とつながりを分かち合いはじめることだ。ネガティブなサイクルを破壊することを選ぶことで、無条件の愛という魔法の杖が私たちに触れる。そして、ネガティブなサイクルを一回破壊するたびに、一体性《ホールネス》と自己の解放に向かって一歩前進する。

＊

あるとき若い母親から次のような話を聞いた。

二番目の子どもが生まれたときに起きたあの瞬間のことは、今でも鮮明に覚えています。私の両親がその日、赤ん坊を見にきました。そのとき上の子どもは三歳でしたが、赤ん坊だけが注目を浴びているので、娘は機嫌を損ねて乱暴なふるまいをしていました。私の両親は顔をしかめ、彼女をとがめて、「もっとお行儀よくしなさい」と叱りました。その瞬間に、私は次のことをはっきりと理解しました。それは、孫たちや娘の私が行儀「よく」「よい子」をしているかぎりは、両親の目にはよい人間に見えるけれども、両親が「受け入れ可能な」行動から外れたふるまいをしたり、「ネガティブ」な感情を表すと、裁きが待っていることでした。このことがわかったので、私は親の前で娘を守りました。これは私にも娘にとっても癒された瞬間でした。私は子どもに共感しました。娘の味方になって、彼女の信頼を裏切りませんでした。あの瞬間、物事がどう「見える」かとか、「波風を立てない」ことより、私には娘のウェルビーイングのほうがずっと大事でした。

子どもが、自分の感情を退けられる、無視される、物笑いのたねにされる、軽視されるとき、その瞬間に体験したことは、大人になっても忘れられないものだ。そのときのやりとりは、些細なこと、取るに足らないことに見えるかもしれない（「どうしてそんなに真面目に取るの?」「何を大騒ぎしているんだ?」）。だが、それは少しも些細なことではない。それが何度も繰り返されると、その影響で、自分に対する自信と信頼が損なわれる可能性がある。

感情を無視するような反応や行動をする傾向が自分にあると気づくことができれば、こうした悪癖をなくすことができる可能性がある。そのようなことが起きた例を紹介しよう。ある母親が、学校が終わったあと、九歳の息子と彼の友達を車に乗せて運転していた。彼らは家で一緒に遊ぶことになっていた。友達は息子に休みなく話しかけていた。息子のほうはいつになく静かで、時々返答してはいたが不機嫌で無口だった。母親は息子の無愛想な態度を叱って、友達が家に遊びに来てくれることはとてもありがたいことなのだと教えた。息子は家に着いて友達と一時間ほど遊んだあと、完全にキレてしまい、大声を出して蹴って泣き叫ぶという状態になった。同時に母親も息子に憤慨して怒った。母親は、あとで何が起きたのかを考えたときに、ようやく、自分が育った家では行儀よく礼儀正しいことがいちばん重要なことだったと気づいた。息子が不機嫌なときに、友達が来てくれるのはどれほど幸運かを説いたことは、つまりは、息子に対して、感情に蓋をして、「友達を歓迎して喜ばせなさい」と言ったことになる。母親は、友達の感情と自分の感情を気遣っていたが、息子の感情には気遣いをしていなかった。

母親はまた、息子の感情を思いやる行動をとることができたはずだったことも理解した。たとえば、見ている事実をそのまま言葉にする（「あなたは今日とても無口ね」「友達と話さないね」など）ことで、息子がそのとき感じていたと思われることを認めることは可能だった。その上で彼らに、車中で静かにするように提案することも可能だった。また、家に着いたときに、自分が気づいていた状況をふまえて遊びの種類を選ばせることもできた。しかし、彼女はそうしないで、自動操縦モード《オートパイロット》の行動を取った。その行動は彼女がなじんでいる昔からの習慣で、子どもの感情が「ポジティブ」で礼儀正しくて友好的なものでない場合は拒否することだった。

これも同じ母親の話だが、あるとき、息子を自分の母親のところに連れていったことがあった。祖母はこれまで孫に二、三回しか会ったことがなかった。祖母は同じ時間に自分の友達をわざと招いて、孫がいる間ずっとその友達とのおしゃべりを楽しく続けた。子どもにはおもしろいものが一つもない部屋の中で、彼は飽き飽きして落ち着かなくなり、部屋中を走りまわって家具にぶつかった。母親は息子を静かにさせられない自分が恥ずかしくて、息子を外に引きずり出して家に連れ帰った。母親は激怒していて、彼の行儀の悪さと、やめるように言われても聞き入れなかったことを強く責めた。息子は母親を見て、嘆願するようにこう言った。「でも、おばあちゃんはぼくに話しかけもしなかったんだよ」。

母親は、はっとして、自分が子どものときに体験したのと同じ状況に息子をおいたことを悟った。彼女は小さいとき、自分の感情とニーズを母親がどれほど無視しても、つねに礼儀正しく、愛嬌よく、思慮深いふるまいをすることを期待された。今母親になった彼女は、自分の母親が孫と心を通わせる努力を少しもしないことをはっきりと見ることができた。孫とふれ合おうともせず、どうしたら孫が喜ぶのかを考えることもなかった。それなのに彼女は、自分の母親に怒らないで、息子に怒った。それは、彼女自身が子どものときに見慣れた場面の再演だった。しかし、一つ違ったのは、彼女の息子は、祖母が彼を無視していることを知っていたことだ。一方、母親である彼女は、息子に指摘されるまで気づかなかった。これは、私たちが自分の子どもから学ぶ方法を示す二つ目の例である。

のちに、この出来事全体を振り返って、母親はこう言った。自分の母親が変わるのを期待するのは現実的ではないと思う。だから次に母親のところに行くときには子どもが遊ぶものを持っていくか、公園で母親に会うか、または母親に「自分の」家に来てもらうことにすると。彼女はもう一つ、息子との信頼を再び築くためにとても重要なことを行った。息子が困難な状況でつらい思いをしていたときに怒ったことを謝罪したのだ。これは、息子の体験を理解し受け入れたことを、彼に伝えることができたということだ。このことは、母親に対する彼の信頼を強めただけでなく、彼が自分の感情を信頼する後押しをしたことになる。

どんなに子どもたちを愛していて、最高の親になりたいと思っていても、自動的に反応したことによって不和や断絶につながることがある。だが、そういう避けがたい瞬間も人生のうちだ。つねに、「今、ここ」に気づいていることは実際には不可能であり、望ましいともいえない。大事なことは、自分が遭遇する、あるいは自分で作ってさえいる、対人関係という難問の舵取りを自分ができると知ることである。同時に子どもたちは、苦しい一時の仲違いを、それを認めて対処して修復することが可能なもの、と見るようになる。マインドフルネスは、理想的状態でもなければ、最終的な状態でもない。それは、「マインドフルでない」瞬間も、いや、そうした瞬間こそ含めて、実際に展開している物事に対してどう生きるかという道、プロセスである。自動的な反応のあとには自分を裁く気持ちや後悔の気持ちがわくことが多い。どの瞬間も、自分の自動性や恐怖や期待、それらが持つ現実的な影響に、やさしさを持って対処するチャンスであり、そこから学ぶ機会である。

ときには、自分の行動が相手を傷つけるものだったことを認めて、詫びなければならないときもあるだろう。だが、謝罪しようと思う衝動そのものが、容易に自動的なものになってしまうこともある。それならば、静かに起きたことを自分の中で認めて、今の瞬間が持つ複雑さにもっと気づくようになろう、受け入れようと決心するほうが有意義かもしれない。また、自分を取り戻したなら、立ち止まって、呼吸を意識して、再び身体につながり、子どもに、「もう一度やり直そう」と言うこともできる。

自分が育った家庭の、偏狭で破壊的だった思考や行動の型に気づくことは、また、子どものときに体験した悲しさや怒りや疎外体験に気づくことは、非常に苦痛を伴う過程であるものの、とてつもなく有益でもある。この気づきは、子育ての中でより賢い選択をするために役立てることができる。

親とは、子どもとは？

生きているかぎり、ある程度の苦痛はつきものだが、ほかに、自分が自分に対して与えている苦痛、自分が他の人に与えている苦痛がある。それらは意図的に作られたわけではなく、無意識から、無知から、満たされない感情的ニーズから来ているもので、子どものときに自分が育った家庭の中で、自分がどう見られ、どのように扱われたかによって、生じていることが多い。ほとんどの家庭には、すでにある苦痛に余計な感情的負荷や束縛を重ねて、それ以上の苦しみを愛する家族に与えないためにできた、無意識で一生吟味されることがない習慣がたしかに存在している。この部分に焦点をあてるには、自分の生家の、どこにも書かれていない、言葉にもされていない感情に関するルールについて内省し、それがどう自分に影響を与えたかをじっくり考える必要がある。

ある友人はかつて私にこう話した。自分は、科学者である父親の仕事について話すときだけ、父親から「見える」人間になったと。彼女は医学部進学課程の単位を落としたときにはじめて、自分が本当に好きな道を歩いていないことに気づいたという。その後、彼女は父親の強い反対にあいながらも芸術活動に二四時間打ち込むようになった。父親の暗黙のルールは、「父親の自分が価値あると思うことをおまえがしているかぎりは、おまえを喜んで認めよう」というものだった。

暗黙の感情のルールは家族によって異なる。両親の感情的ニーズが優先されている家族、感情的ニーズが完全に無視されている家族などさまざまだ。人間関係における暗黙のパターンの多くは、もっとも権力がある人間（たいていは一方の親、または両親）のために設定されている。子どもに罪悪感、恥、献身、義務、責任感などを感じさせる要請はすべて、陰湿な人間関係パターンを維持する目的で、子どもを操作したり強制するのに使われている可能性がある。そこには、子どもが自分の感情やニーズを持つ余地も、表現する余地も、ほとんどない。

親によっては、自分の傷や苦痛を通してしか親しみやつながりを感じられない人たちがいる。彼らは無意識に、自分の子どもに自分の痛みを共に感じてほしい、自分たちに代わって苦しみを負ってほしいと願っている。この場合は、親子の間で名状しがたい同調が起きるだろう――親たちが意識していることと意図していることの裏で。その中で子どもは、たいていは何も言われなくとも、親の感情的ニーズに合わせることを学ぶ。そこでは親が共感して子どもに思いやりを持つのではなく、子どもがその役を担って、親たちの感情や問題やストレスに共感することを期待される。子どもは圧倒的に「他人に関心を向ける」ようになり、親の腹心として、共感的な聴き手として行動する。こうして、子ども自身の感情やニーズ、欲求は埋もれてしまう。息子や娘は、「よい息子」「よい娘」になるかもしれないが、彼ら自身の感情、彼ら自身の内なる自己は犠牲にされる。その結果、彼らは、自分という人間でありつづけるために、自己破壊的行動、家出、感情的に孤立し人と距離をおくなど、何か極端なことに走る必要があると感じるかもしれない。

子どもたち生来の感情的知性〔心の知能指数とも呼ばれる。自分や他者の感情を正しく理解し、対応する能力。この能力は、対人関係や良いコミュニケーションを築く上で不可欠である〕が発達するためには、どんな感情であっても、その感情が何を要求していても、ある程度彼らが自分の感情に気づくことと、それを受け入れることが重要である。子どもが小さいときは、私たち親が、自分たちが感じているものや見ているものを言葉にすることでこれを学ぶことができる。たとえば、「あなたは今すごく欲求不満があるようね」「疲れているみたいね」「怒っているのね」「辛抱できないんだね」「ジョイはすごく悲しそうだね。どうして彼は悲しがっていると思う?」などだ。また子どもは、親たち自身が、自分の感情とニーズに気づいてそれを彼らに伝えることからも学ぶ。こうした過程を通して、彼らはゆっくりと、自分の感情を効果的に伝えるにはどうしたらいいかを学び、自分が何を必要としているかについても理解する。また彼らは、まわりの人たちからの思いやりのある、感情を込めた敏感な反応から、非常に益を受ける。そして、こうした過程を通して、時がたつうちに、自然に他の人たちの存在に深く気づくようになる。対話をする、とはどういうことなのかを体験しはじめ、「他の人」という感覚を感じるようになる。自分が話して相手が聴く、相手が話して自分が聴くという体験である。また、うまくいけば互恵性というものを直接に体験しはじめる。彼らは、自分の感情とニーズに耳を傾けてもらい応じられることで、そして、他人を信頼することができることで、十分に互恵性ある関係を持つために必要なスキルを発達させることが可能になる。ただしこれには時間がかかる。私たちの多くにとっては一生の仕事だ。

感じ方や物事をどう見ているかを、親に自由に話しても安全だとわかると、子どもが親に反論するようになるのは自然のなりゆきだ。だが、彼らが物事の中で自分に責任がある部分を認め、自分の行為に責任を取ることができるまでには長い時間がかかる。それまで親には多大な辛抱が求められる。実際私たちも、これができるのはそう簡単ではないことに気づくときがあるはずだ。

ある男性が父親に、自分と父親の関係について、心が痛み悩んでいるという手紙を書いた。父親がこう返事をしてきた。「ひどい手紙をくれたことを許してやる」。つまりこの父親は、息子が書いたことにいくばくかの真実があるかもしれないことさえ否定したわけだ。息子に許しを乞うどころか、息子が気持ちを伝えたことを、罪でもおかしたかのように許しを施した。もしこの父親が息子の痛みに耳を傾けることができて、息子の気持ちを理解できないながらも、多少なりとも思いやりを感じることができたならば、癒しには遠くとも、息子の傷の程度はもう少しましだっただろう。父親は次のように書くこともできたはずだ。「君の気持ちはよくわかった。私が君に与えたかもしれない苦しみを思うと、とても悪かったと思う。君がよければ、ぜひ会いたい。そして、何が起きたのか、その中で自分が何をしたのかを理解したいと思う」。

＊

「完璧な結婚」から背を向けて、レズビアンであることをカミングアウトした女性は次のように語った。「母親を失いたくはありませんでした。でも私の選択肢は、彼女を失うか、自分を失うか、しかなかった。自分を失うことはできませんでした」。

＊

大人になった二人の姉妹のうちの一人が、母親についてこう話した。「私たちは、彼女を、〝本当の〟母親だと思っていません。あの人は、母親らしいことをしないから。私たちが〝彼女の〟母親みたいに感じます。彼女はいつも、私たちのすることは足りない、彼女を十分に愛していない、十分に感謝していないと思わせます」。

両親はあなたに何を期待していただろう？　あなたは家族の中で、感情面でどんな責任を持っていただろう？　あなたの親はどんな面で子どもを重視していただろう？　あなたのどんな基本的ニーズが、どういうふうに満たされていただろう？　社会一般と違うふるまいをする余地はどの程度与えられていただろう？　家族の中で人間関係の質に責任を持っていたのは誰だろう？　状況を改善しなければならなかったのは誰だろう？　誰が誰を養い育てていただろう？

私たちは、自分が大人として精神面で重荷を背負っていることに気づくことがある。この重荷には、長年の間にそれを背負う習慣をつけてしまった、本来は自分のものではないものがたくさん入っている。それらは、両親の苦しみ、彼らの期待、彼らの失望、彼らの秘密、彼らの怒り、彼らの傷などだ。これを背中から下ろすことを考えただけでも、自分の力不足や罪悪感を感じてしまい、感情が麻痺して、動くことができなくなる。重荷を下ろしたら「悪い」息子や娘になってしまうだろう。そんなことがどうしてできるというのか？

そしてようやく、長い間押しつけられていた役割——習慣と罪悪感と恐怖からしてきたにすぎない役目から降りようとすると、昔からの暗黙の感情的反応のルールに沿った行動を拒否しようとすると、たいへんな騒動が起きるだろう。

昔からの、なじみのある心地よい人間関係のパターンを捨てて、個人として精神的に独立しようとすること自体が大きな裏切りと受けとられるだろう。もしかしたら猛烈な抵抗と批判を浴びるかもしれない。日常生活において感情的反応のパターンを新しくするには、とてつもない勇気と根気が要る。

だが、自分が負っている荷を降ろして、新しい、自分にもっと適したバランスのとれた人間関係のパターンを作るのに遅すぎるということはない。そしてこの過程は、私たちが自分の子どもに対して持っている暗黙のパターンと期待をはっきりと見せてくれるかもしれない。不要な精神的重荷の全部からとはいわないが、自分と子どもたちを解放できる力は誰にでも備わっている。誰でも、もっと軽く、もっと自由に、もっと真の自分に近づくことは可能だ。

子どもは自分のニーズを満足させるためにいるのか、その反対なのかを時折自分に問うことは有益である。子どもが小さい間は、時とともに変化する子どものニーズを満たすのは、明らかに親の仕事である。また、子どもたちが成長していくときには、彼らが自身のニーズをつきとめてそれをどう満足させるかを学ぶ過程を、気づきを持ってサポートすることもできる。健全で感情が統合された大人になるためには、自分のニーズを知りそれを満足させる能力があることが鍵である。もう一つ重要な面は、親の私たちにも自分たちのニーズがあることだ。親が、より大きな自己認識を養うこと、いつ・どのように自分のニーズを子どもにわかるように伝えるかを学ぶことは、彼らとの健全な関係を持つために重要なことである。

子どもが成長したあとも、親が彼らを支援し理解することが必要なときや、可能な範囲で援助をすることが必要なときがある。子どもとの間に意見の不一致や亀裂があるときは、そこに痛みや時間的へだたりや傷があったとしても、私たちの側から勇気を出して成長した子どもに近づき、傷を癒して再びつながる方法を見つけられないものだろうか？　これはすべての事例で可能なわけではないかもしれない。だが、私たちにできるのは、試みることだけだ。私たちは、健全な方法でもう一度つながろうとする気持ちを持ちつづけるしかない。場合によっては、子どもたちがそうしたいと思うまで待たなければならないときもあるだろう。

子どものときに感情面で必要なものを親たちに満たしてもらえなかった人の場合、心理学の研究が示しているように、自分にも子どもたちにもそれを与えることが特に難しいとわかるだろう。このサイクルは世代から世代へと繰り返される。この悪質なサイクルを終わらせるには、一瞬一瞬、気づきをもって取り組むしかない。

子どもが大きくなっても、私たちからの支援を続けることが必要なときがある。また、私たちが歳をとったときには、私たちが彼らの支援を必要とするときが来るだろう。与えること、受け取ることという人生のサイクルは、時の経過とともに変化しつつ、私たちすべてを育んでいる。

＊

私の手は、怒りで震えながら、やさしく世話をされたがっている子どものほうへと伸びた。だが、その子を荒っぽく扱う代わりに、私の二本の手は、彼女の体を、やさしく抱きしめた。私はまるで自分の体が大きくなったように感じ、深い息をしながら、彼女を引き寄せる。緊張が去っていく。この瞬間、私は、薄くなって擦り切れた私の我慢ではなく、私の母の忍耐を与えられていた。これは遠い昔に母がくれた贈り物。母の手が私の中にそれを降り注いだのだ。母が私を慰めていた長い時間、母が私の弟や妹を、揺すり、お乳をあげて、やさしくしていた深い静けさは、目に見えないけれども、私の中に入ったのだ。この贈り物は、巣の中の小鳥のように、一生私の中にあるだろう。私の手がその羽のやさしい強さを必要とする機会を待ちながら。

ルイーズ・アードリック『アオカケスのダンス』

家庭の価値観

家族の中で私たちが価値をおくものは、時とともに変化している。だが、概してその中には、つながっているという感覚——避難所であり養い育てる場であり、一人ひとりがありのままの人間として知られ、受け入れられる、大きな愛情ある全体の一部である——が含まれている。また基本的に、積極的に困難なときを乗り超えようとする意志と、互いに正直で尊敬しあおうとする姿勢がある。

これは何もしないで単に起きるわけではない。私たちの価値観を反映する家庭文化〔その家独特の慣習、流儀、考え方〕を築き、維持するためには、一定の内面作業《インナーワーク》とそれを補完する外側の作業《ワーク》が必要だ。子どもたちが成長し、私たちも親として人として成長し変化するにつれて、家庭の形は変わる。社会の変化も私たちに深い影響を与える。そしてあるとき、子どもたちは生まれ育った家庭の文化を離れて自身の家庭文化を作る。

気づいているかいないかは別として、どんな家族も独特の文化を発達させる。マインドフルネスを土台とした子育ての課題の中には、自分の家庭文化特有の性質に気づくこと、そして、親としての自分の価値観を反映し体現する選択を、意識的にしようとすることも含まれている。

「家庭の価値観」についてはこれまでさまざまに議論されてきたが、ほとんどの議論は、「よい」家庭を構成するものについて、視野が狭く、政治色の濃い、道徳主義的な考え方の中で議論されている。

そもそも「価値（value）」という言葉は、「優先権を与えられている」という意味であり、優先するものが家庭文化のトーンを決めることになる。そういう理由から、「家庭の価値観」は単なる理論上の概念ではない。実際に実行されないかぎり、何を考え、何を信じ、どんな規律があろうと、それらは少しも重要ではない。

個人的価値観や集合的価値観は、私たちの日常の行動によく現れている。このことを知っているか否かに関係なく、私たちは自分が優先するものを具現化しているのだ。そういう意味で、自分がすでに体現しているものすべてを、判断するのではなく、調べて受け入れる精神を持って、意図して気づくのがいい。もしも家庭の中で、自分の行動や自分が優先するものの中に心地よくないと感じる面が見えるときには、次のようにすることをすすめる。ひとつは、マインドフルネスの鍛錬とマインドフルネスを土台とした子育ての精神を持って、自分が大切にするものをしっかり反映する新しい優先順位を築くには何が必要かという視点で全体を見ること。また、こんなふうに自分に問うのもいいだろう。「私たちにとって、もっとも大事なことは何だろう？　親として、何をもっとも大事にしているだろう？　家族で最優先するもの、実際の選択や行動に際して私たちが適用する、最優先事項、基本方針はあるだろうか？」。

私たち著者は、愛と思いやりを表現する基本的方法として、自己統治権（sovereignty）、共感、受容、気づき、を重んじている。ここからは、二次的な価値観として敬意、やさしさ、誠実さ、責任、柔軟性、自律性、プライバシーなどが現れる。私たちはこれらの価値観を体現する生き方をしようとベストを尽くしている。もちろん、自分がこれらの価値観とはまったく相入れないような行動をしていると気づくこともある。気づいたときには、苦痛ではあるが、何が起きているのかをよく見て、基本としている価値観にもっと合致する行動を取るよう、努力を新たにする。これが、マインドフルネスを体現するという鍛錬だ。

また、平和と調和も私たちが大切にしているものだ。だが、家庭生活には平和と調和からほど遠いときがある。私たちの体験からいうと、平和と調和は、他の価値観以上に子どもに押しつけるべきではない。むしろ手本を示すことで、励まし、養い、育てるしかない。これには、親の側に、時間とともにこれらの性質が根を張って大きくなるのを待つだけの忍耐と信頼がなくてはならない。ただし自分たち親が模範的な人間だとか「完全な親」だという意味ではない。もっとも大事なのは、自分自身の気づきに取り組む〝過程〟に真剣に向かっている私たちの姿勢である。子どもたちは、親も人間であること、過ちを犯すことがあることを知り、親が過ちを認めるのを見ることによって、価値観と人生について大事なことを学ぶと私たちは見ている。

⁂

親たちが作りだす家庭内の感情的・物理的環境は、家庭の価値観が発展しつづける土台である。家庭生活のこの側面にマインドフルネスを持ち込めば持ち込むほど、子育てに関する決断が、その家庭の深い内面的な価値観を反映したものになるだろう。

わが家で、私たちが大事に考えている家庭の雰囲気と文化の一つは、家が安息所と感じられることで、家は外界の刺激の爆撃から避難する場所である。ここでは私たち親の価値観が家庭の雰囲気の基調になっていて、大衆文化の表面的で熱狂的で物質主義的な価値観をやわらげる作用をしている。

家族で行うリチュアル〔儀式のように決まって行う日常の行為〕は家庭文化の重要な部分だ。リチュアルは、心地よい雰囲気を作って家族の一人ひとりをそのときその場に落ち着かせる力を持っており、家族間の絆を強めてくれる。家族のリチュアルが意味あるものになるかどうかは、私たちがそのリチュアルの一瞬一瞬に込める意図と意識がどういう性質を持っているかによって決まる。

どんなことも家族のリチュアルになる。朝に子どもたちを起こすこと、彼らの靴ひもを結ぶこと、髪をとかすこと、髪を結うこと、お風呂に入ること、夕食を共にすること、夕食の食卓にキャンドルを灯すこと、お祈りを唱えること、一緒に歌を歌うこと、冬に火のまわりに座ること、寝る前にお話をすることなど、どれもリチュアルにすることが可能であり、家庭生活を豊かにするのに役立つ。ただしその前に、人間的でアナログなすばらしい時間を過ごすために、インターネットを意図的に切るリチュアルも加えるべきだろう。

家の中の物理的環境を整えるリチュアルを作るために、マインドフルネスの気づきを使うこともできる。家が清潔で整頓されていることがつねに最優先されるべきとは思わないかもしれないが、家が汚れていて乱雑だと家族全員の気持ちが影響を受ける。これは外観のための整理整頓以上のものである。家を清潔に保つ仕事を分担するのにマインドフルネスを使うといい。日常生活のさまざまな仕事は、自分が必要とされて役立つという感情を子どもに与えるリチュアルになる。小さい子どもでも、ちょっとした仕事を与えることで親や兄弟のそばで働くことが可能だ。一緒に料理をする、一緒に皿を片づける、一緒に洗濯物をたたむ、などは、どれも、年相応に参加できる仕事だ。彼らに期待されていることを、明確に、一貫性のあるものとして伝えることで、家の中の整理整頓と掃除が家族のリチュアルになり、家族全員で仕事を分かち合うことになる。新しいはじまりの準備が家に整う。

もう一つ私たちがわかったことは、親は、家族全体に対する気づきを養う必要があることだ。それぞれの子どものニーズについてじっくり考えるときと同じように、家族を一つのものとして意識の中に包み、一つの家族としてのニーズを考えることで、家族全体が養われる。また、家族そのものが注意を向けられることを必要としている場合もある。そういうとき私たちは家族全員を集める。目的としては、特定の問題を確認して解決するため、互いの様子を確かめるため、みんなで楽しむためなど、いろいろある。時がたつにつれて、家族という全体の一部という共通の感覚が子どもの中で発達する。子どもたちは、自分の家庭の雰囲気と文化から、また、社会との交わりから、自然に、独自の幅広い社会的価値観を形成する。すでに述べたが、平和と調和を家庭の中で押しつけることができないように、寛容、慈愛、非暴力、平等、多様性の価値などを、教訓や強要によって教え込むことはできない。子どもたちは、他の人の中にそれを見て、また、私たちがそうした価値観を体現することで、そのような性質を直に体験する。

*

ある友人が私に、次のように話してくれた。

息子はニューヨークの郊外で育ったのよ。私は息子が小さいころに彼の父親と離婚したから、人生で大事だと信じている価値観を子どもに植え付けるのは、自分しだいだと感じていたわ。人種やその人の境遇に関係なくすべての人に敬意を払うという価値観もその一つだった。ニューヨークの街は息子が育ったころとはまったく違う。今は、彼が生活している地域にも他の地域と同じようにホームレスの人たちが住んでいるの。彼らはしつこいほど物乞いをすることもあるし、何もしないで建物の戸口で座り込んだり寝転んでいるときもあるわ。あるとき、冬の夕方、私は彼のアパートに向かって急いで歩いていた。近くのレストランで食事をしようと誘ったの。彼のところに行くのは私にとってはとても貴重な機会で、まれだと感じていたけど息子にはちょうどいいって感じ。ただ、二三歳になった息子が大人の生活を築くためには、そうでなければならないこともわかっていた。

息子が住んでいる建物に近づいたとき、一人の女性が道路脇に座って、戸口の右側で物乞いをしているのが目に入った。私は彼女から目をそらしたけど、身体は緊張していた。その人が目に入らないふりをして建物に入ったわ。これから息子と夕食を楽しもうとしているときに、苦しんでいる人がいることに気づきたくなかったたってわけ。

まもなく息子と私は一緒にエレベーターで下に降りて、出口に向かった。二人で、近くにたくさんあるレストランのどれに入るかを決めようとしていた。その夜はゆっくりと食事をしながら息子とおしゃべりを楽しむつもりだった。

私たちが建物の入り口から出たとき、息子が歩道に座っている女性に近づいていった。ちょっと前に私が彼女を避けるためにいろいろと意識して努力した同じところ。驚いちゃったわ。息子はポケットから小銭を出して渡すと、彼女に向かって、「ぼくの母です」と私を紹介したんだもの。私が目を向けると、彼女は、温かで率直な笑い顔をしていた。私たちはお互いを見てこう言ったの。「こんにちは」。

息子はその人を、ふつうのひとりの人間として見ていいとわかってた。彼女は単にひどい状況に陥っているだけで、やさしくするべき人だというわけ。

私はずっと、息子に、例外なくすべての人の中に共通した人間性を見るようになってほしいと思っていた。そして、彼はそうなった。あの夜私は、自分がどこかに置き忘れた価値観を息子から教えられたことがわかってすごく感動した。だってそれは私が以前彼に教えたことだったから。

消費者として

今日の過剰な消費文化の中で、私たちは、赤ん坊や幼児が、生身の人間とのふれあいを通して世の中を体験するのではなく、物を通して体験するようなものを購入しがちである。しかし、少しでも気づきがあれば、それが羅針盤となって、私たちに任せられている難しい選択を正しい方向に導いてくれるだろう。店頭に陳列されている多種多様な製品には、子どもを小さいときから楽しませて学習を促すものや、子育てを容易にするものが山ほどあるが、どれも成長してゆく子どもに欠かせない、人間同士のふれあいに代わるおそれがある。

例をあげよう。赤ん坊はちょっとの間だけ人に抱かれて運ばれたあと、車のチャイルドシートに乗せられる。目的地に着くと、チャイルドシートごと買い物をする店の中に運ばれる。買い物から帰宅したあとはベビーベッドに入れられるか、ベビーチェアの中だ。そのあとはベビーカーで散歩に連れ出されるかもしれない。これでは、赤ん坊はほとんど一日中無機質なものの中に入れられて、それに触れながら、受け身で過ごすことになる。そのうえ彼らの世界を占めている周囲の物音は、テレビかラジオ、ゼンマイじかけのおもちゃだ。親たちの側に何らかの気づきがないかぎり、子どもの環境は簡単に、過剰に実用本位で、無秩序で、肉体を感じられないものになり、子どものニーズではなく親のニーズに合わせたものになってしまう。

親の仕事が終わるまで、子どもを遊ばせて時間を過ごさせるために物に頼っているのは、子どもに、無意識に、この世に積極的に関わらないで受け身になれと奨励しているようなものだ。たとえば、ずっとベビー用自動ブランコに乗せておく、お話の音声アプリをずっと聞かせておく、テレビなどの画面の前に長時間ほうっておく、といったことがそうだ。これら「子どもの占領者」は、子どもたちを、力がわいてこない状態、つながりが切れた状態にする。それは本質的に、物に規定され、制限されている状態である。

もちろん、一日のうちには、子どもの世話をしながら他のことをしなければならないときもある。これは自然な生活の一部で、するべきことをしている親を子どもが体験するのは大切なことだ。その上で、もし私たちがマインドフルネスになって、子どもの年齢や気質、家の環境、終わらせる必要がある仕事などを含めて、自分がおかれている状況に気づくならば、たいていは、自分が仕事をしている少なくとも一定の時間、子どもの安全を保ちつつ子どもに関わる方法を工夫して見つけることができるだろう。

たとえば、幼児や赤ん坊の場合は、私たちが仕事をしている間、おんぶ紐やだっこ紐を使って運ぶことができる。もっと大きい子どもは、私たちの目の届くところに囲った空間を作れば、安全に動きまわることができる。子どもたちはその中でハイハイしたり、伸び上がったり、ゴロゴロできる。制約されないで自発的に動くことで、自分の力を自由に表現できる。転んだときのためにクッションを床にしいて、ボールやソフトブロックを用意したり、登れる場所を作れば、たちまち安全な探検スペースになる。これはまた、赤ん坊や幼児に、時折フラストレーションを体験させるという大事な機会にもなる。大人が物事を「修繕」しようとして余計なことをしなければ、彼らは発達段階に適した難題を乗り越えることを学ぶ。これは親にとって、難しいが、価値のある鍛錬だ。

これまで見てきたように、子どもと直接に会話をしているかどうかにかかわらず、彼らは私たちの存在とその質を感じている。親が一度にいくつものことをできるようになることは可能だが、重要なことは、柔軟に注意を注ぐことと、子どもだけでなく自分の身体と精神状態を含む広い範囲に意識的に気づくようになることだ。子どもたちには、親の状態が、かたくなか、怒っているか、あるいはオープンで柔軟でやさしいかを感じる力がある。私たちには、どんな瞬間でも、自分の状態に気づいて調節する能力が備わっている。ストレスを感じたときにはいつも、呼吸に、体の中の感覚に立ち返り、すべての瞬間にある豊かさを思い出そう。

＊

子育て用品を購入するとき、何を選ぶかはとても重要だ。最初は小さく無害な決断に見えることでも、徐々に子どもとの貴重なふれあいの機会を排除していくかもしれない。その結果、子どもは親から与えられるはずの、ある種の糧を受け取る機会を失うかもしれない。子育てを少しでも楽にするために手に入れるその製品が子どもにとってどんな体験になるのか、親と子どもの関係にどういう影響を与えるのか、選ぶときに意識してほしい。

たとえば、私たちが赤ん坊をベビーカーに乗せるとき、それほど意識してはいないと思う。子どもにとってそれがどういうことなのかを考えれば、ベビーカーの種類によっては、子どもがまわりの世界に無防備な状態でさらされていると気づくだろう。他の人間の身体、音、動力《エネルギー》など、あらゆる種類の刺激が赤ん坊に直接に襲いかかってくる。予想不可能な刺激が、少しも弱められないでそのまま生まれたばかりの赤ん坊に向かってくるときに、その子は、自分がいちばんよく知っていて自分をこの世界につなぎとめてくれるもの、すなわち親から物理的に離れているのだ。子どもは一人ひとり異なる。親は、自分の子どもがまわりの世界にもっと触れてもいい準備ができたときには感覚的にわかると思う。

赤ん坊をおんぶ紐や布製のだっこ紐で、私たちが身体で運ぶこともできる。そうすれば、彼らは世の中に出ていながら、同時に親によって世界から守られていることになる。子どもの年齢や気質によっては、子どもが前向きになる布製だっこ紐でさえも、視覚的刺激が強すぎて、繊細な神経を疲れさせるかもしれない。正しい選択はひとつしかないわけではない。マインドフルネスを土台とする子育てとは、私たち自身が見て知覚して感じることに基づき、自分自身の行動に気づいて調整することを続けていく道である。

親によっては、それほど長く歩かない場合は、よちよち歩きの子どもを励まして歩かせる親もいるだろう。そして、それがたちまちふつうのことになる。さらに、おんぶ紐で両親の背におんぶされる子どももいるだろう。これだと、子どもは親の身体の動きと温かさを感じ、手を伸ばして親の顔や髪に触ることもできる。子どもの顔と他人の顔が同じ高さになるので、親の肩越しに他の人とコミュニケーションをとることができる。恥ずかしいと感じたら親の背に顔をうずめることもできる。また、この間ずっと、子どもの足は足置きの上に乗っているので、その上で身体を上げたり下げたり、伸ばしたりできる。この方法で運ばれるだけで、子どもは安心感を感じると同時に、まわりの世界から感覚を刺激される、自分に対応される体験をする。

さて、ここに述べたことを選択するのは、その時期のことだけを考えると、親に熟慮と手間が要求される。しかし、実行すると、親も子もすばらしいものが与えられる。互いの距離が近くなり、ふれあいが多くなり、より同調しあうようになる。子どもの微笑み、声、手が軽く触れるなどの繊細なコミュニケーションを逃すことが少なくなり、純粋な喜びとつながりの瞬間を感じるだろう。

＊

多くの子育て用品は、親を子育てから解放して、他のことができるように作られている。そして親たちは、こうしたものが生活を楽にしてくれるものと期待している。しかし、注意しないと、それが人間との生のふれあいに取って代わるものとなり、私たちの存在に代わるものになるかもしれない。最終的には、子どもを孤立させ、子どもを親から奪ってしまう、あるいは子どもの神経が参るようなことが起きるかもしれない。そしてその結果、親は、彼らの行動化に長い間対処する形で、自由になった時間の何倍もの代価を払うことになるかもしれない。彼らは、自分に注意を向けてほしい、身体のふれあいが欲しい、人間の温かさが欲しい、たえず刺激が欲しいという理由で、抑圧された感情を、無意識に自己破壊的・反社会的行動で表す。当然だが、親の愛情に飢えた子どもはとてつもなく要求が多い。最初から子どものニーズを満たすのに比べて、育児の怠慢と過剰な刺激から来るダメージを修繕するのは非常に難しく、満足度も低い。

便利なものが、親の役に立ち、かつ子どもを楽しませる場合もたしかにある。しかし、私たちは、子どもがその日に体験する全体像をしっかりと見なければならない。大事なことはバランスだ。必要なときにはベビーカーやベビーチェアを使うにしても、そのほかのときはだっこやおんぶをすることを忘れたくない。自動車の中ではお話のテープをかけても、他のときには、親が本を読み聞かせ、お話の時間を作ろう。柔らかな人形やぬいぐるみ、歯固めのおもちゃ、肌触りのよいベビー用毛布は心地よく、赤ん坊や幼児が安心感を感じるために使うのはいいだろう。だが、子どもの人生を考えるとき、こうしたものが彼らを安心させるものとして主流になってほしいかどうかを問うことも必要だ。

人間同士のふれあいの代わりになる製品は、どれも、時間を分かち合う豊かさを奪う可能性を持っている。人間同士のつながりが「分かち合う瞬間」の上に築かれることを考えると、子育て用品を購入するときに、自分が何を選択しているかを心にとめおく必要がある。

メディアの狂気

私たちは歴史上かつてない速度で世界が激変している時代を生きている。無限の情報が手に入るもののそのほとんどは自分に必要がない。人間は、アナログ世界という、人類の歴史が生まれ、自然そのもので、進化が起きる世界から、オルダス・ハクスリーの小説『すばらしい新世界』ならぬ「すばらしいデジタル世界」へと、後戻りできない、見えない敷居を跨いでしまった。新しい日々の暮らしは、ヴァーチャルなグローバルコミュニケーションであるインターネット、ウェブを通して、拡大しつづけるコンピュータ・ワールドに接続している。子どもを持つ親たちがテレビの影響を懸念していた時代はすでに遠く、今は数段可動性のある格段に小さなデジタル機器が普及し、子どもたちをインターネットとウェブにつないでいる。それらはフェイスブック、X《エックス》、インスタグラムなどのSNSやテキストメッセージをはじめ、ユーチューブ、ビデオ、グラフィックス、ミュージック、ゲーム、そして、無限にあるケーブルテレビチャンネル、映画……無制限のコンテンツへの無限のアクセスというパンドラの箱だ。私たちにとってほとんど未知か、まったく未知の世界、不健全だと感じる世界、毒になるとさえ感じるこうした世界に子どもたちがさらされている現在、何をどうすればいいのだろう？　フィルタリングされていないものに子どもたちがさらされる危険からどう守ればいいのだろう？　もしもこのテクノロジーに、ポジティブで成長を促す側面があるとすれば、子どもの年齢にもよるが、どのようにそれをつきとめれば、あるいは制御すればいいのだろう？

私たちは今、スマートフォンやタブレットを使ってどんなものにもデジタルでアクセスできる。そのため日常茶飯事に気を散らされ、ついそれらに没頭して、今の瞬間と自然界から切り離される。こうした状況から、親たちは、子どものことを懸念するばかりではなく、自分たちの状態に気づいていなければならない。自分自身が中毒にならないように使用を制御して、日常生活の中で、また子どもに、「今、ここ、という在り方」を実行する必要がある。子どもたちは今、親の注目を自分に向けるのに、スマホやタブレットと競わなければならないような状況だ。それだけでなく、小さな子どもにさえ、時間をつぶせるように、親がこうした機器を与えるありさまだ。子どものために開発されるスマホ用アプリは急増中で、そこには、子どもの生まれてはじめての愛着《アタッチメント》が、人間よりも電子機器に対して発達する危険さえ潜んでいる。そして、私たち大人も同じ危険にさらされているのだ。

私たちが生きている世界が目の前で変容しているのは確実である。テクノロジーの開発とハードとソフト両面の技術革新は新世界を作りつつある。子どもたちが大人になるころには、彼らはその中にどっぷり浸って精通しているだろう。だからこそ彼らの身体・心・霊性面が、強靭でバランスが取れていなければならず、かつ、アナログ世界と深くつながり、アナログ世界に対する感謝を育むことが重要なのだ。

インターネットとソーシャル・メディアの普及によって、子どもにも子育てにも、継続的な調整とモニタリングが必要な面が新たに加わった。このため、親には、変化を続ける新しい世界をよく知って、必要に応じて使用を制限することが求められる。子どもたちがさらされている可能性を持つコンテンツに対しても同様だ。蜃気楼のように現れて誘惑するその力に気づけば、私たちは、他の活動とのバランスを取る方法を見つけようとするはずだ。デジタル時代の中で一定のマインドフルネスを持って子育てをしようとする人たちにとって、これは今まで体験したことがない領域だ。だが、もし親たち自身がこれらの機器に夢中だとしたら、子どもに次のようなメッセージを送っていると同じことになる。——子どもの存在はメールやツイート、テキストよりも重要でない。

テクノロジーがどれほど賢く魅力的でも、「人間」を育てることはできない。感情を持ちやさしく世話をしてくれる人間によって、具体的な体験を与えられ、人間的な心が養われることが必要なのだ。親たちが忙しいとき、子どもが退屈しているときに、便利だからといって電子機器に子どもの世話をさせれば、それは簡単に、大事な幼児期の体験や、顔を合わせる人間同士の会話や交流の代用品になってしまうだろう。

それは表面的には生活を楽にしてくれるように見えるかもしれないが、まったく予想していなかった問題をもたらすかもしれない。たとえば、今は多くの子どもが自分用のスマホを持っている。これは特に緊急事態では非常に役に立つかもしれないが、予想しないような欠点が予測される。それは、何か困ったことが起きたとき、自分の力に頼らないで、簡単に親からの助けやアドバイスを求めることだ。この問題は現在親たちが直面していることの一つであり、しかも増加中だ。もう一つの問題はインターネットに無制限にアクセスさせていいかという疑問だ。私たちは、潜在的なプラス面とマイナス面について、どの程度考えているだろうか？　プラス面を大きく、マイナス面を最小にする方法はあるだろうか？　この領域は答えよりも質問のほうがずっと多いが、問うことが重要だ。問うこと自体が、これらのテクノロジーが子どもと家庭に与える影響に気づくことになる。

もう一つ大事なことは、子どもたちがさまざまな機器やテクノロジーを使っているときに受けている可能性のある次のような影響に気づくことだ。彼らの身体はどういう状態だろうか？　緊張している兆候が見られるだろうか？　どんな動きをしているだろう？　どんなイメージを吸収しているだろう？　暴力の程度はどうか？　仮想現実世界に住む時間がますます増えていく子どもたちは、認知面、感情面、社会的な面でどんな影響を受けるだろう？　彼らはどういうメッセージを受け取っているだろう？　どのような価値観を吸収しているだろう？　彼らが見ているのがたとえソーシャルメディアのサイトであっても、たえまなく電子機器に没頭していることで、現実の仲間との交流の機会をどの程度逃しているだろう？

子どもがテレビ番組を見ているときも、同じ問いを持つことが重要だ。研究によれば、アメリカで育つ子どもたちは、一八歳に達するまでにテレビ視聴時間が二万五〇〇〇時間、暴力場面を二〇万回、その中で一万六〇〇〇回の殺人を目撃するという。全米医師会は、一九九六年度の「メディアの暴力に関する医師のための手引き」の中で、テレビやゲーム画面の前で過ごす時間は、それだけで、「アメリカで育つ子どもが起きている時間中、もっとも大きな割合を占めている」と報告している。アメリカの家庭は毎日平均七時間テレビをつけ、そのうち六割の家族が食事中もテレビをつけている。これは現在も変わっていない。二〇〇九年のニールセン社の調査では、二歳から五歳の子どもたちがテレビの前で過ごす時間は一週間で三二時間以上となっている。

私たち親は、子どもたちがさらされている影響を考え、自分の家族がこの強力な影響にどう向き合っているかをよく観察しなければならない。それには次のように問うのも役立つ。テレビを見ているとき、見た直後の子どもに見られるものは何か？　どういうメッセージを吸収しているか？　どの程度、ある種の催眠状態で画面に引き込まれているか？　一日に、一週間に、彼らは何時間そういう状態でいるか？　テレビを見ているとき、していないことは何か？　どのぐらい多くの残虐な場面を目撃しているか？　テレビを切ったあとけんかが始まるか？　これら全部が、家と学校における態度と行動、自分自身に対する見方、社会に対する見方に、どう影響しているか？　私たち親が今あげたような点を注意深く観察して、自分に問いかけるだけでも、家庭生活の質を大いに高め、物事を選択するときに子どもたちの生活をよくする方向に促すだろう。また、子どもたちに、テレビを見ているときと見たあとの自分がどんな感じがするかに気づくように提案することで、子どもの自己認識を促すことができる。

多くの家庭ではテレビが常時つけっぱなしだ。ニュース映像は年齢が小さな子どもにもおかまいなく、毎日世界で起きる恐ろしい出来事を浴びせる。子どもが積極的にニュースを見るかどうかは別として、彼らは特殊な歪曲された現実に浸りきって成長する。なぜならそうした映像はネットワーク企業の経営者らが、ニュースにする価値があると判断したものから作られているからだ。それは、世界のどこかで起きているもっとも暴力的で恐ろしい事件に焦点をあてる傾向が強い。逆にいえば、人間の次世代育成能力《ジェネラティビティ》〔心理学者エリク・エリクソンが提唱した、発達段階の壮年期に獲得するべき能力。次の世代の育成に積極的に関わり、貢献する能力〕と創造的性質という広大な領域のことは、現実には無視されている。この領域は恐ろしいニュースと同等かそれ以上に重要であり、実際に新しい分野としてニュースに取り上げられる価値があるのだが。

同じように注意を向ける必要があるのは、メディアとエンタテイメント業界だ。小さな子どもたちが映画などでグロテスクな怖いシーンを見ると、まだそれらを処理して、気持ちを整理したり理解したりする方法を持たないために、心と記憶にそれが焼き付いてしまう。大人でさえも、精神が麻痺する恐ろしいイメージを処理するのは困難なのだ。サウンドトラック一つとっても、神経組織への暴行と言っていいほど、生理学的に極度の不安を誘発するように作られている。暴力的な映画の多くの場面は想像を絶するほど残虐で、それを子どもが見ることは、本来はありえない。たしかにありえないのだが、しかし、今や暴力的イメージに暴露されることはふつうになってしまい、人々は文化として慣れてしまった。

映画もテレビも、この世界は妄想に取りつかれた暴力的な人たちばかりがいる、恐ろしく危険な場所だという印象を与えて、誇大妄想や不信感を強める可能性がある。世界では毎日山ほどよいことが起きているのに、それはニュースにはならず、私たちの世界観は非常にゆがんでしまう。そうならないように、世間では暴力事件が起きてはいるが、そういう人たちは相対的に少数なのだということを、子どもにも自分にも言い聞かせる必要がある。子どもたちは、もっとも危険といわれる地域にも善意あるやさしい人たちが大勢いると知ることが必要だ。子どもに安心感を感じさせること、この世界に希望があることがわかるような、現実的なものの見方を子どもに促すことは、これからもずっと続く難しい作業だ。そして、子どもたちがメディアで暴力を目にすればするほど、この作業はますます難しくなる。

家庭内で暴力を体験するか外でするかは別として、日常的にかなり頻繁に暴力が起きている地域がある。そうした地域の教師の報告によると、子どもは暴力行為を目撃したり、その暴力で傷ついた人を知っている状態で登校してくる。今、都市近郊の学校の教師の中には、担任クラスにマインドフルネスを取り入れているところがある。そして子どもたちに、自分に気づくこと、自分を静める方法、感情の制御、自分と他人に愛情あるやさしさを向けることを教えている。大きなストレスを抱えて感情面で厳しい環境で暮らす子どもたちにとって、マインドフルネスの基本的な鍛錬——思考と感情に気づく、万物はつねに変化することを受け入れ理解する、自分の身体と呼吸につながって落ち着く能力を身につけること——は助けになるに違いない。

テレビの例に戻るが、アニメやシットコムをいつも見ているのは、それがどんなに魅力的で知的なものでも、子どもの発達にはよくない。テレビの存在は劇的に家庭の雰囲気を変える。テレビがたえまなく誘惑して存在感を増す一方、子どもが参加するかもしれないほかの活動はどれも品定めされる。テレビは、このような方法で時が自然に過ぎてゆく体験を、あるときははっきりと、あるときは知らないうちにさまたげてしまう。この自然のリズムの中には、静かな時間はもちろん、退屈さえも含まれるが、そうした時間は、活発で想像力を使う遊び（自然界に浸る、物思いにふける、内省する、創造的なことをする、友達と遊ぶ、家族と過ごす、家族より大きなグループと過ごす時間など）につながっていくものだ。ところが、テレビ漬けの子どもたちは、現実の人間よりも、テレビで見る人に親近感を感じ、執着する。そして、本物の人生体験のほうは、テレビの中の「お友達」の「お話」を見逃さないように、先延ばしにされる。

メディアは、子どもが発達する途上の多くの重要な体験——人間関係の体験、体でする体験、実践体験、さらに社会的学習と感情的学習を促し思春期以降に社会で活動するために欠かせない脳内回路の成熟を促す体験——に簡単に取って代わる。一定のテクノロジーが子ども時代の学習に何らかの役割をする可能性はあるが、親は、そのために失われるかもしれないものと、バランス、そして見落としに気づくことが肝要だ。

息子が五歳のときの夏、オオカバマダラ蝶のイモムシを見つけて、ビンに入れてトウワタを餌にして育てた。彼は毎日餌をやり、イモムシがトウワタの葉を食べるのを見ていた。イモムシは、まるで奇跡が起きたように繭を作りはじめると、サナギになって中に閉じこもり、二週間ほど過ぎてから蝶になって現れた。息子はそれを外に放してやった。子どもはこのような全体に関わる体験から世界を学ぶ。それは生きた暗喩でもあり、すべての生きとし生けるものと世界の根底には、意味と秩序とつながりがあることを示している。このような体験は、神秘と魔法で子どもの想像力をかきたてて喜びを与える。

私たちは、子どもたちが、絵を描く、歌を歌う、本を読んでもらうなどの、創造的な活動をしたあとは、目が輝き、喜びで満たされ、生き生きすることによく気がついた。彼らが夢中になった本には、『山賊のむすめローニャ』『トム・ソーヤーの冒険』『ホビットの冒険』『指輪物語』『アーサー王伝説』シリーズなどがある。子どもたちは、いろいろな国のさまざまな文化のおとぎ話や神話を聞きながら、心の中で、よい人々が住み、美しい言葉を話し、みんな仲良く暮らしている世界を想像していた。

一方、テレビや映画を見たあとの子どもの顔には、そのような表情が浮かぶのを見たことがない。あまりに受け身すぎる体験で想像力が必要ないのだ。また、どのイメージもすべて子ども向けに作られており、神経系統を麻痺させると同時に過剰に刺激するというおかしな組み合わせで子どもを惹きつける。そこには、内省したり熟考する時間も、他の体験と関連させたり深い感動を分かち合うためのちょっとした休みもない。

子どもが小さかったとき、私たちはテレビを持たないことを選択した。どこの家にもテレビがあった時代で、この選択は過激ではあったが、しかし不可能ではなく、実際とてもよいことだとわかった。結局のところ、家族に与える実際の影響を見るにはそれを取り除いてみるしかない。テレビが家から消えてはじめて、それが家庭生活に、非常に広範囲で、かつなかなか気づきにくい影響を与えることを現実に目にする。テレビがないことではじめて、それまでと対照的な、おだやかで創造的な時間の過ごし方が一つの選択肢となり、私たちの在り方になる。そして、親たちも子どもたちも、娯楽を失くした代わりに、活気を取り戻して、失われた以上のものを手にする。

だが、テレビより難しいのは、今や生活の大きな部分となり、どこにでもあるようになったさまざまな映像モニタやメディア搭載機器の使用を制限する場合である。これは当然子どもの年齢や発達段階によってさまざまな形を取るものの、この限界設定には親側の理解と明晰な思考が欠かせない。子どもが小さいときには、彼らは私たちの決定を理解しない、また、理解する必要もない。親が変える必要があることをはっきりわかっている場合は、子どもの怒り、動転、フラストレーションなどに一定の理解とやさしさを持ちつつ、淡々とした口調で、限度を設定していることをしっかりと揺るがずに伝えることができる。もちろん、時とともに物事は変化し、必要とされるものに対する私たちの気づきも変わる。子どもたちが大きくなったときには、家族全員で、制限の必要性や同意に関することを話し合って決定するようにするのがいいだろう。

私の友人からこんな話を聞いた。彼の一〇代の娘が、夜中ずっとＳＮＳに夢中になって学業成績が落ちた。父親の彼は娘と話し合い、試験的に夜に何時間かＳＮＳなしで過ごす期間を設けて様子をみることで同意した。そして、その期間が終わったとき、ＳＮＳへのアクセスを制限するよい点と悪い点について二人で話し合った。彼の娘は、明確な限度があることでとても安心できたのでこれからも続けたい、と言ったという。

大きな見地から見ると、家族に起きるさまざまな状況や状態の舵取りをして進む自分なりの方法を私たち親が見つけることも、マインドフルネスを土台とした気づきの子育ての鍛錬に入る。もちろん、その方法は、時と状況の変化に応じて変わりつづける。人生で遭遇する数々の難題や、子どものニーズと要求に直面して、どう私たちが自分の内面状態を維持しどう応じるかを探るのは、内面の作業《インナーワーク》そのものである。絶対的に永久的に「正しい」答えも、「完全な」解決法も存在しない。個々人がこの内面作業をするときに通るプロセスは、大部分が半信半疑、場合によってはある程度の混乱や緊張や苦痛がつきものだ。だがこれは、親であるかぎり避けられない部分であり、また、マインドフルネスを子育てに使うかぎり避けることができない部分である。

マインドフルネスとは単に気づきと受容ではないことを思い出すことは非常に重要だ。それは、難しく複雑な状況に直面したときに行動を起こすこと、願わくは賢い行動を起こすことでもある。当事者ではない者が特殊な状況に特定の処方薬を出しても、きっと最初から、不適切で役に立たないだろう。あなたとあなたの家族とあなたの子どもを知っているのはあなただけだ。おまけに問題がメディアのことであれば、その技術は急激に進歩している。今日私たちがすすめることは一年か二年で通じなくなるだろう。しかし、マインドフルネスの鍛錬の本質は、ありのままの物事に積極的に取り組もうという意志、あるときはどう進めばいいかわからなくても取り組もうとする姿勢にある。

＊

皮肉な現象だが、希望が持てる兆候が今、シリコンバレーで見られる。巨大インターネット会社を立ち上げた創業者の多くは現在三〇〜四〇歳代である。これらのデジタル界の起業家たちの多くが、マインドフルネスに強い興味を寄せている。彼らは人生を満足させるため、また、若くして成功したあとも次々とイノベーションを起こして事業を継続しなければならないという、終わりなき挑戦から来るストレス調整のために、マインドフルネスを養おうとしている。革新的事業主の多くは、生きる意味を求め、仕事でも仕事外でも、より地に着いた人生体験を欲しているように見える。中には小さな子どもを持つ親たちもいて、結局彼らも、同じデジタル世界の子育て問題に直面している。また彼らは、人間相互のつながりに深く気づくようになっただけでなく、世界をよりよくするためには技術革新だけでなく、その使われ方が非常に重要であることにもますます気づくようになっている。

バランス

子育ての中で私たちは平衡《バランス》を保とうとする。しかし、バランスを取るというのはきわめて個人的な作業である。自分にとってバランスが取れていると感じることでも、他の人には完全にバランスが崩れていると感じられるかもしれない。ある人はバランスが取れていると感じても、他の人はバランスが取れていないと感じるかもしれない。さらに、今バランスが取れていると感じることでも、他のときにはそうは感じないかもしれない。それは平衡点が変わりつづけるためで、バランスとは過程《プロセス》なのだ。

私たちにとってバランス、すなわち平衡とは何を意味するのかを把握して、私たち／私たちの子ども／家庭全体が安定する選択をするためには、熟考する必要がある。バランスを保つのは生き生きとつねに変化するプロセスであり、一つの決まった終点ではない。というのは、バランスとは実際、バランスを失い、それを取り戻すことだからだ。バランスを失う体験をしたときに、そのことに気づきながら堪えていることができれば、その体験から多くのことを学ぶことができるだろう。

私たちの子どもが赤ん坊で徹底的に親から与えるばかりだった間は、赤ん坊のバランスを維持するための闘いは、私たちの内と外に蓄えていたものを利用しつづける形をとった。その結果、心身から大量のエネルギーが流れ出たため、家族や友人、パートナーから力と支援を必要とした。

私たちの赤ん坊の内面のバランスの安定は、彼らのニーズに私たちがどう対応するかに密接にリンクしていた。彼らが騒いだり、声をあげて泣いたり、不快そうに見えるとき、私たちがそれに対応するとまもなく落ち着いた。コリック〔黄昏泣き〕のときには、何をしても効果がないときがあったが、私たちはなんとかしようとしつづけた。つまり、どんなに大変な状況でも、私たちは子どものそばにいつづけた。

彼らが幼児（よちよち歩き）になったときには、安全な囲いの中で冒険する自由を与えて、私たちは子どもの行動を見守るというのが、バランスを保つ形だった。子どもが苦しい状況にいるときには、子どもが出すヒントから、原因が、空腹なのか、疲れなのか、過剰な刺激を受けたのかなどに敏感に気づいて、彼らが少しでも平衡を取り戻す手助けをした。場合によっては、活発に遊ばせてありあまる力を解き放つことでバランスをとり戻させることもあった。あるときは、抱く、慰める、やさしく揺する、安心させることなどが必要なときもあった。適切ですばやい対応が繰り返されると、長い間に、子どもの自己制御能力の発達が促される。

子どもが何かストレスを感じて不安定になっていると感じたときには、子どもの一日のスケジュールをよく検証することをすすめたい。活動時間と静かな時間の割合は適切だろうか？　どんなものを食べているだろう？　子どもを安定させる食べもの（タンパク質、健康的な脂肪、複合炭水化物、新鮮な果物、野菜など）か、それとも不安定にするもの（過剰な糖分、高カロリーで低栄養のジャンクフード）か？　睡眠の量はどうだろう？　小さな子どもは、毎日の一貫したリズムとリチュアルの中ですこやかに育っていく。また子どもは、何かするのに長い時間がかかり、一つのことから別のことに移るときも十分な時間を要する。日常生活のこうした面に気づくことで、不必要なストレスを減らして、子どもの一日がよりバランスが取れたものになる判断をすることができる。

特に小さい子どもの場合は、「少ないほうが豊か」の原則に従うといい。彼らの一日をできるだけ単純化して、ルーチン〔決まった作業〕を増やして、親子で一緒に静かな時間を過ごすことが唯一必要なことかもしれない。暮らしの中にたくさんの計画がつまっていると、静かな時間が短くなって、いつか気づかないうちにそれも失われている場合がある。

彼らの心身を養う時間の過ごし方にはいろいろな形がある。お風呂の中でゆったり過ごす、その場にいることを十分に意識しながら子どもとゲームをする、お話の時間、歌を歌う、一緒に何かする（二人で絵を描く、一緒にマフィンを焼く、水切りをする）など。あるいは単に、私たちの膝に乗せられ腕の中に抱かれて、静かに安心しているだけで元気になることもある。私たちは、自分の予定と他のことをしたい衝動を脇において、呼吸を意識して、ゆっくりと深い呼吸をしよう。そのうちに子どもがリラックスするのを感じるだろう。子どもの呼吸が自然にゆっくりになって、そのリズムが、私たちの呼吸のリズムに合ってくるのを感じよう。

> 私たちは自分の心を静止した水面のようにすることができる。それで私たちのまわりに集まるものたちは、おそらく、〔静止した水の上に〕彼ら自身のイメージというようなものを見るだろう。そして彼らは、私たちの静けさのために、より清澄な生を、もしかしたらより激しい生を、一瞬生きるのかもしれない。
>
> ウィリアム・バトラー・イェイツ『ケルトの薄明』

私たちがおかれる状況は一つひとつ違う。どんな瞬間も新しい。昨日必要だったものは、今日は役に立たないかもしれない。子どもに必要なものを見つけるためには、彼らに敏感になることが必要だ。彼らの出す合図を拾って、直感的に、柔軟に応じなければならない。私たち自身の落ち着きと忍耐によって鏡がきれいになり、くっきりした子どもの姿が映る。

＊

学齢期になると、彼らは、友人、活動、服装などを通して、自らの自主性と個性をある程度体験する。自分独自の興味と才能を見いだすにつれて、自分の力と主体性を知っていく。そんな彼らにはプライバシーと多くの精神的空間が必要ではあるが、彼らの世界は拡大しはじめたばかりで、まだ私たちの支援と導きが必要だ。この年齢は以前よりは自己制御がうまくできるようになるが、場合によっては私たちが介入して、彼らに代わって、あるいは共に限度の設定を行い、平衡という安定を取り戻す手助けをしなければならないときもある。しかし、この年齢はもっと自由になりたい、もっと親から独立したい年頃なので、バランスの取れた自由度や限度を見つけるには、子どもとのよいつながりを維持する努力も要る。

＊

友人からこんな話を聞いた。彼らの一一歳の娘が友達の誕生パーティーに招かれた。パーティーでは、ケーキとアイスクリームを食べたあとにみんなで映画を見に行くことになっているという。友人夫婦は、その映画に暴力と残虐な場面があるのを知って反対した。子どもは「だって、みんな行くのよ。どうして私だけダメなの?」と抵抗する。だが、彼らは自分の子どもにはその映画を見せたくないと強く感じた。他の親たちと話したところ、映画が終わったときに子どもを迎えに行くのが難しい親がいることがわかった。そこで親同士が話し合って、娘たちをパーティーに行かせて、そのあとは、映画に行く代わりに、娘たちを夜一緒にお泊まりさせる計画を立てた。この計画に娘たちも親たちも満足した。この場合はハッピーエンドにはなったが、それには柔軟で繊細な話し合いが必要だった。

子どもが、「友達はみんな、好きなだけテレビを見てるのに!!」「どうしてこの家だけ体にいいものばかり食べなきゃいけないの?」「ローレンは好きなだけ夜起きていていいし、いつまでも好きなだけ友達とチャットしていいのに、どうして私はできないの?」「友達はみんな自分のテレビを持ってるのに、どうして」と言うとき、彼らからの過酷な圧力にも感じられる言葉に対して断固とした対応をするには、強靱な精神が必要だ。子どもに譲ったほうがいいと誘惑されることもあるだろう。特に、疲れていたり、参ってしまったときにはそうだ。しかし、私たちが重要と考える問題について、矛盾したメッセージを子どもに与えることは、欲しいものを手に入れたいならもっと圧力をかけなさいと言っていることになる。それは、私たちのためにも子どものためにもならない。

私たちの社会では、所有は力である。迷いや無力感を感じている子どもは、物を持てば気持ちがよくなるだろう、友人間で自分の地位が上がるだろうと考えて、物質的なものを持つことにこだわる。しかし、子どもの内面生活や自己意識、自分という唯一無二の人間を感じる意識が発達するためには、かっこいいスニーカーよりも複雑なものが必要である。それには、武道、ダンス、スポーツ、楽器の演奏、演劇、ハイキング、絵を書く、何かを修理する、ものを作る、日記を書く、歌やラップなど、子どもの心に訴えるものや、子どもが元気になる活動を彼らが見つけるのを手助けするのがいい。これらは、消費文化による手っ取り早い解決策に代わる満足のいく選択肢を与えてくれる。

ただし私たち親は二つの間の難しいバランスをとらなければならない。一方は、親が子どもに多すぎる選択や活動を与えて過密スケジュールにすること、もう一方は、親が時間も使わず努力もせずに、創造性と才能を発揮したいという子どものニーズを無視することだ。過密なスケジュールは、それが親子の一緒に過ごす時間を奪っていたり、子どもの日常を不安定でストレスの多いものにしている場合は、ネグレクトの一つの形である。

たしかに簡単に自分でバランスをとることができる子どももいる。彼らは自分が興味を持つ活動を自然に見つけることができ、ひとり静かに内省的な時間を過ごす方法も知っている。そうかと思うと、何かをさせようとしても、新しいことをさせるだけでも、単に動かすだけでも、親からの一押しが必要な子どもや、強く押されないと動かない子どももいる。また、手助けがないと、落ち着くことも、静かな活動に気持ちを向けることも難しい子どももいる。子どもの生活がバランスよく安定するのを手助けするためには、親が継続的に努力し、励まし、行動を取らねばならない。

＊

末の娘が一一歳のときのことだ。ある日、美術の授業で人物の顔をスケッチしたものを持って帰ってきた。モデルは三〇代の女性で、その人のユニークさがよく出ていた。黄色と青とオリーブ色を使って顔を表現するなどは、私には考えもつかない。娘は自分の画才について前から冷静に見ていたが、このスケッチはとても誇らしそうで、実際に言葉でもそう言った。私は、彼女がそのスケッチの脇を通るたび、見ているのがわかった。そのときの娘は、無心にスケッチしている状態から、絵から距離をおいて結果を見る目になっていた。そのうちに、人物の目が左右異なって見えるのを気にして、私の感想を聞きたがった。私は、違っていることが顔を現実的なものにして、とても興味を引くと話した。人の顔が完全に左右対称なのはまれである。それを聞いて彼女は満足したようだった。それと共に、この数日間の、数週間の、嵐や混乱、争いや難題は拭い去られた。この瞬間、彼女の中に、彼女と私たちの間に、自然な心の安定とウェルビーイングの感情が湧き上がっていた。

＊

子どもたちが思春期になると、小さかったときとは違い、つながりの糸が引き伸ばされて、ストレスがかかり、ときには擦り切れそうに感じることがある。糸を維持すること、糸が耐えているのを確かめて見ていること、糸を強めるために努力することは、記念碑が立つほどの大仕事だ。私たちが、不安、懸念、疑い、嫌悪感を感じ、のどかな時代が過去になったことを嘆きながらも、彼らが唯一無二の存在である自分を発見できるように、より大きな自由を与えることができるとき、子どもと私たちのつながりが強くなる。

同時に私たちは、そのときの現実を考慮しつつ、適切な限度設定をして、子どもの自由度のバランスをとる必要がある。自由と限度の間で、どの程度の自由を与えたら適切なのか、何が有害で何が無害かを見極めようと、つねに親は葛藤する。

一〇代の子どもがバランスの欠如から平静さを失っているようだと感じたら、まずしたいことは、当人に、生活の中でうまくいっていることとうまくいかないことを検証するように促すこと、そのあとで、自分で解決策を考えるように後押しすることである。このときに助けが必要そうに見えたら、大なり小なりの変更策を考えるのを手助けするといい。これには、学校で参加しているプログラムを変更するのをはじめとして、活力と独創性を発揮できる健全な活動を学校外で見つけること、また社会の一員だと感じることができて、かつ目的意識を持てるような地域社会活動に参加する方法を見つけること、などがある。しかしこれを、子どもに生来の内面的資質に対する自信と長所を損なわせないように行うには、親側にスキルと敏感さが要求される。親は自分に、支配権を取りたい、押しつけたい、圧力をかけたい、知ったかぶりをしたい、力を奪いたいといった衝動があることに気づくことが重要だ。

状況によっては、子どもにも私たちにも何もできないときもあるだろう。そのようなときには、子どものどんな感情にも思いやりを持ちつつ、物事を長い目で見る必要がある。私たちは、子どものためであっても変えることができないものがあること、また、どんなにそうしたくても変えようとしてはならないものがあることを理解して、耐えつづけるしかない。そして、そのように忍耐していることが、私たちの強さの源になり、最終的には子どもの強さの源になるだろう。さらに、子どもたちが、人生の中で避けることができない限界に遭遇し、立ち向かい、学んで成長することを、親が理解していることが、最大の助けになるだろう。私たちのこの態度が、彼らが難しい状況に適応し、耐え、最終的には受け入れる能力があることを、私たちが確信していると彼らに伝える。このテーマについては、「制限と自由」の節でもう少し詳しく述べるつもりだ。

一〇代の子どもを持つ親は、以前よりも自分が感情的に不安定になり明晰さを保てなくなっていることに気づくかもしれない。たしかに、明らかに自己制御が難しくなり、心配が多くなるだろう。どんなにベストを尽くしても、どんなによい意図からであっても、コミュニケーションは頻繁に不首尾に終わるかもしれない。混乱し、恐れ、絶望を感じてしまうこともあるだろう。そのような感情の中で耐えていることが要求されるのが、一〇代の子どもの子育てだ。そんなとき私たちは、感情をあるがまま感じながら、そう感じている自分を裁かずに、感情の存在を認めるだけでほかに何もしないように努力し、受け入れる。そして、自分のつらい感情に気づいて、その感情を認めて受け入れる状態を保つこと自体が、心を落ち着かせて、物事に対してある程度バランスがとれた見方を取り戻させてくれる。こうした変化《シフト》は、闇の中の私たちを支え、ときには思いもよらない突破口や洞察をもたらす。

＊

私が上の娘を学校に迎えに行ったのは夜も遅くなってからだった。もうすぐ一五歳になる娘は、授業を終えたあと、ボートチームの一員としてボートを懸命に漕ぎ、それから、国語クラスの仲間と一緒に授業の本で読んだばかりの劇をボストンに見に行って帰ってきた。ふだんは早起きの娘は、夜一〇時を回るころには疲れて不機嫌になる。しかし、今夜は元気はつらつで、上機嫌だ。空虚感と倦怠感にうつうつとした日々は遠く過ぎ去ったようだ。手にはボート漕ぎによるマメをつくって、見てきたばかりの劇のすばらしさを語り、翌日が締め切りの課題をこれから仕上げることや、次の学年に取りたい課目のことを私に相談している。彼女の来年の希望について二人で話しながら、私は、彼女の人生の中の、バランスが取れた今夜の安らかさを大切に胸にしまう……この春のひととき、夜のしじまの中で交わされるおだやかなやりとり。

＊

親たちが、現代のカルチャーが家族に悪影響を及ぼすのをできるかぎり防いで、その影響力を弱めなければならないと感じることがある。その場合、自分の子どもがしたいことと彼らの友達に許されていることに真正面から衝突する覚悟がいるだろう。そうだとしても、ショッピングモールや映画館やインターネットなど、感覚を失わせ、破壊的で中毒になるカルチャーに限度なくさらされている子どもたちに対して、親が一貫して理屈の通った限度を設けることは、彼らを守ることになるだろう。親の立場は彼らを怒らせるかもしれないが、子どものためだと感じるからこそ親が絶対に曲げないのだと知れば、たとえ一時は親を「憎む」としても、安心感も感じるだろう。

ところで親は、そう決断したなら、子どもがそれに代わる活動やエネルギーのはけ口を探すのを、自分たちの時間と労力を使って助けなければならない。親たちが我慢できて受け入れられるもので、かつ、子どもがしたいことを完全に取り上げたり、懲罰的な傾向がまったくないような解決策を見つけることは簡単ではないと思う。人はつねに仲間への同調という力の場《フォースフィールド》の中で動いているが、子どもたちの場合は非常に強い力でそれに引っ張られることが多い。仲間に受け入れられて「他の人と同じでありたい」という子どものニーズを、私たちが理解して尊ぶ姿勢を示すには、それに反対するのではなく、可能なかぎり協力することである。同時に、仲間に所属しかつ自分の個性を表現するための彼らなりの方法を見つけるように励ますことが大切だ。子どもたちが、自分が何者かを知ろうとして苦労しているとき、親にできることは、彼らが安心して抵抗し、ぶつかることができる規律を与えることである。私たちは、適切にバランスを取って、頑固すぎず、制限しすぎない、健全な限度を与えなければならない。そうでないとこの過程で子どもたちを遠ざけてしまうようなことになる。

子ども時代は無邪気で無垢な時代であり、その無邪気さは守られるべきものだ。彼らが成長して社会に触れはじめたとき、現実世界の潜在的な危険に気づかせる一方で、彼ら生来の開放的で信頼する性質を維持するよう、二つのバランスを取る手助けをすることが必要になる。これには、適切な年齢に、適切な方法で、他人が自分に対してとる行動に彼らが気づくように導くといい。また、そのときの気持ちと直感を信じるように促す。親自身が他人の行動に無礼や欺瞞や違和感を感じたときに、それを子どもたちに知らせることも、教えることになる。さらに、ある状況で子どもがどう感じるかをたずねて、彼らの気持ちを肯定するのもいい。問題行動を見たときにそれを言葉にすることは、生きる上での重要な学びであり、自分に対する他人のふるまいを見る目を持つのは、学習で身につけるスキルだ。子どもがまわりに気づくようになると、よい意味で注意深く慎重になり、状況によっては人を信用しないかもしれない。この態度は、信頼、尊敬、誠実、受容といった上に築かれる家族や友人たちとの長く親密な関係によってバランスが取られる。

＊

母親は、やさしく世話をすることが適切でかつ必要な場合と、過度に与えない、世話しすぎないことが大切な場合の、二つの間のバランスを取るのにとても苦労するものだ。これを見きわめるには、自身のニーズに気づいていることと、他の家族のニーズの力の場《フォースフィールド》の中で自分のニーズを見失わないことが肝要である。特に母親が、疲れはてて、どうしたらいいかわからなくて藁にもすがる思いのときには、バランスを取るのは非常に難しい。皮肉なことだが、こういうときにかぎって、子どもは私たちに多くのことを求めてくる。

そんな場合は、まずは子どもが私たちから必要としているものを認めるといい。「あなたは……のようだね」「あなたは……と言っているんだね」のように、事実を淡々と言葉にして応えよう。このとき、私たちがそのときに必要なものについても、子どもに知らせることが大切だ。それはこういう言葉になるだろう。「それはあとで手伝うわ。今はこれを終わらせないといけないの」「あなたが自分でやってもらえると助かるんだけど」「今は一五分だけ横になって休みたいんだけど。そしたらもちろん、あなたと一緒にこのことを話し合うからね」。大切なのは、このとき自分の声の調子に気づくことだ。落ち着いて、確固とした態度であることが鍵である。何にしても鍛錬がいる。

もう一つ、親が自分のニーズと子どものニーズのバランスを取ろうとするときの問題がある。親は社会でやりがいのあることをして家族を経済的に支えたいと思う一方、子どものニーズと願いは親が家にいて自分たちの世話をしてくれることだ。こうした内と外のバランスを取る努力はずっと続いていく。私たちは、時々立ち止まって、一歩下がって、家族に何が起きているのかを調べる必要がある。そうすれば、以前は見えなかった、思いもかけない解決法が見つかるかもしれない。

親のバランスが取れて安定しているときには、子どもに執着しないで子どもの状態に気づくことができるものだ。子どもを過剰に世話し、過剰に権限を与えることと、子どもの個性を常日頃高く評価していることは、まったく別ものだ。自分が平静で安心感を感じているときは、証拠がなくとも子どものよい面を認めることができる。そのとき私たちは、丸ごとの自分を感じ、自分なりの方法で社会とつながり、自身の喜び、そして世界との確かなつながりを感じながら、強くしなやかな本当の自分として子どもと関わることができる。

私たち著者がいつも感動し励まされることがある。それは、自分が育てられた時代と慣習、自分の子ども時代の限界を超えることができた親たち、ときには何もないところから新しい子育て法を作り上げた親たちだ。彼らは、苦労して、子育ての中で、すばらしいバランスを取ることを実現したのだ。彼らは、自分たちが育ったときには厳しさしかなかったところに、慈しみとやさしさを与える方法を見つけた。また、子どものときに彼らを守ってくれるものも境界線もなかったのに、自分の子どもたちを守り、境界線を引いた。彼らが子どものときに受け取ったのはネグレクトと無視だったにもかかわらず、子どもを支援し激励した。これを見ると、誰でも一瞬ごとに選択肢があることに気づくことができるならば、もっと自覚のある、もっとバランスの取れた、新しい子育てができると希望がわいてくる。

親の私たちはこれからも、自由と限度、信頼と不信、活動と静謐、ガラクタと本質、つながりと分離の間で、綱渡りを続けることになる。しかしそれは、価値のある、バランスを取る行為である。ヨガのポーズでバランスを取るようなものだが、ただしずっと難しい。

第8章

現実

男の子*

*この節は、私（jkz）の、父親としての体験および個人的見解をつづったものである。母親が自分の息子とアナログ的に関わることができないと言いたいわけではまったくない。シングルマザーであってもそうでなくとも、多くの母親たちがそうしている。

男の子のあふれんばかりの活気はまわりの世界に対する尽きない興味と驚嘆となり、あるときは探索や遊びや静かな時に、あるときは怒りや落胆といった、多種多様な形になって表れる。私たち父親が愛情深く彼らを育て養うとき、彼らは、私たちが、自分の中にある同じ自然の活力と再びつながるための試練と機会を、繰り返し与えてくれる。私たちはその中で、彼らが大人の男性に成長していくときの、具体例になりたいものである。息子が父親の気質や能力や興味を受け継いでいるかどうかは別として、世界に一人のユニークな存在として、心を開いて、ありのままの彼らを知ろうとするとい い。いちばん大事なことは、彼らの人生の中に私たちが確実にいること、ありのままの彼らを認めて受け入れることである。そして、彼らの子ども時代、思春期時代、それ以降も、いつも彼らとふれあう方法をなんとか工夫して見つけることである。だが、これを実行するのは簡単ではない。それには、つねに、彼らを思いやること、彼らに積極的に関わること、優れた識別力を持つことが必要だ。さらに、子どもが成長し、変化して、自分で生活をするようになったときには、場合によっては、親という心地よい立場を快く捨てることが要求される。また、私たちが物理的に息子と共に在ることと、それ以上に、情緒的な交流に心を開いて応答する能力（emotional availability）を持つこと、さらに、私たち自身が学び、成長しようという気持ちが必要である。

私は、息子がさまざまな年齢のときに一緒に過ごした時間に、父親として特別な喜びを感じている。息子と一緒に世界に遭遇し、日に日に変わって新しくなる彼が独自の性質を表すのを目撃した。息子からあふれ出る自然の活気はすべてを冒険に変えた。彼の目を通して世界を見たことによって、幾度も目が開かれる体験をした。

息子が恐竜に興味を持ったときには、二人で科学博物館に行って巨大なティラノサウルスを見学した。獰猛な表情を、最初は目の高さの二階から見て、そのあとで最下階から見上げた。それが終わると博物館全体を探索してまわった。私がランニングするときには時々彼を連れていくことがあった。息子が小さかったときは、人々がランニングをしたり犬の散歩をしている公園の池のまわりを、プラスチック製オートバイのハンドルをつかみながら走った。大きくなると、時折一緒に走ることもあった。私は夜に本を読んであげるのが大好きだった。二人でキャンプに行くと、息子が出てくるお話を歩きながら考えて、夜になってしたものだ。

二頭のライオンになってレスリングもした。リビングルームの床の上を転げまわり、くたくたになるまで格闘した。何年間もそうやって楽しんだが、彼が高校に入ってレスリングを始めたとき、私がけがをする確率が高くなったので終わりにした。

彼がまだ小さいとき、韓国の禅の剣術（心剣道）の道場に通っていた私は、時々息子を連れていって練習を見せた。彼も私もそれが大好きだった。彼が三歳になったころには稽古に行かなくなったが、その後も、二人で木剣を使って型の練習試合をした。試合の前後は互いに敬意を払って礼をした。彼は容易に振りまわすことができる短い剣を使った。互いの打ち込みを剣で防ぐのは爽快だった。さまざまな方角から来る恐怖の一撃から自分を防御できることを知ること、動きとリズムを感じ、木剣がぶつかる音の中で、心静かに平静にその瞬間に存在していることは、とても爽やかな気持ちだった。息子は七歳になったときにさまざまな武道の鍛錬を始めた。そして決してやめなかった。

まれに私たちは、剣こそ使わなかったが、互いの強い意思をさまざまな方向に押したり引いたりして怒りをぶつけあった。私は徐々に、自分の激しい性格を理解して柔軟になることを学び、心を広げて息子を受け入れた。これは非常に困難な学びであった。私は、自分が成長するために、子ども時代の痕跡を超えようと苦闘した。私にとって、息子と一緒にいるときに、可能なかぎりその場に在ることが重要だった。

息子と私は同じ好みが多かったので、それが助けになった。それでもときには意識的に努力する必要があった。特にさまざまなことが頭を占めているときには、日常生活のもろもろが次々と、「そこに在る」という状態から簡単に私たちを引き離してしまう。これは親業につきものの職業病といってもいいかもしれない。そして、子どもというものはつねにそれに気づく。子どもと一緒にいるときに親があまり頻繁に気を散らせると、子どもより他のことが大事だというメッセージを子どもに送ることになる。

彼らが成長するときに必要なものは、彼らの気性と興味によって異なる。だが、ただ一つ、どんな子どもにも必要なものがある。それは、両親から離れて、物事をつきとめ、自分の力で成長するのに必要な、適切な広さの精神的空間である。私は少年時代を過ごしたニューヨークで、道でボールを蹴り、友だちと長いあいだ、街をぶらついて過ごしたものだった。これはやがて、都市生活の暗部を見るという貴重な体験となった。そして、こうした体験から、親からは決して学ぶことができなかったと思われる貴重な教訓を学んだ。私が育った家庭は、ありがたいことに安定していたので、毎晩家に帰って夕食をとることができた。食卓では、親兄弟から他のことを学んだ。

男の子の成長に必要とされるものには、さまざまな活動、探求、孤独、友人たちと共にいる時間、などのほかに、絶対に必要なものがある。それは、彼らを優先し、彼らを気遣い、彼らの相談相手になり、彼らに興味を持ち、時間を分かち合い、話を聞かせ、話を聴いてくれる、父親、祖父、大人の男性たちの存在だ。これは父親と同居しているかどうかとは関係がない。

彼らは、大人の男性から、自分の興味やスキル、力やその限界などを探るときに導いてもらい、自分の力を人のため、自分のためにどう使ったらいいかを教えられ、励まされることで、一段と成長する。私たちは、彼らが長所を誇張したり見せびらかしたりしないで、探ろうとする方向に後押ししよう。また同じように、父親として、彼らの遊び、創造性、所属感や責任感、必要とされているという気持ちを励まそう。

ところで、今述べたようなことを発見するのは、父親と息子が一緒に何かをしているとき、あるいは、何もしないで一緒に過ごしているときだ。たとえば、魚釣りや、キャッチボール、雲を見ながらブラブラ歩いているとき、二人で散歩をしているとき、地下鉄に乗っているとき、野球場や博物館に行くときなど。

だが、はたして私たちは、自分の息子と時間を過ごすことになったとき、本当に父親としてそのように積極的に彼らに関わることができるだろうか？　その機会に直面すると、自分には、仕事や職業上の義務、専門職の義務のほかに、さまざまな楽しみ、ランニングマシン、気晴らしや野望、ほかにも完全に依存症になっているものがあって、息子とそんな時間を過ごすのに適していないと感じるのではないだろうか。『たのしい川べ』の中で、「ただボートに乗ってゆらゆらしている」と言及されている無為〔non-doing〕という言葉には、それ以上の深い意味がある。あるがままで作為しないことは、息子たちが自分の力〔agency：主体性〕と興味を表現する方法を見つけるのを促し、長所や統御感〔自分の人生、生活に影響を及ぼす状況は自分が支配できるという自己認識〕の発達を促す。さらに、これと同じほど重要なことがある。それは、「物事を深く感じる」ことは、当然のこととして受け入れられるだけではなく、人間であるために不可欠であるという感情を育むことができるかだ。これは基本的に娘が父親から必要としているものと違わない。気質が違えば気持ちも異なるように見えるだろうが、父親にそばにいてほしい、父親から認められたい、理解してやさしく応じてほしい、というニーズは同じだ。

＊

今の私たちの文化では「男性であるとは何を意味するのか」に対する答えが二極化しているのではないだろうか。男性を意味する基準は急速に変化しており、以前よりは包括的で幅広いものになっているものの、メディアには今も多くの固定観念が散見される。体格で男っぽさを誇示し、酒を飲み、危険を冒し、女遊びをする者が、おもしろくてかっこいいとされる傾向はテレビのビールの宣伝やトラックの広告にあふれている。また、高校や大学の運動選手や軍の隊員が起こした問題に関する裁判記事や、屈辱的で乱暴な行動を描写した報道記事からもうかがえる。たしかに今は「男の子はやはり男の子」という言葉は昔の力を失い、人を傷つけたことの言い訳にも、罪を免除するのにも使うことはできない。だが、社会的にはまだ多くの分野で、他人の自己統治権を認め敬意を払う観点からも、ジェンダーや性的傾向を尊ぶ観点からも、学ばれるべきことは多い。父親は、私たちの文化から発信される巧妙な、あるいは明らかなメッセージやイメージに息子たちが気づくように促し、それを解釈するのを手助けするといいだろう。メッセージの多くは女性や少女を辱めるものであり、よく考えれば男性にとっても屈辱である。息子たちがそれに気づけば、固定観念的なイメージや思考に囚われることも減り、そこから生じることが多い、人を傷つける行動も減少するだろう。この社会で生きる男性は、女性も少女も物のように扱われてはならないことを心底から理解する必要がある。これは教育の重要な一環であり、同時に、父親・母親の私たちが認識するべき、この文化特有の重大で深刻な社会問題である。もし子どもたちが、学校やソーシャルネットワーク、社会交流の中で、この問題を体験したならば、私たちはそれに気づいて正面から取り組む必要がある。それには、難しいかもしれないが、まず父親である私たち自身が、ほとんど無意識になっている根深い習慣を、どのように身につけ、表現しているかを省み、認めることが必要だろう。

この国における男女の社会的イメージの多くは、ロバート・ブライが何十年も前に『未熟なオトナと不遜なコドモ――「きょうだい主義社会」への処方箋』で書いたように、兄弟主義社会の産物である。それは、父親、そして母親さえも、身体的、あるいは精神的に（または両方とも）不在の社会だ。そこでは少年少女の役割モデルが、自動的に、メディアやエンタテイメント産業や仲間から提供されて広く行き渡る。この現象はインターネットとソーシャルネットワークによって加速する一方だ。今日の社会では、少年らが人生相談をすることができる生身のメンターを見つけるのは難しい。また、成人になるイニシエーションの儀式や、先人たちからの承認・知識・知恵を受け継ぐための儀式も、ほとんどなくなったといっていい。これはつまり、過去が知られることさえなく、むしろ拒否されているということだ。こうして世代同士が互いに疎外しあっている結果、一〇代の少年たちは、自分たちで自分たちを高めて社会に適応しようとする方向に動き、この過程でますます危険にさらされ、無防備になる。子どもや女性の権利を推進し守ろうとする社会的努力は行われているものの、現代文化の多くの側面は搾取的で略奪的である。

＊

親の私たちは、猛スピードで変化する社会の中で、今の子どもたちが、分別を持って生きるには何が必要だろう、と自問するだろう。私たちは、この先、二〇年先、いや五年先でさえも、彼らが直面する大きな試練がどういうものか、おそらくわかっていない。子どもたちが必要としているものを尊び優先する文化を持たない社会、子どもの発達に対する責任も彼らが社会人になるための責任もほとんど負わない文化の中では、私たち親が子どもの案内人の役割をしなければならないだろう。ところで、広範囲な調査から明らかになったことがある。それは将来幸せで実り多い人生を送るためには、さまざまな状況下で他人とつながることができる力、すなわち感情的知性と感情的安定性が必要であることだ。そしてもう一つ、必要不可欠な生活スキルになるのがマインドフルネスだ。私たち父親は、息子たちのために、愛情深さ、思いやり、一貫性、感情的信頼性〔emotional reliability：感情、感情的状態が一貫していて、信頼できること。相手が「自分を裏切らない」と感じること〕、柔軟さ、明晰さ、知恵、といったものに見られる内面の強さを養うことを大事にしたい。この性質のどれもが、一瞬一瞬に、内側と外側における人間関係に気づくことから来る。私たちは、自分がどの人種でどんな宗教を信じていようと（アメリカ先住民、アフリカ人、アジア人であろうと、ヨーロッパ人、キリスト教徒、ユダヤ教徒、イスラム教徒、仏教徒、ヒンドゥー教徒、あるいはこれらのどれでもなくても）自分自身の自己統治権、自分の真の性質、自分の血筋を尊び、それに拠って生きている。これに代わるものは根なし草であり、自分が何者かを知らないことである。そしておそらく、その人は、自分のコミュニティを持たないことをどうでもいいと思っている。コミュニティ――それは、自分が属している場、その中で自分が知られている場、ありのままで受け入れられている場、責任とつながりを感じる場という、「人々」から成る場のことである。

私は、父親であることを何かロマンチックな理想として提案しているのではない。私の話は、自分たちにできること、しなければならないことに関する話だ。なぜなら、私たちは息子たちを愛し、気にかけ、彼らのために最善の人間になりたいと願っているからだ。そして、できることの一つは、自分自身がつねに成長することである。どうしたら私たちは、一瞬一瞬、内側と外側の体験に十分に注意を払って、次のようなことを学ぶことができるだろう。――どうしたらありのままで気持ちよく感じていられるか？ どうしたら「わからないという状態」を気持ちよく感じていられるか？ 恐怖がわいたとき、その感情を感じたくない、無感覚になりたいという衝動にどう取り組めばいいか？ 一日を通して、一瞬一瞬、どう感じているかに気づく鍛錬ができるだろうか？ もっと共感し、受け入れ、遊び心を持っているように鍛錬することができるだろうか？ 自分が自分の仕事にどの程度忙殺されているかに気づいて、バランスを取ることができるだろうか？ これらは、本質的には、暮らしと子育ての中で、マインドフルネスを自分なりに工夫して使うことを意味する。

男の子には、父親や祖父や指導者といった、親身になってくれるしっかりした男性の存在がつねに重要だが、特に思春期には不可欠になる。思春期の子どもたちは、認められること、耳を傾けられること、聞き入れられること、対応され受け入れられること、自らの行動に責任を取るように後押しされることが、ぜひとも必要だ。多くの少年にとって思春期は、人生で最大規模の、もっとも混乱し、もっとも不安で、もっとも難しい変化を体験する時期の一つである。少年から大人の男性になるには、新しいものの見方、新しい生き方のヴィジョンが必要だ。さまざまな人々や異なる風習、神秘的なものや未知のものに対する理解を促し、それらを正しく評価するように励まそう。また、自分たちと他の人たちは完全に別だという集団心理にのめり込む危険性について学ぶようにすすめよう。そうでないと、「「他の人たち」はまた「私たち」でもある」ことがわからずに、恐怖と偏見から「他の人たち」を抹殺する戦いが始まる。禅僧ノーマン・フィッシャーの言葉でいえば、これは、思春期の少年たちが自分の居場所を探して、ゆっくりと成熟に向かって発達している時期であり、彼らは時とともに気づきが深まり、自分、そして他の人たちとの間に、進化し、深まりつづけ、信頼できるつながりを築いていく。

＊

もちろん、男の子も、愛情深く大切にされる母親との関係から、必要で不可欠な滋養を受け取る。母親の感情面のニーズを世話する必要がなく、母親からコントロールされることもなく、ただ母の愛に包まれて成長することによって、彼らは、親離れして社会に出てゆくために必要な土台である安心感と感情的安定〔emotional grounding：感情的に安定し、バランスが取れており、回復力がある状態。自分の感情を効果的に制御でき、ストレスや圧力があっても静かに動じないでいられること〕を築く。だが、女の子と同じく、男の子も生まれた瞬間から父親を必要とする。そして父親もまた、息子を必要とする。もしも私たちが息子の人生の大事なときにその場にいなければ、彼らの人生を知ることがないかもしれない。彼らが生まれたのを見て、赤ん坊を抱いて、私たちの肩で彼らが眠ったときに一緒に夢を見て、家のまわりを赤ん坊と一緒に散歩して、彼らが見ているものについて話し、一緒に作業をするために道具を与え、手と頭を使う仕事を与え、二人で床に座ってゲームで遊び、ゲームを考案し、お話をしたり、太陽が沈むのを見たり、雨が降るのを見たり、砂浜で砂のお城を作ったり、水切りをして遊んだり、木切れを彫刻したり、山に登って滝のそばで座ったり、ボートやカヌーで漕ぎまわったり、歌を歌ったり、彼らが眠るのを見守ったり、やさしく起こしたり……こうして私たちは彼らを知り、彼らは私たちを知ることで、互いに成長を促してゆく。

父親と息子は互いに助け合って成長する。楽しく気楽で親密なときを分かち合い、あるときは距離ができて暗闇の時を過ごしながら、人生の美しさや意味を見つける。男の子は私たち父親に、彼らに正直で揺るぎない愛情を持ち、献身的に関わることを求める。私たちは、彼らが苦しみながら自力で道を見つけるための精神的ゆとりを与えつつも、できるかぎり彼らのそばにいなければならない。ときには、彼らの安全を維持するために、私たちが一定の境界を設定しなければならない場合もあるだろう。またあるときには、親の私たち自身の安心とウェルビーイングのために限度設定をしなければならないときもあるだろう。そのためのシナリオはないが、愛とはそういうものだ。私たちは愛によって変わることを余儀なくされ、苦しい思いをして学ぶ。息子たちが厳しい体験から学ぶように。

私たち父親にとって、ここでもマインドフルネスがきわめて貴重なものになる。というのは、物事のなりゆきは、望んではいない対象をもっとよく知って学ぼうとする、意欲の程度によって変わるからだ。好き嫌いを別にして、場合によっては、それしかするべきことがない場合もある。多少なりとも自分の内面に取り組もうとするなら、自分が望んでいないこと自体が「取り組むことができる」対象である可能性があることを受け入れるだろう。たとえば、マインドフルネスは、一瞬、自分が自分の見方にどれほど執着しているかを垣間見せてくれる。また、実際は違うかもしれないのに、自分が正しいという考えに執着していることに気づかせる。さらに、以前は見ることができなかったものを見せてくれる。このようにして、自分が、嫌いなことや「容認」できないことが起きると、フラストレーションを感じたり妨害されたと思って、恐怖や怒りから反応してしまい、その結果、簡単にやさしさや常識を捨てることが明らかになる。マインドフルネスによって、自分が今述べたような状態になっていることに気づいたら、自分を取り戻し、そのときに起きていることについて頭が考えているストーリーに自分が執着していることを理解しよう。頭の中のストーリーを、たとえそのときは真実だと確信していても、真実ではない、少なくともすべてではないと、自分に言い聞かせよう。そして、狭小なものの見方と、未検証で、かつ検証の必要もない自分だけの暗黙の推測を手放すことができれば、その場に在って、ものごとを関連づけ、はるかに賢く行動することができるのだと、自分に言い聞かせよう。私たちの反応の大部分は思考から来ており、その思考は、たいていは過去の残滓や未来への恐怖によってゆがんでいる。無意識に反応すると、その場に必要とされるものを見失ってしまう。非常に困難で苦しい場面で必要なものは、反応《リアクション》ではなく対応《リスポンド》である。

息子たちが自分という人間に成長してゆくとき、彼らは情熱を分かち合う仲間を見つけ、友情を培う。その中には長く続いて深く支えあう友情もあるだろう。音楽、ダンス、自然、都会生活、スポーツ、文学や芸術など、どれも彼らが光と闇の時期を通過するとき、手招きし、人生の意味と価値を味わう体験を与え、彼ら自身を見る鏡となる。その鏡の中で、彼らは自分が何者かを、何を愛するのかを発見し、思う存分に自分の時を生きるようになる。自分の力を信じ、自分の身体という大地に落ち着く。そうして、次世代を育み、この世の自らの役割を引き受けるという神秘に参加するとき、成熟した大人になる。

激変する世界の中で成長し、その世界の中で自分がいるべき場を見つける道は直線ではない。複雑で恐ろしく、ときに危険でさえある。究極的には、大人になるのは発達という長い旅といえる。私たちはそう感じていなくとも、彼らは、父親や他の男性の大人たちから常日頃受け入れられやさしくされていることで、どこかで私たちの態度が心に響いているだろう。彼らはそれに支えられて、ますます、この世界に彼らの場を見つけて作るのを許される気持ちになるだろう。それには時間がかからないかもしれないし、長くかかるかもしれないが、どちらでもいい。彼らが、自分の心や身体、思考や感情、欲望や憧れに取り組んで、確信を持てば持つほど、ますます自分の中の気づく能力を信頼できるようになる。そしてますます、本当の自分を大きな視野から理解して生きることができるようになり、目の前にある広い可能性と現実に心を開くことが可能になる。

＊

息子たち（友人の子どもであるカイとゲン）が四歳と五歳だったとき、私たちはよくボールド山に登りました。振り返ると私たちの家が見えました。彼らが七歳と八歳になったときにはグラウスリッジに登りました。グラウスリッジからは、わが家を見下ろすことができるボールド山を見下ろしました。何年かのち、私たちはハイ・シエラに登り、さらに標高約二四〇〇メートルのイングリッシュ山に登りました。そこからはグラウスリッジが見えます。それから私たちは、その山脈の最高峰である標高約三〇〇〇メートルのキャッスル・ピークに登り、イングリッシュ山を眺めました。そこから北へ行き、シエラ・ビュートとラッセン山に登りました。ラッセン山は家からもっとも遠くにある山です。ラッセン山からは、キャッスル・ピーク、グラウスリッジ、ボールド山、そして私たちの家が見えます。こういう方法で世界を学ぶことが大切です。体で知った地理は、決して自分から離れません。

ゲイリー・スナイダー
〔二〇世紀のアメリカを代表する詩人、自然保護活動家〕

冬の池のホッケー

ニューイングランドでは、冬、気温が一日か二日ばかり上昇したあとに氷点下になって、吹雪にならなければ、池が立派なアイスホッケー場に様変わりする。週末や休日にそうなったときには、息子と私（jkz）は暖かい服を重ね着してスティックとパックとスケート靴を抱えて、丘の下の池をめがけて急いだものだ。凍える指で長い靴ひもと格闘しながらスケート靴を履き、きっちりと靴ひもを結んだあとは、雪の上をヨタヨタと歩いて凍った池にたどり着く。そこは氷が作る自由な新世界だ。しばらくは氷面の状態を調べながら池全体を滑ってまわって、ひさしぶりにスケート靴を履いた感触に慣れる。それから注意深くゴールの場所を決めて、そこに間隔を開けてゴールを示す二つのブーツを置く。

私たちは一対一で戦った……一人はゴールを守り、もう一人がパックをゴールに入れる。守るほうはゴールから出てパックを敵から遠ざけるわけだが、守備範囲が広いので池中を猛スピードで滑る。スティックがぶつかり合い、二人ともわれ先にパックに近づこうと競争する。互いのまわりを、笑い声をあげ、すばやく、巧みに動きまわる。フェイントあり、シュートあり、追いかけてパックを奪う。しょっちゅうぶつかる。もちろん、大量に得点する。パックがディフェンダーを通過してブーツのゴールに入ったときの至福感。ときには、ありえない方向に滑っていくのを見て二人で大笑いした。

ホッケーをしているうちに体が温まる。風が肌を刺すように冷たい日でも、時間がたつにつれて帽子をとり、グローブをとり、コートもセーターも次々と脱いでしまった。下着のシャツだけになることさえあった。滑っているかぎり寒さは感じなかった。

こうして何時間も滑っていた。どの瞬間も最高だった。どの瞬間も今この瞬間だった。互いに近づいて、パックを取り合い、追いかけて、ぶつかりあって、ショットをブロックしたり、ゴールを守ったりしているとき、とりわけ男性エネルギーのようなものをシェアする喜びを感じるときもあった。

夜にプレイすることもあった。池には町が設置した投光照明《フラッドライト》が一つだけあって、オレンジ色の薄暗がりの中にパックがかろうじて見えた。だが、ホッケーをするのはたいていは午後だったので、冬の太陽が早々と沈んでゆくのを惜しみながら滑った。ときにはゲームを止めて呼吸を整えなければならなかった。そんなときは池の端の雪の上にコートを広げて二人で横になった。群青色の空に浮かんでいる白い雲、あるときはピンクやゴールドの縞が西の空に現れてくるのを黙って見ていた。私たちが吐く息が上に昇っていった。静かな満ち足りた時間だった。

ここで、何年間にもわたって毎週末に池でアイスホッケーをしていたと言いたいが、そうではなかった。あの日々は遠く、はるかに過ぎ去った。娘たちと池でアイスホッケーをしたときも同じように楽しかったものだが、ただし娘たちとプレイしたのはまれだった。彼女たちの興味はほかにあった。スケートが好きで、滑るのは息子や私よりうまかったけれども、娘たちはスティックやパックやゴールにも、追いかけることにも興味を持たなかった。

ほとんどの場合、池には雪が積もっているか氷がでこぼこで、滑ることができなかった。暖冬で氷が十分に張らない年もあった。別のことをしたいときもあったし、二人で他のことをして遊ぶこともあった。だが、氷の張った池でホッケーをするほど楽しかったことはない。

二人だけのキャンプ

子どもたちが小さかったころ、私たちは、いつも家族全員で出かけるのではなく、折に触れて、親と子の二人だけで時を過ごす機会を作った。子どもはときおり、他の兄弟や一方の親と競わなくていい場所で、二人で何か特別なことをして、一人の親から自分だけが注目されることが必要になる。数時間でも数日間でも、大自然でも都会でも、他の人がたくさんいるイベントでも、二人だけでもいい、それは貴重な体験だ。子どもと親がいつもより近づいて、お互いを新しい目で見る機会となる。

＊

子どもとの過ごし方で、私（jkz）がとても楽しんだものに、自然の中でのキャンプがある。子どもをひとりだけ連れて、一日か二日のキャンプに出かけた。それは親子のつながりを一新する体験となり、一生の思い出になった。数日であっても、大自然の中で過ごす体験は、大切なものは何か、生きるのに本当に必要なものは何かを思い出させてくれる。

娘の一人が九歳になったとき、ホワイト山地にあるワイルドリバーに連れていったことがあった。トレイルの出発地点に車を停めて、そこから八キロほど川に沿って歩いた。娘ははじめから母親を恋しがった。ぐったりするような暑い日で、歩くのは楽しいものではなかった。あまりにも娘がつらそうだったので、途中で、水着になって川で体を冷やそうと提案した。彼女は川に入って涼しくなったことは喜んだが、歩きはじめると、また泣きはじめた。私はバックパックを持ってやった。娘は、家に帰りたい、早くキャンプするところに着きたいと交互に言って、どちらにしたいのかわからなかった……とてもみじめな様子だった。

あるところで、向こうからラマの列が来て、すれ違った。短い間だったが、不思議な感じで、私たちの旅にエキゾチックな香りを添えてくれた。

あとはおなじみの展開だった。私たちは太陽が山に隠れる前にキャンプの予定地にたどり着かなければならなかったが、もちろん、彼女にはそのことがわからなかった。どうしてキャンプするのにいい場所と悪い場所があるのか、理解できなかった。私のほうは、広くて平らなところで、テントを張るのにちょうどよくて、近くに小さな滝がある場所に行くことを決めていた。そこは娘が喜ぶに違いなかった。

だが、彼女は家を恋しがった。私は冷静さを保とうとしていたが、無力感を感じてつらかった。もしかしたらこの旅は大失敗になるかもしれないという思いと、娘の不安をやわらげられない状況と、

「幸せにする」ことができないことを、失敗のように感じていた。

ようやく目的の場所についた。そこは、何年か前に彼女の兄と二人でサウス・ボールドフェイスに登ったあと、降りてきた途中で通った谷の中だった。すでに山影は長く伸びていた。キャンプ地に着くとすぐに娘は機嫌をなおして、喜んでキャンプの設営にかかった。楽しそうにテントを張り、寝袋の準備をして、火を起こし、夜食を作っている。私たちが料理をして、食べて、火のそばで丸太に座っている間、小さな滝の歌がずっと聞こえていた。見上げると夜空には満天の星がきらめいていた。町では決して見ることができない夜空だ。キャンプを張っている小さな空き地を木々が取り囲んで、梢を透かして星の光が私たちに差していた。

私たちは早めに寝袋に入って、滝の子守唄を聞きながら眠りに落ちた。娘が先だった。私は空を見上げながら、全身で呼吸をしていた。娘の寝息を聞きながら、一緒にいる幸せを感じ、二人でキャンプをしている喜びを噛みしめていた。

爽やかな青い朝の光の中で目が覚めた。山頂は金色に縁取られていた。私たちは体を温めてから、朝食を取り、火のそばに座ってその日の計画を立てた。私の考えは、山の尾根までハイキングすることだったが、娘はそうではなかった。ここでじっとしていたいと言った。どこにも登りたくないし、山から眺める景色にも興味がなかった。歩くことも、ハイキングも、登るのもしたくない。特にバックパックを背負うのはいやだ。娘には今自分の居場所があるのだ。私たちは遠くに行かないことにした。私は自分の強い期待と願望をしまいこんだ。今の状況では、彼女が選ぶことが大事だ。

二人で川辺を歩いた。気温が少し上がって、太陽の光が谷に差しはじめたころ、私たちは川の「中」を探検していた。昼頃には、二人で大きな岩の上に座っていた。川の流れが四方から取り巻いて、音を立てて渦を巻いている。私はそこで彼女に、『山賊のむすめローニャ』という本を読み聞かせた。これはアストリッド・リンドグレーンが書いたすばらしい物語で、昔、森の中に住んでいたローニャというたくましい女の子と年下の友達バークが、彼らの二つの家族の反目を解決しようとするお話だ。森の中に娘と二人きりで、便利な暮らしからいっとき遠く離れて過ごす。太陽、水、森、互いの存在、その一瞬の中にある永遠。それだけで幸せだった。

娘とのキャッチボール

学校の長い休暇が始まった三連休の日曜日。私（jkz）は最近家を留守がちにしていたために、家族の中で浮いていると感じていた。マイラと娘たちは、私がいない間に自分たちの生活リズムを作っていた。私はつながりを取り戻したくて、彼女たちの会話を聞きながら、「何のことを話しているんだい？」と間の抜けたことを言った。

彼女らはこれが気にさわるらしかった。自分たちの間に立ち入られるように感じるのだろう。マイラが娘と話している間、私は娘の部屋の入り口に立っていた。仲良くしたいだけなのだが、二人にとっては違和感しかない。私が声に出さない期待を抱えて、何かが起きることを願っているように見えるのだ。私は自分がよそ者のような感じがしていた。

そんなときに私がする鍛錬は、自分や自分のニーズを押しつけないで、ただそこにいることだ。簡単なことではない。実際、とても難しい。自分がしなければならないことをしてそこにいるだけだ――腹立たしさに負けたり、朝食の食卓から早々と立ったり、仕事をしたり、電話をかけたりして、さらに自分を孤立させることをしない――これが私の課題だ。そういうことをすれば、私の身体は家にあっても、遠くにいると感じられるだろう。

＊

四月中旬のある朝、空は低い雲に覆われて、空気は冷たく暗かった。距離のある家族との会話、そして遅れを取り戻さなければならない仕事があった。しかし、私は自分の部屋に閉じこもらないで家族と一緒にいることを決め、キッチンに入ったり出たりした。日曜日の新聞を手にしたい衝動を抑えて、ただそこにいようとした。

外で一緒に何かしないかと娘を誘うのは簡単ではない。しかし、その日は、午後遅くなってもう一度誘ってみた。彼女の歳だと、一緒にしないかという誘いには、何であっても乗ってこない。しかし私は、数日前にソフトボールのコーチから彼女に電話があって、チームの練習が始まるので、キャッチボールの準備練習をしておくようにと指示されたのを知っていた。夕食のあと、彼女はキャッチボールをするのを承諾した。二人で外に出た。朝からずっと灰色の雲に隠れていた太陽は、今、西の雲間からまばゆい光を放って夕暮れの庭を赤く染めている。

キャッチボールを始める。左利きの娘のグローブが見つからなかったので、彼女は、両手利きなのよと言いながら、右手で投げる。本当だ。彼女は右腕を使って正確に投球し、左手で的確に受け止める。私たちは気合を入れて練習した。ボールが二人の間を行き交う。私は彼女がバックハンドのキャッチの練習もできるように、まず彼女の片側に投げ、次に反対側に投げた。そのあと予想外のボールを投げたり低めのカーブも入れて練習した。

彼女は丸一年間何もしなかったのに、私が投げるボールの九割を受け止めた。私たちはシンクロしていた。娘は楽しんでいて、自分の取りえと熟達度に気づいている。とてもうまい、自然の才能だ。私はそれでも、彼女は左利き用グローブを使ったほうがいいと思っていた。休憩をとったとき、家に入ってまだ探していなかった場所を探してみた。見つかった。

左利き用のグローブに慣れるまで投球は少しばかり安定しなかった。しかし、投球の強さは三倍になってより正確になった。投げて受ける、投げて受ける、高めのボール、低めのボール、バックハンドのキャッチ、正面のキャッチ。私はここ何十年もキャッチボールをしていなかったが、子どものときのリズムがたちまち戻ってきた。四〇年たってもボールを扱う動作は完全には消えていない。驚いたことに、ボールが来る場所をグローブが知っている。

娘はだんだん熱を入れてきた。頬が赤らむ。寒かったがコートはいらなかった。私に対してもうちとけてきた。私はそれを感じた。ついに、ようやく、私たちは家の外で一緒にすることを見つけたのだ。二人とも楽しむことができて、気楽に話せるものを。

私が何か月も待っていた瞬間だった。これまで、一緒に自転車を乗ろうと誘ったことがあった。「いやよ」。ローラーブレードはどう?「いや」。散歩に行かないか?「絶対いや」。車に乗ってどこか池のそばで休めるところに行かないか?「ありえないわ」。だが、今、それが起きている。私がずっと家を留守にしていた影響は洗い流された。私たちは今、二人でこれまで滅多にしなかったことをしている。もし彼女が気に入れば春の間はいつでもできる。今は夏時間で、仕事から帰宅したあとでもまだ明るい。

私たちは、今でも一緒に楽しむことができることを再発見していた。私たちの間を行ったり来たりしているボールから娘の強さを感じる。いちばん自然な方法で彼女が自分の強さを感じているとわかる。私がキャッチボールを心から楽しんでいるのと同じ楽しさを、彼女からも感じる。最近では娘と私の住む世界は異なってしまったため、自然に互いに疎遠になっていた。しかし、少なくとも今は、自分たちがまだ深いところでつながっていて、一緒に楽しめることがあることを見せられていた。ボールを投げたり受けたりしながら、グローブにボールがおさまる音や、ボールが頭上を飛んで後ろの木塀にバシッとあたる音を聞いていると、二人でずっとキャッチボールをしているような気分になった。時間が止まった。

私はこのひとときを、余計なことでさまたげないように細心の注意を払った。この時間は長くは続かない。日の光は薄れつつある。娘は友達からの電話を待っている。娘はその夜に友達の家に泊まりに行くことになっていて、迎えにくる時間を知らせる電話が来るのだ。電話が鳴った。彼女は出かける準備にかからなければならない。だが、ともかく私たちは再会した。娘と私のつながり、それはどちらにとっても価値を測ることができないものだ。

私たちは二人で玄関に座って、ドアのチャイムが鳴るのを待った。家には娘と私しかいない。突然彼女は、美術の授業で等身大よりも大きな自画像をどうやって描いたかを話しはじめた（こんなことは初めてだった。今でも、信じられないぐらいだ）。最初から最後まで鉛筆を紙から離さないで、鏡をのぞきながら描いたそうで、描いているものをたまにしか見ないで描く練習だったそうだ。私は突っ込んだ質問をいくつもすることができたが、そうはしなかった。もしそうしたら、彼女がこのように自分から話すことはなかっただろう。彼女は探りを入れるような質問には答えない。だがときたま、私の存在に応答してくれる。たとえ娘と私の距離が星と星との間ほど遠く離れているように見えても、このことを知って、いつでもつながることができる状態にしておくことが私のつとめだ。

女の子

娘たちが小さかったとき、私（mkz）は、彼女らの中に現れるさまざまな特質を見るのが楽しかった。娘たちはとても単純なことに熱中して喜んだ。たとえば、いちごを摘むときは、熟していることを一粒ずつ注意深く確かめてからカゴに入れた。あるときは、私の昔の服やはぎれでドレスアップして、女王さまや王女さまを気取った。海に行ったときにはイルカの赤ん坊になって私のまわりを泳ぎまわった。娘たちが物事の深いところを見て、突然わいてきた洞察を話してくれるときや、ふとした折に親切心や思いやりを見せるとき、そのすばらしく温かなハートに触れて喜んだものだ。もちろん、荒々しく怒っているときも、何も聞き入れない頑固なときもあった。しかし、その強固な意志を前にして挫折を感じることがあっても、私は、彼女たちの強さ、活力、一点集中する力を大切にすることにしていた。

このころは家も学校もまだ、広く流布している現代のカルチャーからの避難所の役割をしていた。娘たちの世界は単純で、圧力も期待も気を散らすものも少なかった。だが、成長するにつれて、状況は変わった。私は徐々に、広く行き渡っているカルチャーから娘たちが受け取っているさまざまなメッセージに気づくようになった。それはいたるところにあり、彼女らを束縛し、女性（少女）という理由だけであらゆる期待や圧力をかけていた。

新聞、雑誌、テレビや映画、店のレジカウンター、あらゆる場所で少女らは自己イメージに深く影響するおそれのある女性像にさらされる。そうした女性像は、彼女らが持っている最大の力は、消費者であることと性的対象物であることだと、それとなく、あるいは明白に示唆している。そして、それが意味する女性像は非常に偏狭で、少女ら、特に思春期を迎える年頃の少女らに、ダメージを与える可能性を持っている。

ところで、あらゆる製品の販売にこのような女性像が利用されている。そしてその焦点は、購入と消費に限られているわけではない。産業界全体が、女性と少女らに、顔や身体をもっと美しくもっと「完璧」にする必要があると納得させようと躍起になっている。しかし、生まれつきそのような顔や身体を持っている者は少数で、それも短期間にすぎない。広告業界やファッション業界、そしてセレブらの世界で作られるこの「理想的」外見は、少女らに、自分の体、髪、服装、肌、そのほか身体のすべてに強い不満を持たせることになる。

そこでは最高に重要なのは外見であり、その結果、多くの少女が、多大な時間とエネルギーを、自分の容姿がどう見えるか、見えないかということだけに費やして、身体能力、長所、創造力、内なる自己を養うことをないがしろにしている。一方、親たちは、二四時間続く魅惑的なメディアの誘惑に対して、女性としての本物で支えになるバランスのとれた視点を娘たちに与えようと苦労している。これは簡単ではないが、私たちにできることはある。

まず第一歩は、この産業界の影響が世間に蔓延していることに気づくことだ。そうすれば、影響にまったく気づかないでいることも、カルチャーの一部だから避けられないと見なすこともないだろう。気づくことが最初の一歩である。娘たちへの悪影響に気を配るようになると、彼女らの自己イメージや、自己評価、自信、興味、目標などに与えている影響が目に入りはじめる。そうすれば、あとになってそのダメージを修復することに長い時間かける前に、子どものときから、そうしたイメージにさらされるのを最小限に防いだり、購入するのを制限することができる。また、成長するにつれて、親が何を見て心配しているのか、いろいろと話せることが増えていくだろう——できれば上から目線でなく。そうすれば彼女らは、そのような女性像の後ろにあるものを見ることができるようになる。そして、言外のメッセージを自分で見きわめることができると同時に、それを見たり読んだりする消費者の購買欲がどのように刺激されるかも理解するようになるだろう。

さまざまなメディアにさらされて成長する少女は、メディアとの接触を制限されて育つ少女たちに比べて、狭くて屈辱的な女性像を詰め込まれる。メディアに触れる時間が少ないことの利点はほかにもある。実生活を体験する時間が増えるために、視野が広がり、自分を大きな視点から、多くの長所とスキルとユニークな性質を持つ人間として見るようになる。スポーツ、芸術的体験、知的体験、地域の社会活動など、創造的な力を刺激し発達させる活動やプロジェクトは、彼女らに現実の実体験を与えてくれる。

ところで、ネガティブな影響を与えるかもしれない現代文化からの避難所を作り、メディアの力に気づくように促す一方で、忘れてならないのが、制限するときのバランスだ。場合によっては、親の見方を伝えるだけでも細心の注意を払ってバランスを取る必要がある。そうでないと最終的に娘たちと私たち親の間に溝を作るおそれがある。なぜなら彼女らが惹かれている理由は、必ずしもテレビや映画やミュージックビデオや広告などの表面的な誘惑だけではなく、それらの持つ芸術的で起業家的な創造性にもあるからだ。

これが、より大きな気づきを持って子育てをすることが、非常に難しい理由の一つである。なぜなら、こうした文化的な流れを理解してそれに関わろうとするときには、自分の中の恐怖、限界、無力感に、継続的に取り組まなければならないからだ。私たち著者の家庭では、娘たちへの教育と制限を行うと同時に、私たち親はオープンで柔軟であるように努めるという、難しいバランスをとる綱渡りを続けた。娘たちが歳を重ねるにつれて、この方法は、交渉し妥協することが増えていった。そして、最終的には自分でよく考えて選択するように励ますところに達した。

子どもは、自分がしていいことや見ていいものが、ふつうと同じであることを強く願っている。彼らは当然、友達が何をしていいか、何を見ていいか、どんなふるまいが許されているかを、自分に許可されていることと比較する。しかし、社会でふつうと考えられているものでも、女性にとってはいろいろな意味で、暴力的で、残虐で、屈辱的であることが多い。その上それがどこにでもあるために慣れてしまって見分けることが難しい。世間にあふれている大部分の画像やイメージはセックスを暴力と結びつけ、女性や少女を物とみている。そして、白い肌で、無防備で、ほっそりした「理想」に当てはまらない女性を無視するか、嘲笑する。これに対するぴったりな反応は「怒り」だろう。だが、もちろん女性は怒ってはならないことになっている。女性が怒りを表すと、ありとあらゆる不愉快で下品なレッテルを貼られて、こんな言葉を浴びる。「いったいどうしたっていうの?」「どうしてこんなことをそんなに真面目に取るの?」「ユーモアのセンスはどこに行ったの?」「今、月のものなの？」

女の子を育てるとき、私たちはベストを尽くして、女性に対するこの偏狭なものの見方に立ち向かわなければならない。社会で優勢となっている見方を黙って受け入れるということは、社会と共謀して女性を中傷していることになる。母親の私たちは娘たちのために、狭い見方に代わるものを体現する必要がある。それには、私たちの在り方を変えること、彼女たちが生きている社会のカルチャーを別の目から見ることだ。今のカルチャーでは、彼女たちの特定の興味や見解は認められず、場合によっては冷笑されることさえある。私たちはそういう社会に生きる彼女らの味方にならねばならない。

娘たちは同じ理由で、父親も味方にする必要がある。すなわち、娘たちは、女性に敬意を払う父親を必要としている。そして自分が容姿によってではなく、ありのままで、父親から価値を認められていると感じる必要がある。娘たちが一〇代になって、思春期直前の身体的・感情的変化から苦しい時期を過ごしているとき、父親は、女性とつながりを作るときの自分の無意識、あるいは習慣的な行動に特に敏感になる必要がある。その行動パターンは娘との関係の中でも現れるかもしれない。具体的には、無礼になる、支配的になる、媚びる、自分の気持ちを優先するなどだ。父親の側に、自分の娘に愛されたいとか崇拝されたいという気持ちがあると、娘が父親から何を本当に欲しがっているのかがわからなくなる。そうなると必然的に典型的な行動が現れるだろう。そうなったときに、そのことに気づけば、相手をないがしろにして傷つける自動的な行動を、多少なりとも減らすことができるだろう。これが、習慣になっている衝動が起きたときに、それに気づいて、その反応的行動を調節する一連の経過である。

娘たちの自己表現や自主的な行動が、親たちの期待によって、どれほどその表現や行動の幅を狭められているかを検証することは大事なことだ。また、たとえば、愛嬌があるか、思慮深いか、敏感か、やさしいか、静かか、などにこだわることについてもよく考えてほしい。私たちは娘にいつも微笑んでいることを期待していないだろうか？　その気性を考慮に入れると同時に、彼女らの変化を進んで受け入れるだろうか？　朗らかで内気な娘が、情熱的で活発で社交的で、意見を自由に述べるティーンエージャーになることがあるものだろうか？　男の子の荒々しい行動をよくないとは思わないように、娘が、ときには怒って、大声を出して、荒っぽく行動することを容認することができるだろうか？　娘たちが自分のユニークな才能、創造性、長所を表現する方法を見つけようとしているのを応援しているだろうか？　このような問いに対する答えは、日によっても、その時々でも違うだろう。だが、問うこと自体が親としての仕事だ。

これには、娘たちに対する他人からの期待に取り組むことが大部分を占める。娘や私たちが、権威者や彼女らの仲間の言葉や行動が、不適切で狭量で中傷的であると気づいたとき（その中にはセクシュアル・ハラスメントや性的類型化なども入る）、彼女らが、相手の態度や行動をつきとめて言葉に表すのを励まし、感情を肯定することができるだろうか？　そのようにして問題を過小評価せず、彼女らの感情に疑いを持たず、ありのままの感情を認め受け止めることが、親は味方だと感じさせる。また、不当な扱いを受けたり、それとなく面目をつぶされたときに怒りや傷ついたと感じることは、許されるばかりか、健全な反応だと伝えることにもなる。

「男の子」の節でも書いたことだが、思春期の少年のことで気がかりな傾向がある。それは、少女たちをもの扱いしたり、侮辱的な期待を抱く傾向が、男の子や若者たちの間で高まっていることだ。この傾向は、性的で暴力的イメージを与えるウェブサイトや動画の氾濫によって煽られ、ＳＮＳや仲間カルチャーによって増幅されている。そして、多くの思春期の少女たちが、たとえ自分が傷ついたりトラウマを受けたりしても、そうした期待に応えなければならないと感じているようだ——こうした事態を招いている理由の一つには、この不健全な力関係が常態化していることがある。残念なことに、少女たちは、それに抗うとしたら、それは「彼女自身の」問題で、そういう感情を持つこと自体、彼女たちに問題があるというメッセージを受け取っている。親は、これらの力関係に気づき、子どもたちの社会で起きていることに気づくようにベストを尽くさねばならない。そして、彼女らが他人の不適切な行動を見分けられるように手助けし、彼女ら自身が立ち上がって自分で健全な境界を設定するのを応援しなければならない。

＊

口をつぐむこと。顔をそむけること。廊下を引き返すこと。堅信式のときに司教が私を平手打ちしたなら、平手打ちを返すこと。「いいえ」という言葉を口の中に、価値あるものとして、可能なものとして、たとえば、価値ある金貨のように保っていること。私の娘たちに「いいえ」を教えること。彼女たちの「いいえ」を彼女たちの素直な「はい」よりも高く評価すること。「いいえ」を祝うこと。あなたの握りこぶしの中に「いいえ」という言葉を握って、それを手放すことを拒むこと。暴力に「いいえ」という少年、違反を許さない少女、「いいえ、いいえ、私はそうしない」という女性を後押しすること。「いいえ」を愛すること、「いいえ」を大切にすること、それは私たちが最初に口にすることが多い言葉。「いいえ」——それは、変容をもたらす手段。

ルイーズ・アードリック『アオカケスのダンス』

娘の一人が一一歳のとき、数か月にわたって、娘や同じクラスの友人たちに対する先生の態度がとても失礼だと感じた出来事のことを話していた。私は、娘が、学校で起きていることを母親の私に話すことができると感じていること自体がうれしかった。そして、できるかぎり力になりたいと思った。ある日彼女はこんな話をした。学校で行われた夕方の行事のときに、娘が元気よく笑いながら友達と話していたという。すると先生がきて、娘の名前を呼んで、厳しい口調で、「女性らしくしなさい」と言ったという。娘はこれに、先生の目をまっすぐ見て、こう言ったそうだ。「私は女性です。ただし、強い女性です！」。

女の子は、自分の感情が肯定される体験をすることで、時間がたつうちに、自分を苦しませる他人の態度や行動を見分けられるようになり、それを言葉で言い表す〔名付ける〕ことができるようになる。自分が感じていることをそのまま認めて、感じている感情を信じてはっきりと表現できるようになる。このようにして、自分で自分の力を湧き上がらせることを学びはじめ、さらなる発達に必要不可欠な、情動調整力（emotional competence）を築きはじめる。女性を無力化し搾取する傾向がある社会で生きるとき、女性が自分の力で生きるためにはこうした強さが非常に重要になるだろう。

私はそのとき、当時一一歳だった娘をつれて東洋の絨毯を扱っている小さな店にいた。店主は外国から来た人で、誇張した笑いを浮かべて私たちを迎えた。あまりいい気持ちがしなかったが、気持ちを切り替えて何枚か絨毯を見はじめた。少したって店の外に出たときに、娘がとてもいやな気がしたと言った。私が店主から目をそらすたびに、彼が「変な目で」自分を見ることに気づいたという。私は娘に、文化的な違いについて二、三言話した。しかしあとになって、自分の反応がとても不適切だったことに気がついた。私は、店主の行動を説明して店主の言い訳をし、彼女の感情と不愉快さを無視してしまったのだ。

その夜おやすみを言うとき、娘に、私がその日、お店で起きたことをずっと考えていたこと、同じことが再び起きてほしくないと思っていることを話した。そして、またそういうことが起きたときのために、私に知らせる合図を二人の間で作ることを提案した。私は、「同じようなことが起きたら、私の手をぎゅっと握ってちょうだい」と言った。「そうすれば何か悪いことが起きているとわかるから、すぐにその場を離れることにする」と言った。娘の目が輝き、そうなったときのことを考えて、笑顔になった。

＊

九歳から一四歳の女の子は、自分の意見と自己統治権を捨てて社会に適応するようにと、目に見えない圧力をかけられることが多い。親は、難しくてとても無理だと感じるかもしれないが、娘たちが自分の中のもっとも強くもっとも大事なものを見失わないように、支え励まさなければならない。次節では、ありのままの自分に正直であることを貫いた少女の話、ノルウェーの民話を紹介する。

ぼろ頭巾──「ありのままに生きる」

あるところに、子どもがいない王と王妃がいました。王妃は子どもがいないことをとても悲しんで、宮殿の中がとても寂しいといつも嘆いていました。

王は、「それほど子どもが欲しいならば、子どものいる親族の女性を宮殿に住まわせよう」と言いました。王妃は「とてもいい考えですね」と言って賛成しました。まもなく、二人の姪が宮殿の部屋から部屋をはしゃぎまわり、庭で遊ぶようになりました。

ある日、王妃が窓から子どもたちを可愛いと思って眺めていると、見たことのない女の子がいっしょにボール遊びをしていました。なんと、その女の子の着ているものはぼろぼろの穴だらけではありませんか。これを見た王妃は、驚いて、急いで下に降りていきました。

「そこの子ども！」と王妃は鋭い声で言いました。「ここは宮殿のお庭です。ここで遊んではいけません！」。

二人の姪はそれを聞くと、「私たちが、一緒に遊んでと頼んだのよ」と叫んで、ぼろをまとった少女に駆け寄って、手を取りました。

見知らぬ少女は王妃にこう言いました。「あなたが私の母の力を知っていたら、私を追い払うなんてことはしないと思うわ」。

「あなたの母親とは、いったい何者なのか？　どんな力を持っているというのか？」と王妃はたずねました。

女の子は、宮殿の門の外にある市場で卵を売っている女を指差して言いました。

「私のお母さんは、そうしようと思えば、どうしたら子どもができるかを教えることができるのよ――これまでどんな方法で失敗していたとしてもね」。

この言葉を聞いた王妃はたちまち興味をそそられて、こう言いました。「あなたの母親に、私が宮殿で話したいと言っていると伝えなさい」。

そこで女の子は市場に走っていきました。まもなく、背の高い、がっしりした体つきの女が、王妃の居間に大股で入ってきました。

王妃は母親に言いました。

「あなたの娘が、あなたには特別な力があると言いました。どうしたら子どもができるか、教えられるとも聞きました」。

「お妃《きさき》さまともあろうお方が、子どものおしゃべりに耳を傾けるなどあってはならないことです」と女は答えました。

王妃は「お座りなさい」と言うと、美味しいごちそうと飲み物を用意しました。それから卵売りの女に、「私は世界の何よりも、自分の子どもが欲しいのです」と言いました。女はビールを飲み干すと、慎重な口調で、おそらく試しても安全な魔法を一つ知っていると言いました。

「今夜、あなたのベッドを外の芝草の上に置いてください。暗くなったら、二つの桶に水を入れて、あなたのところに運ばせてください。そしてそれぞれの桶の水で身体を洗ってください。その後、ベッドの下に水を捨ててください。朝起きると、花が二輪咲いているでしょう。一つは美しく、一つは珍しい花です。美しい花を食べてください。珍しい花はそのままにしてください。このことを絶対に忘れないでくださいね」。

王妃は、女の言うとおりにしました。朝になると、ベッドの下に二輪の花が咲いていました。一つは緑で奇妙な形でした。もう一つはピンクでよい香りがしました。王妃はすぐにピンクの花を食べました。とても甘くて美味しかったので、「どちらにしても、よいことも悪いこともないと思うわ」と独り言を言いながら、もう片方の花も食べてしまいました。

それからまもなく、王妃は自分が妊娠していることに気づき、やがて子どもが生まれました。最初に生まれた女の子は、手に木のスプーンを持って山羊《やぎ》に乗っていました。とても奇妙な様子をしていて、生まれた瞬間に、「ママ!」と大声で叫びました。

王妃は、「もし私があなたの母親ならば、どうか神さま、私がもっと良い人間になるようお助けください」と言いました。

少女は、山羊を乗りまわしながら、「残念に思わないで。次に生まれる子は、ずっとましな顔をしているから」と言いました。そのとおりでした。双子の二人目は美しい女の子でしたので、王妃はとても喜びました。

双子はすべてが違いましたが、二人はお互いが大好きでした。一人がいる場所には必ずもう一人もいました。しかしまもなく、先に生まれた女の子には「ぼろ頭巾」というあだ名がつきました。彼女は力が強く、しわがれ声で、気取ることなく、いつも山羊に乗って駆けまわっていました。着ているものはいつも穴があいて泥だらけで、ぼろぼろの頭巾を被っていました。彼女に清潔な可愛いドレスを着せておくことは誰にもできませんでした。彼女が古い服を着たいと言い張るので、王妃は根負けして好きなようにさせました。

二人の姉妹が大人に近づいたあるクリスマス・イブのことです。王妃の部屋の外の回廊でひどい騒音と騒がしい声がしました。ぼろ頭巾が、「廊下で騒がしく動きまわっているのは何ですか」とたずねると、王妃が、「トロルの一群が宮殿に侵入したのです」と言いました。

そして、これは七年ごとに起きていることで、邪悪な生き物を誰もどうすることもできないこと、宮殿の人たちはみなトロルたちを無視していたずらに耐えていることを説明しました。

すると、ぼろ頭巾が言いました。「そんなの、馬鹿げているわ。私がぜんぶ追い出してやる」。

それを聞くと誰もが、トロルはとても危険な生き物だからそっとしておかなければと言って、反対しました。でもぼろ頭巾は、自分は少しも怖くない、自分がトロルをぜんぶ追い出してやる、と言って、王妃に、扉をぜんぶ、完全に閉めるように言いました。それからトロルたちを捕まえるために、回廊に出ていきました。彼女は、木のスプーンで彼らの頭や肩を叩いて攻撃しました。そうして彼らを追い出すために一箇所に追い込んだので、宮殿の中はぶつかる音や叫ぶ声でグラグラ揺れて、建物が倒壊するかと思うほどでした。

そのとき双子の妹がぼろ頭巾を心配して、何が起きているのか見ようと、ドアから顔を出しました。「ポン！」その瞬間にトロルがやってきて、彼女の頭を叩いて奪い、代わりに子牛の頭をのせてしまいました。かわいそうな王女は、四つん這いになって部屋に戻ると、子牛のようにモーと鳴きはじめました。

さて、部屋に戻ってきたぼろ頭巾は、妹のありさまを見ると、付き人たちがよく見張りをしていなかったことをカンカンに怒りました。彼らの不注意のせいで妹が牛の頭になったのです。

「私がトロルの呪いを解くことができるか、やってみる。それには、装備が完全で航海に必要なものが揃っている良い船が必要よ」とぼろ頭巾は言いました。

王は、娘のぼろ頭巾が粗野ながら並外れた能力の持ち主であることがわかったので、船に船長と乗組員を乗せるという条件で同意しました。しかしぼろ頭巾は、船長も乗組員もいらない、自分ひとりで船を操ると言って、断固として譲りませんでした。とうとう王たちは彼女の好きにさせることにしました。こうしてぼろ頭巾は妹を連れて出港しました。

船は追い風に助けられてたちまちトロルの国に着きました。ぼろ頭巾は、桟橋に船をつないで、妹に船で静かにしているように言うと、山羊にまたがってトロルたちの家に向かいました。すると開いている窓から、壁に妹の頭が下げてあるのが見えました。それを見たぼろ頭巾は、あっという間に山羊もろとも飛び上がって、窓から家に入りました。そして、妹の頭をつかんで窓から外に飛び出しました。すぐにトロルたちが追いかけてきました。そして、ブンブン怒っている蜂たちのように金切り声をあげながら、まわりに群がりました。しかし、山羊が鼻を鳴らして角で彼らに突っ込み、ぼろ頭巾は魔法の木のスプーンでトロルたちを叩きつづけたので、彼らはとうとう追ってくるのを諦めました。

こうしてぼろ頭巾は、無事に船に帰ると、妹から子牛の頭を取って、元の美しい頭を戻してやり、妹は再び人間になることができました。

そこでぼろ頭巾は言いました。「これから船で世界を見てまわりましょうよ」。妹も同じ気持ちでしたので、二人は海岸に沿って航海を続け、あちらこちらに停泊したのち、ある王国に着きました。

ぼろ頭巾が桟橋に船をつなぐと、お城の人々は、知らない船があるのを見て、船を操縦しているのは誰か、どこから来た船かを知るために使いを送ってきました。使いは船にぼろ頭巾しかいないのを見てたいへん驚きました。しかも彼女は船の甲板を山羊に乗って動きまわっていたのですから。

ほかに乗船者がいるかとたずねられたぼろ頭巾は、妹がいると答えました。使いの者はその人にも会いたいと言いましたが、ぼろ頭巾は断りました。そこで使者は、「王と二人の王子に会いに二人でお城においでになりませんか」とたずねました。

「いいえ、もし私たちに会いたいなら、船まで会いに来るように伝えなさい」。ぼろ頭巾はそう言うと、山羊に乗って駆けはじめましたので、とうとうデッキの床が大きな音を立ててきしみはじめました。

王の二人の息子のうち年上の王子は、使いから話を聞くと、見知らぬ人たちに興味がわいて、翌日海辺に降りてきました。そして、美しい妹を見ると、たちまち恋に落ちてしまい、結婚したいと思いました。

でも妹は、「いいえ、決してしません。私は姉のぼろ頭巾の側から離れません。姉が結婚するまでは、私も結婚しません」と言いました。

王子は落胆してお城に帰りました。山羊に乗った、みすぼらしい奇妙な生き物と結婚したい者がいるとは考えられないからでした。ところで、旅人をもてなすことは義務でしたので、双子の姉妹はお城の大宴会に招かれて行くことになりました。兄の王子は、弟王子に、ぼろ頭巾をお城までエスコートしてくれるように熱心に頼みました。

一方、双子の妹は、姉の髪をとかしていちばん上等のドレスを用意しました。しかし、ぼろ頭巾は着替えるのを嫌がりました。

「ぼろぼろのマントと古いブーツの代わりに、私のドレスを着てちょうだい」と妹は頼みましたが、姉のぼろ頭巾はただ笑っているだけでした。

「おんぼろの頭巾をとって、顔の煤《すす》をふいてちょうだい」。妹は不機嫌になって言いました。大好きなお姉さんに、最高の姿を見せてほしかったからです。

でもぼろ頭巾は、「いいえ、私は、ありのままの自分で行くわ」と言って譲りませんでした。

町の人たちは、知らない国から来た二人がお城に向かう様子を一目見ようと集まってきました。行列は見事に飾りたてられていました。先頭は、王子とぼろ頭巾の妹で、金色の布で飾られた二頭の立派な白い馬に乗っていました。次は弟の王子で、銀の馬飾りをつけた馬に乗っていました。その脇には山羊に乗ったぼろ頭巾がいました。

ぼろ頭巾が弟王子に言いました。

「あなたはあまり話さないのですね。何もおっしゃることがないのですか？」

「話すことがあると思いますか？」と王子が反論しました。そして、黙って進んでいきましたが、ついに王子がこう言いました。「あなたはどうして馬ではなく、山羊に乗っているのですか？」

するとぼろ頭巾がこう言いました。

「あなたから聞かれたから答えますが、私は、そうしたいと思えば、馬に乗ることもできますよ」。そう言うと、山羊は美しい駿馬《しゅんめ》に変わりました。

「すごい！」王子は目を丸くして、興味がわいた目で彼女を見ました。

そして、「どうしてあなたは、そんなぼろの頭巾で頭を隠しているのですか？」とたずねました。

「ぼろの頭巾ですか？　私がそうしたいと思えば、変えることができますよ」。たちまち、長い黒髪の上に金と小さな粒真珠でできた輪の髪飾りが乗っていました。

王子は驚いて言いました。「あなたのような人は見たことがありません！　では木のスプーンは、どうして選んだのですか？」。

彼女は、「これはスプーンですか？」と言うと、スプーンはナナカマドの木でできた、先端が金の杖になっていました。

「わかりました！」。王子はそう言うと、にっこり笑って、鼻歌を歌いながら進んでいきました。

とうとうぼろ頭巾がこう言いました。「あなたは私に、どうしてこんなぼろを着ているのかたずねないのですか？」

「たずねません。あなたが、それを選んだから着ていることは明白です」。それを聞くと、ぼろ頭巾のぼろのマントは消えて、緑のベルベットでできたマントとドレスになりました。王子はそれを見てただにっこり笑って言いました。「その色は、あなたにとても似合います」。

そうして、お城が目の前に現れたときに、ぼろ頭巾が言いました。「あなたは煤で汚れた下にある私の顔を見せてくれと言わないのですか？」

「それもあなたしだいです」と王子は言いました。

彼らがお城の門をくぐったとき、ぼろ頭巾がナナカマドの杖で顔に触れると煤の汚れは消えていました。彼女の顔が愛らしかったか、ふつうだったか、私たちが知ることはないでしょう。なぜなら王子にもぼろ頭巾にもそんなことは少しも大事なことではなかったからです。

でもこれだけは言っておきましょう。お城の大宴会はとても楽しくて、ゲームや歌やダンスが何日も続きました。

ぼろ頭巾の生命力の鍵は、自己統治権と正真正銘性（authenticity）にある。彼女の行動も言葉も表面的には一風変わっていて不快でさえあるが、ぼろ頭巾はありのままの自分になることを怖がっていない。彼女は生まれつき騒がしくて他の子どもと違っている。従来の社会的慣習から見れば、「醜い」とさえいえるかもしれない。声が大きく、汚くて、恐れを知らず、強い人間だ。自分の進む道を知っていて、他人がどう思おうが、自分が行きたいほうに行く。受け身の部分が一切ない。彼女は、船長になり乗組員になって船を操縦した。妹の頭を取り戻した。さらに世界を巡った。彼女は粗野な人間だが、誰もが憧れる理想的な伝統的外見をぜんぶ持っている「完璧な」妹を愛して、そのうえ彼女に尽くすことさえできた。色白の妹と浅黒のぼろ頭巾、彼女の容姿はおそらく心地よいものではないだろうが、そのまま受け入れられることを望んでいる。つまり、見ようとしない目からは隠れている、深いところにつねにある彼女の真の姿の美しさに敬意を払うことを要求している。

ぼろ頭巾の妹は愛情から、姉に、ぼろの服を着替えて汚れた顔を洗ってほしいと言った。妹は、姉にいちばん美しい姿になってほしかった。この妹と同じように、どれだけの親が、他人の批判から子どもを守りたくて、同じような苦労をすることだろう。親は、自分が見ているように、他人からも、子どもが美しく見られてほしいのだ。しかし、ぼろ頭巾は動じなかった。「いいえ、私はこのままで行くわ」。

王子は、ぼろ頭巾の隣で馬を進めていく間、無言だった。そして、ぼろ頭巾に聞かれてようやく口を開いたとき、彼は世間話などではなく、正直で率直な質問をした。「あなたはどうして馬ではなく、山羊に乗っているのですか？」。そして、山羊が馬に変わったとき、それが何を意味するのかに気づいて、よく注意を払うようになった。彼は二、三の質問をしたあと、彼女の服装について質問するのを、その手前でとりやめた。王子の沈黙に私たちは、彼がぼろ頭巾をありのままに受け入れたことを感じる。そこでぼろ頭巾は自分のほうから、王子にこうたずねなければならなかった。「あなたは私に、どうしてこんなぼろを着ているのかたずねないのですか？」。彼はそれに対して、たずねないと答え、その理由を、彼女がそのドレスを選んだことは明白で、もし彼女が別のドレスに変えたいならそうするだろう、と言った。こうして王子が彼女の自己統治権を認めて、「それもあなたしだいです」と言った瞬間に、ぼろ頭巾に変容が起きた。ぼろ頭巾は、王子に、愛についてもっとも大事なことを教えたのである。

擁護すること《アドボカシー》、はっきり言うこと《アサーティブネス》、説明すること《アカウンタビリティ》

あるとき私（mkz）は、学校から、娘のことについて話し合いたいという理由で呼び出しを受けた。ちょうど同じ時期に私の友人も同じような体験をした。問題とされたテーマはどちらも同じで、「強い意志を持った女の子は、自分がどう感じるかを言葉に出す。それは〝敬意を欠いた無礼な行為〟である」というものだった。

ある日の午後、私は小学校の校長室にいた。校長先生は私にこう言った。「あなたのお嬢さんをは

じめ何人かの五年生の女子は、休憩時の補助教員から、男子と一緒にサッカーをしてはいけない、女子はサッカーをやめなければならないと言われました。しかしお宅のお嬢さんは、教員に、あなたは性差別主義者だ、女の子も男の子と同じくサッカーをする権利を持っている、と言ったそうです」。こう言いながら、校長は腕を組み、顔を横に向けて、娘の怒った反抗的な態度をまねして見せた。校長は、母親の私も、娘の行動を受け入れず、自分に賛成するだろうと思っていたのだ。校長は続けて、補助教員らと娘の間でミーティングが行われたことも話した。ミーティングでは、娘が失礼な態度を取ることは許されないこと、補助教員らは生徒の安全を守る義務があるので、生徒は彼らに従わなければならないことが言い渡されたという。さらに校長は、娘の見解もたずねたこと、補助教員一人ひとりに謝罪の手紙を書かなければならないと彼女に話したことも、私に告げた。

私は、娘が、自分が感じたことを相手に敬意を示しながら伝える方法を学ぶことが必要だという点では同意した。同時に、娘は状況を不公平だと認識して怒りを感じたわけで、そのことを伝えたかったと思われるとも話した。また、私から見ると、娘の懸念と観点が真剣に受け止められなかったように思われること、そのことを表したこと自体が「悪い」かのようであるとも話した。そして、こう質問した。「もし男の子が腕を組んで、同じように、自分のために声をあげたなら、これほど悪く受け止められたでしょうか」。

あとで私は娘に次のような話をした。彼女は、相手に失礼にならない方法で自分の意見を言う方法、声をあげる方法を学ぶ必要があること、つまり、性差別主義者という言葉を使ったときに論点が相手に伝わらなければ、聞く相手は自分が悪いレッテルを貼られたと感じるだろうということである。さらに、自分のしぐさや声の調子など、どんな話し方をしているかに気づいていることが必要で、何を言うかだけではなく、どんな方法で言うかもとても重要だということも話した。私は娘に、彼女の行動が他人に影響を与えたこと、それが結果をもたらしたことを理解してほしいと思った。そして、その結果の一つが、彼女の話を聞いている相手の聴く能力に影響を与えたことだった。

自分が感じることや自分のものの見方を、相手に敬意を払いつつ伝えるのは容易ではない。これを学ぶためには多くの実践が必要だ。私たちは子どもたちに試行錯誤する余裕を与えなければならない。試みて学び、失敗から学び、そして、また試みるのである。

娘が声をあげた勇気は教師から認識されなかった。娘が受け取った暗黙のメッセージは、「口をつぐんで従順になれ」だった。彼女が、自分や他の人のために声をあげようとするたびに、こうしたメッセージを受け取りつづけたなら、そして、親の私たちが娘の怒りを受け止めず、娘の見方を理解しようとしなければ、彼女は声をあげることをやめ、自分への信頼を部分的にでも失ってしまうだろう。これが多くの少女に起きていることだ。九歳ごろの少女は生き生きとしていて自信満々であることが多い。だが、一四歳になるまでには、彼女たちの強さは影をひそめ、持続せず、表から見えなくなることもある。失われることさえある。

私の友人の娘は、非常に優秀でいつも完璧を目指し、自分に厳しい。彼女は物事に対してはっきりした考えを持っている。彼女が五年生のとき、先生が彼女に、研究課題で使うもの（彼女が作った指人形と町の図書館から借りた本）を週末に学校に置いたままにするようにと指示した。それは翌週にクラスで報告することになっている課題の一部で、学校に持ってきていたのだ。彼女は、週末に学校に置いたままにするのは安全でないと感じたが、そう言う代わりに、「いやです、家に持って帰りたいです」と言った。先生は、自分の指示に従わないのは敬意に欠けると感じて、親たちを呼び出した。

この子はこれまで一度も、「乱暴な行動をする」「無作法にふるまう」ようなことはなかったのだが、先生は、彼女の行動を、「自分にとって大事なこと」を正直に言えるだけの安心感を彼女が感じていた証拠とは考えずに、悪くとるほうを選んだ。

たしかに、友人の娘はもっとわかりやすい言い方をすることもできただろう。心配していることを先生に説明したなら、敬意を払っているように見えただろう。だが、繊細なコミュニケーション技術は実践練習と体験で身につくものだ。大人である教師が、生徒の気持ちをもう少し大切にして、家に持ち帰りたい理由をたずねてもよかったのではないだろうか。

親の私たちは、子どもが、彼ら自身が感じている懸念に気づくように手助けし、それを、相手に敬意を払いながらも、ものおじしないで伝えるように励まさなければならない。また、たとえ自分を理解してもらえなくとも、感情が考慮されない場合でも、正しいと考えることのために立ち上がるように励まさなくてはならない。このためには、ときには子どもたちを擁護する必要もあるだろう。また彼らが複雑な状況に陥った場合は、その状況を理解できるように手助けしなければならないだろう。

子どもたちが学校で、自分の感情が大事にされている、自分のものの見方を大人が理解しようと努力している、大人たちに思いやりがあり、心を開いて、裁くことなく質問してくれると感じることができれば、今よりはるかに多くの重要なライフスキル〔日常生活の多種多様な問題や要求に建設的かつ効果的に対応するために必要とされる能力〕を学校で学ぶことが可能になるだろう。

学校の中のマインドフルネス——学校で「本当の自分を知る」

一九九〇年代の半ば、ユタ州のサウス・ジョーダンにあるウェルビー小学校の五年生担任の教師チェリー・ハムリックは、六年間、授業にマインドフルネスを組み込んだ。それは、生徒たちが本来の自分でいるのを促すためだけでなく、学習しながら自分をもっと知るようにするためだった。彼女は毎日、子どもたちが内面に集中する時間を作って、それを、「自分自身と親密になる」時間と呼んだ。今では、国内で多くの教師が、さまざまな方法で、授業にマインドフルネスを組み入れている。ハムリック先生は最初の一人で、本物のパイオニアだった。ここに、彼女が行った、マインドフルネスを組み込んだ授業の一端を紹介する。

＊

毎日、その日の担当になる子どもが、静かな時間のはじまりと終わりを知らせる合図のベルを鳴らす。決まりとしては、担当の子どもが、全員が静かに座って自分の呼吸に気持ちを向ける静かな時間の長さを決めること。最長でも一〇分間だ。また、瞑想の鍛錬時間をどのぐらいするか、どんな方法でするかは、子どもたちみんなで選ぶことになっている。瞑想法としては、静かに座る瞑想鍛錬のほかに、教室の床に横になってボディ・スキャン瞑想をすることもある。また、マインドフルネスを土台としたストレッチング、学校の校庭での歩く瞑想、教室に入る前に列に並んで立っている瞑想もある。最初のころは、子どもたちはこれらのストレス低減のエクササイズを「変わってる」「変なの」などと感じていた。それがそのうちに一日の中の大切なひとときとなり、やがて多くの子どもが大好きになり、親や家族と一緒に楽しむものとなった。

彼らは、呼吸に意識を向け、心の中に思考がわいたり消えたりするのを観察しているうちに、心に浮かぶ思考の一つ一つに反応しなくてもいいのだとわかってくる。心が飛び跳ねたり、動揺することがあっても、自分も心と一緒に飛び跳ねる必要はないことを理解する。鍛錬を重ねるうちに、黙って座っていることに気持ちよさを覚えるようになる。ADHDを持っているある男の子は、低学年ではいろいろな問題を抱えていたが、一年間のマインドフルネスの鍛錬の間に、静かに座ることを学び、それを比較的心地よく感じるようになり、一度に最長一〇分間、呼吸に気持ちを集中することができるようになった。授業に集中する能力が劇的に改善され、はじめて友人や先生から受け入れられた。これは、ある日私（jkz）が学級訪問したときに少年の母親が話してくれたことだ。その日彼は、学級で行う一〇分間の座る瞑想をリードした。そこには授業見学の親たちもいたが、私たちが静かに座っている間、彼が指示を出していた。

心身を楽にして、自分に集中して静かにじっとしていることを小さいうちから学ぶことは、学校の一日から受ける外的刺激や体験に、バランスの取れた平静な気持ちで取り組むために非常に役立つ。とりわけ、彼らに元来備わっている、注意集中能力、広い範囲に気づいている能力をどのようにして呼び起こしたらいいかがわかるようになる。それによって、これまでよりさらに「今、ここ」の状態でいることができるようになり、その結果、学習にも学校生活にもずっと身が入るようになる。ハムリック先生の生徒で一一歳の少女から次のような手紙をもらった。

瞑想は、家での習慣以上のものになりました。私はこれを一生続けていこうと思います。瞑想をしはじめたころに体がかゆくなったときには、「単なる感覚」と自分に言い聞かせましたが、一分後には体をひっかいていました。でも今はひっかくことはありません。なぜなら、かゆみが自然に消え去るまで、かゆみを感じながら何もしないでいられるからです。瞑想をしていると呼吸が深くなって、以前より呼吸に集中していることにも気づきました。また、ヨガをしているときに、以前よりも力がわくことに気づきました。これはおそらく、自分の行動に以前よりも気づいて《マインドフル》いるからだと思います。瞑想とヨガのおかげで、何をするのにも以前のようには急がなくなりました。

ハムリック先生は、マインドフルネスを土台とするストレス低減法をクラスに持ち込んだだけではない。数学、国語、科学、地理をはじめとする全学課に、マインドフルネスを想像力豊かな方法で取り入れた。生徒たちに、能力のすべてを使って学ぶことを奨励した。生徒らはすべての学習において、認知スキルと情報処理スキルを発達させるだけでなく、直感、感覚、身体意識を同時に発達させることに取り組んだ。こうして彼らは、学ぶことに対する情熱を育むと同時に、現在では「感情的知性」と呼ばれているものの基本を学んでいたのだ。

同じ学校の教師で、ハムリック先生の公開授業を見学した教師が次のように述べている。

彼女のクラスの生徒の態度と雰囲気は忘れられません。私は、あのようなものを一度も体験したことがありませんでした。彼女がものごとを説明するとき、ある言葉をよく使うのに気づきました……彼女は、自分が到達しようとしていたものを「機能する学級」と言っていました。

生徒たちは、課題について互いに協力し議論しあっていて、とてもおだやかな雰囲気でした。話すことが奨励されていました。ただし課題に関することと、「感じていること《フィーリング》」の話だけです。生徒にも先生にも純粋な興味と思いやりがありました。子どもたちは、毎日、感じていることについて話し、それを処理することを実行していました。私は、生徒たちが、自分に対する敬意、人間の生活に対する関心、いのち全般に対する関心という点で成長していることを感じました。

彼らは、私がこれまでに見たり体験したどんな教室よりも、心から幸せで満足しているように見えました。彼らは愛を、それにふさわしいふれあい（ハグ）で表していました。また、衝突や問題を解決するのに、敵対したり相手をののしったりするのではなく、愛情のある、思いやりある方法で解決することを知っていました。

ハムリック先生はまた、子どもたちに、自分の呼吸に意識を集中する方法や呼吸に触れる方法を教えただけでなく、その方法を利用して、日々の生活の中で自分を制御する方法も教えました。生徒たちは一日の準備として朝に数分間の瞑想をすることで、その日の学習をうまくこなすことができるようになるようでした。私たちは公開授業でこのクラスを教えましたが、生徒たちは、ふつうなら雑音で気を散らされるこの環境の中でも集中していました。その光景はまさに、ハムリック先生が自身の鍛錬の成果と意欲を教育に用いたことへの賛辞といっていいものでした。

以下に紹介する話はハムリック先生が私（jkz）に手紙で伝えてくれたことである。学校の改装のために彼女のクラスが一時的に別の場所に移らなければならなかったときの話である。

五年生の担任教師たちはみな、この移動が生徒たちを混乱させて、彼らの行動が劇的に変わったと話していました。実際、生徒たちの問題行動のことは学校全体で聞かれました。移動の第一日目、ほとんどの教師は混乱をきわめていました。その中で私がわかったのは、これまでの「マインドフルネス」の鍛錬が、「新しい環境のなかの」日々がいつもと同じで少しも変わらない快適な一日になるための地固めをしてくれたことでした。

移動をした当日から生徒たちはおだやかでした。するべき学習に一つのクラスとして集中して取り組む態度は変わりませんでした。学校全体、教師も生徒も、新しい環境の中でどこに何があるのかを見てまわろうと混乱しているとき、彼らは、〝自分たちのフィーリング〟と呼ぶものと共に、新しい教室の雰囲気になじもうとしていました。彼らは、一緒に瞑想しているときに体験する「フィーリング」の中で、みんなで座っていることを望んでいました。仲間たちと共に体験する静謐さを愛していました。彼らは、「それをどう説明したらいいかわからない、それは「言葉」じゃない」とも言いました。説明が欲しい大人は、これを聞いてフラストレーションを感じるかもしれません。生徒たちが言うには、それは感じるもので、「ここに来てしばらくの間はそれが起きなかった。みんなが一緒にいるときにいちばん起きやすいんだ」ということです。

教室を移動した最初の日、私は口を出さずに、生徒たちに任せました。よくそうするのですが、そうすると、彼らがどれだけ理解しているか、どのあたりまで来ているかの見当がつきます。生徒たちは、すべての場所を知りたいとは思っていませんでした。知りたかったのは、お手洗いや水飲み場など必要不可欠な場所だけでした。彼らはただ、お互いに仲良くして自分たちの教室にいることを望んでいました。私は一一時になってから、生徒たちに、「学校の中を見てまわりたかったらそう言ってください」と言いました。彼らはにっこり笑っただけで、自分たちは大丈夫と言いました。そして、「ランチのときにカフェテリアを見せてもらってもいいけれど、まだランチになっていませんね」と言いました。生徒はさらに、とても丁寧な言い方で、「先生は先を予測する才能を使っておられるようですけど」と言って、「今はじっとしていたほうがいいと思います」と言いました。私は、「ええ、いいわ」と言いましたが、生徒たちが私をどう思っているのかと不思議に思いました。「先生を助けてはダメだよ。ADHDのある（先出の）男の子が、話を聞いて、動揺してこう言いました。「先生は自分で考えるんだから」。

私たちのクラスは、「新しい場所」で二週目を迎えても、知りたいのは重要な場所とその時々に使う部屋だけでした。私はマインドフルネスの鍛錬の結果をとても喜んでいました。私は生徒に、「学校を見てまわりたかったらいつでも言ってください」と何度も言いましたが、生徒たちは、ここを離れるときに見学ツアーをするのがいいかもしれないと言いました。彼らは、自分たちが目撃しているものについてこう言いました。「他のクラスは、自分たちに本当に必要でないものに夢中になって、われを忘れ、互いに協力しあうのを忘れている」。生徒のPさんはこう言いました。「あの人たちは、いつも何かを手に入れようとしてその辺を走りまわっていて、止まらないんだ」。

この子どもたちは、非常に意欲的で、創意豊かで、愛情深い熟練教師の指導のもとで、内面に意識を集中することを学んだ。その結果、彼らは自分自身をよく理解することになり、また、自分たちにとって有意義で本物だと感じられる方法で、協力しあって物事に取り組むことを体験した。

❋

チェリー・ハムリックは時勢に先駆けていた。約二〇年後の現在、この国をはじめ多くの国々で、学校生活のさまざまな面にマインドフルネスが取り入れられ、多種多様なプログラムやカリキュラムの開発、実施、研究が行われている。それらは、自己認識、注意力、集中力、向社会的行動を高めることを目的とし、他者への共感や理解を深めることも含まれる。マインドフルネスの鍛錬を教室における日常的な体験とすることによって、子どもたちは自分を知り自分を探索する。将来これが小学校・中学校の教育に革命的変化を起こすかもしれない。

❋

私たちが生活の中でより深いマインドフルネスから来る良さを味わうようになると、自分の子どもに、瞑想法をはじめさまざまなマインドフルネスの鍛錬法を教えたいと思うようになるかもしれない。その場合、第一にすることは、それが彼らによい結果をもたらすことを想像して、それに執着している自分に気づくことである。子どもたちは簡単に、私たちの目論見に気づいてしまうものだ。子どもに役立つだろうと考え、年齢に適したやり方でマインドフルネスを彼らに紹介しようと考えるなら、まずしなければならないのは、自分の動機と意図の検証である。

あるとき、自然に、マインドフルネスが役立つかもしれないと思う機会ができる場合がある。そんなときは自分の体験と鍛錬を利用しよう。たとえば、子どもがけがをしたとき、痛みはどんな「色」をしているか、その色が刻々どう変化するかを子どもが気づくように導くことができる。あるいは、子どもが緊張してなかなか眠ることができなくて困っているときに、小さなボートの中にいることを想像させて、呼吸の波の上で「浮かんでいる」方法を教えることもできるだろう。また、彼らの気持ちが傷ついたときには、他人の言葉や行動によって心が「波立った」ときのことを考えることができるかどうか、考えさせるのもいい。

親は、年齢に応じて、子どもの兆候と彼らの興味の様子を見ながら、瞑想法を教えるときかどうかを検討するのが賢明だろう。最終的には、私たちが教えられる最高のものは、「今　ここ」にいようと努力する私たちの姿を見せ、子どもたちの気持ちに敏感になることによって、手本を示すことだ。座位でも横臥でもいいが、正式な瞑想をするとき、私たちは沈黙と静けさを体現する。子どもは、私たちが深く集中するのを見て、そのような在り方に親しんでいく。また、マインドフルネスの鍛錬によって育まれる洞察や態度は、自然に家庭のカルチャーに浸透し、子どもたちに影響を与える。いつか子どもたちが、彼らの人生の中でそれが役に立っていることがわかる日が来るだろう。

第9章

制限と自由

期待

親が子どもに対してよく吟味したことのない期待を抱いていると、ものの見方がゆがみ、親としての選択や行動に影響する。期待には、子どもの成長と発達に役立ち、肯定的で、子どもの自尊心や、やる気《エージェンシー》、責任感などを育むものもあれば、子どもを縛って窮屈にし、本人だけでなくまわりにも不要な苦しみを与えるものもある。

自分や他人に期待を持たない人はいない。中でも、自分の子どもには特別に期待しているものだ。子どもがどうふるまうか、どう見えるか、どんな服装をするか、学校の成績、友人関係、年齢相応で発達段階にふさわしい行動をしているかなど、きりがない。しかし、誰でも人生のさまざまな場面で見てきたと思うが、期待の後ろにはある種の判断がつきものだ。自分の思考や感情をよく注意して見ると、私たちの内面には、期待と、そして期待から来る暗黙の想定と判断がつねに存在することに気づくだろう。そういうものに頑固にしがみついて、それらが単なる思考でしかないことを忘れると、深刻な問題を引き起こす。たいていの場合、激しい感情を伴っている思考であっても、必ずしも真実ではないことが少なくない。この理由から、マインドフルネスによって自分の期待に気づくことは、私たちの目を大きく開かせ、自由にする。

自分に対して持っている期待を検証しはじめると、それらがいかに多様かがわかる。私たちは、自分が「基準」に達しないと、酷なほど自分を裁いていることが多い。自分に対する期待の例を紹介しよう。いつも物事をうまくこなさなければならない、「正しく」行わなければならない、仕事に成功しなければならない、すばらしい親でなければならない、親思いの良心的な息子や娘でなければならない、ほかの人たちから好かれて尊敬されていなければならない、など。

自分が自分の期待に沿っていないと感じたとき、自分を容赦なく批判すると、そのときの状況とそれまで生きてきた人生にもよるが、恥、落胆、当惑、怒り、屈辱、うつ、不適格だという感情など、多くの感情が出てくる。子どもたちも同じだ。判断されていると感じると同様の感情を体験するだろう。そういう理由から、親は自分が抱いている期待に気づくと同時に、それをどう表現しているか、期待の目的は何か、どのような影響を子どもたちに与えているかについて、よい面、悪い面に気づくことが大事だ。

期待することとは、子どもによっても、年齢や性別でも違うだろう。日々の家庭生活に関連したもの、たとえば、誰が何をする責任があるかという期待もあれば、家族の人間関係に関する期待もあるだろう。また中には、無意識で暗黙の、多くの感情がつまっていて問題を起こす可能性がある期待もあるだろう。いい例が、子どもはつねに従順に決まっている、反抗的に決まっている、内気に決まっている、愛想がいいに決まっている、といった期待だ。親たちは害を与えるつもりはないのだが、最終的にこうした期待は、無意識に、子どもたちを概念という箱の中に拘束し侮辱する結果になる。ここでも真の問題は、親が自分の考えや意見に囚われて、結果として、子どもたちの実像や複雑さをありのまま見ることができない自分に気づかないことだ。

マインドフルネスをつねに養っていると、自分の思考に時折注意を向けることになり、思考に気づくことで、自分の期待の存在とそこから来る感情があることを理解する。そして、自分に次のような質問をすることにもなる。自分は、子どもたちに実際「何を」期待しているのだろう？　それは現実的だろうか、子どもの年齢にふさわしいだろうか？　その期待は子どもの成長とやる気を引き出すだろうか？　私たちの期待は多すぎるだろうか、少なすぎるだろうか？　子どもに不要なストレスを与え、必要のない失敗を体験させてはいないだろうか？　私たちの期待と期待の表現のしかたは、子どもの自分に対する認識を強めているだろうか、それとも締め付け、限定し、見くびっていないだろうか？　子どもたちは、私たちが期待していることで、自分が愛されている、大事にされている、受け入れられていると感じて、ウェルビーイングが促進されているだろうか？　私たちが期待することは、その子に合っているだろうか？　私たちの期待は子どもの気質、学習の仕方、興味と、どう関連しているだろうか？　このような質問は、そう問うこと自体が、また、思考は思考、感情は感情、判断は判断でしかないという気づき自体が、その中に途方もない創造性を秘めている。

　私たちが抱いている期待が、それぞれの子どもの性質の多様な面を考慮しているかどうか、また、それらの期待が彼らにさまざまな行動を試す余地を持たせているかどうかを検証することはとても有益だ。たとえば、他人を傷つけないかぎり、怒りの感情を表すことを許すことができるだろうか？　いつも他人に思いやりを持って愛情にあふれていることを子どもに期待しておいて、親の自分は、子どもが怒りや私利私欲を見せると彼らに落胆するのは、思いやりでも愛情にあふれているのでもないことを理解しているだろうか？

もしあなたが　あなたの子どもに寛容になってほしいなら

まず　子どもらが自己中心になるのを許さなければならない。
もしあなたが　あなたの子どもに規律を守ってほしいなら
まず　彼らが意のままにふるまうことを許さなければならない。
もしあなたが　あなたの子どもに勤勉になってほしいなら
まず　彼らが怠けることを許さなければならない。
二つの違いは微妙であり
あなたを批判する人たちに説明するのは難しい。
一つの性質を十分に学ぶには
その反対の性質を理解しなくてはならない。

第三六章「反するものが必要」
『親たちのための老子（*The parent's Tao te ching*）』より

自分が子どもに何を期待しているのかを、子どもに淡々と、かつ明確に表現できるように自分を鍛錬することはできないことではない。鍛錬によって私たちは、子どもたちが、自身と他人に持っている期待（現実的で健全なもの）の存在に気づいて、それを発展させるのを手助けできるようになる。

＊

私（mkz）は、二番目の子どもが生まれたとき、上の子どもに期待するものが変わってしまったことを鮮明に覚えている。私は長男に、もっと責任を持って、人に頼らないでほしいと思った。これは妹が生まれる前には思っていなかったことだった。つまりこれまで、「赤ちゃん」だった子どもが、新生児と比較されて、突然別の見方をされることになったわけだ。この後、長男に期待することが増えはじめたのだが、これは一般的な現象で、おそらく、原因の一部は新生児との暮らしを容易にするものとして起きるのだろう。あるいは、生物学的な種の保護の副産物かもしれない。つまり、親たちが新しく誕生した赤ん坊に恋してしまい、古くなった兄弟は魔法のオーラを失ったというわけだ。なぜなら年上の子どもたちはもう、赤ん坊が生存のために親を必要としているほどには、親を必要としていないからだ。

その後、他の親たちもまた、同じような期待を上の子どもに抱くのを見たとき、「二歳児は多くの点でまだ子どもなのですよ」と言ってあげたい思いにかられた。四歳の子どもはまだよっつだし、むっつの子どもにしても、まだだっこされて、可愛がられていると感じることが必要だ。八歳の子どもはいろいろとお手伝いもでき、それがその子のためになるだろうが、それでもまだ、ハグされることや、親と自分だけの時間や、好きなときに子どもになって甘えることが必要だ。

子どもたちにも、親に対する期待〔予想を含む〕がある。たとえば、時間に遅れない、反対に、時間に遅れる。頼りになる、頼りにならない、自分の相手になってくれる、相手になってくれない。すぐに怒る、怒らないで理解してくれるなど。こうした期待〔予想〕は、実は、過去に子どもたちが体験した私たちの行動という、彼らの体験に基づいている。つまり子どもたちは、親が気づいていない親の行動を見せているのだ。私たちはこの機会に、自分がより健全な行動をするように変わりたいものである。

親が突然不機嫌になり、短気になって、とげとげしい話し方をすれば、子どもは理由がわからずに当惑するだろう。もし私たちがそのときに、自分がとても疲れていてつらいのだと気づき、受け入れて、子どもにもそう話すなら、子どもに、私たちの行動を理解するための情報を与えることになる。私たちが子どもにとって予期しない行動をしたときに、それが何なのかを私たちが言葉にすることで、子どもにとって予想不可能で乱雑な世界に秩序が与えられ、理解可能なものになる。そうすれば、親のムードが突然変わっても、子どもは、自分が悪いことをしたからだと自分を責めたり、緊張して不安になることがなくなるだろう。それはまた、一般的な意味で、人間というものを子どもに教えることでもある。彼らは、成長するに従い、自身の行動のさまざまな面をはっきりと見るようになるだろう。

たとえば、子どもが何かを間違って壊したとする。子どもは親から怒られると予想するだろう。そして、怒られないと驚いてしまう。これは過去に同じ状況で親が怒ったことがあるからだ。しかし、今回親は、自分の行動が子どもに与える影響を意識していた。そして、何が大切かを忘れない努力をした結果、子どもの行動を深く理解して、怒らずに受け入れることができた。つまり、親が大きなやさしさと理解を具体的に表現し、子どもに対する期待という狭い世界を脱したのだ。そしてこの過程で、子どもが親に対して抱いていた予想〔期待〕も変化した。

子どもに対する期待は、親がそのときに感じているプレッシャーの大小、そのときに引き出さなければならないと感じている内なる蓄え《リソース》の深さによっても変わる。ストレスで苦しくてどうしていいかわからないとき、私たちは、自分が子どもの愛情と同情を求めていることに気づくかもしれない。そうした感情と望みを持つこと自体は人間的ともいえるが、親としては、自分を世話するのは子どもの仕事ではないと自分に言い聞かせるべきだ。これは、子どもたちは思いやりがないとか理解しないという意味ではない。ときに子どもたちは、とてつもないやさしさと同情を示す。だが、たいていの場合、子どもは自分が欲しいものを欲しがるだけで、大人の問題には興味を示さない、興味を持つべきでもない。子どもが幼ければなおさら、言葉で長々と説明されても無関心である。しかしながら、彼らの行動と感情が結びついていると同じく、親の行動と感情も結びついていることを知るのは、子どものためになる。

子どもが小さいときには、親たちが決めた基本的な期待と規則がある。たとえば、「大人と一緒でないと道を渡ってはいけない」「どんなに怒っても、人をぶってはいけない」「人に話すときは、敬意を持って話さなければならない」などだ。また、食事のときや人に挨拶するときは行儀をよくする、といったことも期待する。一人ひとりの親が、自分にとって重要なことは何か、自分の子どもたちと家族全体にもっともよいことは何かを決めることが必要だ。私たちが受け入れられないと感じる行動と私たちが期待していることが明確であること、これが子どもたちを育むもうひとつの方法である。小さい子どもはとりわけ親の期待が一貫して明確であることによって安全安心を感じ、また必要に応じて親が限界設定をすることでしっかりと支えられる。

子どもたちは、成長するに従い、自分がするべき仕事と自分の行動の仕方に、徐々にそれ相応の責任を持つようになる。この時期には、子どもに自分の行為の責任を負わせること、行為の自然の結果を体験させることが成長を促すことになる。

ときに、親たちと子どもたちの期待が真っ向から衝突するときがある。わが家の子どもの一人が、あるとき、学校のイベントに私たちが参加するのを嫌がったとき、私たちは驚き、落胆した。私たちはとても行きたかったのだが、子どもはひとりで体験したかった。「彼女の」体験にしたかったのだ。

息子が大学に初めて登校する日も同じようなことが起きた。私（mkz）は当然自分が車で送るものと考えていた。母親として彼の新しい住まいを見て、新生活を共に体験したかった。だが、息子の考えは違った。彼は、その夏一緒に国内旅行をした友人に車で送ってもらうことにしていた。親に学校まで送ってもらう「息子」ではなく、独立したひとりの人間として大学に到着したかったのだ。それを聞いたとき私は、短い間だったが、深く落胆する自分がいる一方、息子の視点から物事を見ようと努める自分がいて、気持ちが引き裂かれた。最終的には、彼が望むようにすることが重要だという理由を理解して、長らく持っていた期待を手放すことができた。そして心から、「あなたが友人と行きたい理由はわかったわ、それでいいと思うわ」と言うことができた。

こういうとき、子どもは親に、彼らの視点からものごとを見てほしいと思っている。親が理解して、受容してくれるのを望んでいる。親はときに、子どもたちのニーズや願望ではなく、自分たちのニーズと願望だけから行動することがある。子どもと自分双方のニーズと願望に気づいて、自分たちに可能で子どもたちにとって最善なことは何かを見きわめて、必要なときには、こうあってほしいという自分たちの強い執着を手放すことができるのが理想だ。

期待という執着と格闘して、子どものためにならない期待や、子どもの成長とウェルビーイングの助けにならない期待を手放すとき、私たちは、実は、目に見えなくともすばらしい贈り物を彼らに与えているのだ。これは、マインドフルネスを土台とした子育ての鍛錬における重要な部分である。これができると、家族内の雰囲気は以前よりも軽くなり、家族の関係が自由になって安定感が感じられると同時に、一人ひとりが成長するための余地が生まれる。

委ねる

あるとき、私（mkz）の仕事が立て込んで何週間も大きなプレッシャーを抱えていたとき、七歳の娘が病気になった。顔が真っ赤で頭痛があった。私はそれまでもなんとか自由な時間を作ろうとしていたのだが、さらにがんじがらめに縛られてしまった。

私は限界まで追い詰められて、いらだっていた。こんなことは起きてほしくなかった。自分の部屋に入って、ベッドにもぐり込んで、ドアを閉めてしまいたかった。だが、娘の具合はよくない。彼女は私にそばにいてほしがっている。私が必要なのだ。彼女のことを考えると心が痛む。私を困らせようとして病気になったわけではない。彼女にはどうにもできない。娘は病気なのだ。私は深呼吸を一回した。自分が、期待と計画をいったん脇において、しなければならないことに身を任せようとしていることを感じた。

熱のために、娘は感覚がひどく鋭敏になっていた。まぶしがるので、カーテンを閉めて部屋を暗く静かにする。時々眠りに落ちるが、目が覚めているときはひとりでいるのを嫌がる。私は彼女のそばに付いている。冷たいタオルをひたいに当てる。お茶やトーストを運ぶ。本を読み聞かせる。娘が少しでも気持ちよくなるように、自分にできることがあるのが心地よい。彼女に本を読んでいるとき、彼女のそばにただ座っているとき、彼女の手をとっているとき、満ち足りた静けさを感じる。娘は私が本を読み聞かせているとき、幸せそうな眼差しで私を見たり、「一緒にいられてうれしいな」と言葉にしたりした。瞳がキラキラ輝いて、肌は透き通らんばかりだ。もし学校に行っていたなら彼女はまったく違う一日を過ごしたはずだ。「病気」の時間がこんなに心豊かなものとは知らなかった。これまで、子どもが病気から回復したときに、様子が前と違っているのに気づくことがたびたびあった。そんなとき彼らは、発熱という厳しい試練と静けさの中で慈しまれる間に、どこかが成長して変化したように感じられた。

もちろん、娘は時々イライラするし、怒りっぽくなり、あれこれと要求する。だが、こうした瞬間は私が試行錯誤する実験室であり、テストされるときなのだ。私は、彼女の態度を個人攻撃されていると受け取って、娘に怒りを感じるだろうか？　あるいは、自分が病気になるとどんな感じがするかを思い出して、同情して受け入れようとするだろうか？　娘がイライラしたり苦しさを訴えたとき、私は彼女を判断したり非難しないで、そうさせていることができるだろうか？　今日の一日がこうあってほしいと期待していたことを脇に押しやって、現れてくる美しい瞬間に、必要とされることに、自分を委ねることができるだろうか？

制限と自由

親たちが過剰に寛大で境界や限度をほとんど設けない場合、反対に、過剰に支配的で厳格で横暴な場合、どちらも例外なく子どもたちは苦しみ、健全なやる気《エージェンシー》を起こすのが難しいことが研究から示唆されている。子どもは、適切な制限と境界という明快な規律の中で、敬意を持って扱われることで、自分に自信と安心感を持って育っていく傾向がある。思いやりとつながりがあり、深く関わりあう人間関係があるという環境においては、制限される体験は、子どもたちの行く手に親が勝手に作った障害物ではなく、深い意味での自由の源となる。

そのときのその子どもにとってもっとも有益な制限と規律がどういうものであるかは、つねに明確なわけではない。一般的にいって、私の家族における限界設定は、子どものウェルビーイング（精神的・身体的・社会的幸福）に悪い影響を与える可能性があると私たちが考えたものに関してであった。たとえば、テレビ、ジャンクフード、映画、テレビゲームなどのほか、他人のウェルビーイングに影響するふるまい、たとえば、無礼な言動、人を叩く、レッテルを貼るなど。限度を設けるときは、私たち親が正しいと感じ、かつ子どもたちが公平だと感じる方法で行うようにした。

だがもちろん、親の決断と制限を、子どもたちがつねに公平だと感じるわけではない。そのことを理解していれば、親が決めた限度に彼らが強いフラストレーションと怒りを感じて抗うことがあっても、私たちは落ち着いて確固たる態度を崩さず、しかも共感することができる。前に述べたように、人生そのものが、子どもが欲しいものを手に入れるのを妨げることもたびたびあるし、落胆や喪失を体験させることも多い。子どもの発達の専門家であるゴードン・ニューフェルドとガボール・マテは、そのような体験を、「無益という壁」にぶつかる、と呼んでいる。そして、どうにも動かせないものや状態に子どもが立ち向かう過程を、子どもが、状況を変える自らの能力にかぎりがあることを学んで、最終的に現実に適応する途中で悲嘆や喪失感を体験する、重要で不可欠なものと見ている。物事をありのままに甘受することは癒しの本質である。しかし、悲しみの感情にたどり着いたあとに最終的な受容に至るには、スーザン・スティフェルマンが、『パワーゲームなしの子育て（*Parenting Without Power Struggles*）』で指摘したように、子どもたちはまず自然の行程を通過しなければならない。それはエリザベス・キューブラー＝ロスが提案した、死を受け入れる五つの段階——最初は、思いどおりにすることができないことを信じない（否認）、次に怒りが来る、次は取り引きしようとする、そして悲しみを感じ、最終的に受け入れる——に似ている。だが、親が子どもとの交渉に応じて子どもの思いどおりにしてしまうと、この重要なプロセスを脱線させてしまうことになる。彼らが怒りを表すことができて、その後で悲しみを感じることができれば、彼らは何らかの受容にたどり着く可能性があるのだ。時間がたつうちに、彼らは、自分が欲しいものを得ることがつねにできるわけではないことに折り合いをつけ、適応することを学ぶ。

「無益という壁」に彼らが出会うことの重要な点は、子どもたちが親を頼りにできる共感的な存在として体験することである。親との間に健全で信頼できるつながりを持つと、子どもは安心して無防備になることができるようになり、これが、悲しみの奥まで感じることを可能にする。人から押しつけられたものであれ自然なものであれ、変えることができない限度や喪失体験と折り合いをつけることを学ぶことが、子どもにとって非常に重要であることを親が理解すれば、子どもとの取り引きに応じて、その結果、変えることができないものを受け入れる彼らの能力とニーズを知らず知らず弱くしてしまうようなことをしないですむだろう。

マインドフルネスを土台とした子育てというテーマで述べたことは、一貫して、子どもが困難に直面したときの、生きる力《エージェンシー》、自分に対する気づき《セルフアウェアネス》、回復力《レジリエンス》の三つの発達を目指している。もちろん、子どもが、明らかな限界や障害にくじけることなく、まわりの世界の変えるべきものを変える力が自分にはあるという自信を培うことは大切だ。だが、無益の壁に立ち向かうことの重要性と価値を理解すれば、親は、家庭で必要な限界設定を行うときに、自分の決心を貫くことが難しくないだろう。

何を制限するのが子どものためになるかを見きわめるには、親に識別力が必要だ。あまりに親が頑固だと、問題によっては、手に入らないものに執着する方向に子どもを無意識に促してしまうかもしれない。子どもが成長するに従って、子どもの行動が危険なものになる確率は高まる。親が厳格すぎると、子どもは親を信頼するのをやめてしまうかもしれない、嘘をつくかもしれない、あるいは完全に何も言わなくなるかもしれない。反対にあまりに緩すぎて、子どもが自己制御できないうちに、勝手にさせたり欲しいものを持たせたりすれば、まもなく悪い影響が見えはじめるだろう。そうした影響は、疲労、緊張、怒りっぽさ、恐れ、不安、攻撃性、判断力の弱さ、抑制が利かない行動、全体的なアンバランスなどの形で現れる。

わが家の子どもが小さかったとき、私たちは、彼らに探求する自由を与えるように努めた。彼らの興味を追求し、さまざまな行動を試す自由を与えた。危害を与えるような、あるいは危険な可能性のある行動をした場合には、そうした特別な行動だけを制限した。私たちは、感情を交えずに、彼らがしていることはよくないと知らせるように努めた。それと同時に、「彼ら自身」は悪い子ではなく、私たちの愛情にも、私たちが彼らを受け入れていることにも変わりはないと、子どもが感じられるようにふるまった。

ときには、限界設定が、「これ以上は我慢できない！」という私たち親の感情や怒りから来ることもあった。しかしたいていは、私たちが見ているものや感じていること、単純な常識から来ていた。たとえば、十分に睡眠をとっているか、どんなものを食べているか、安全な状態か、といった懸念だった。また、限界設定をするときのもうひとつの視点は、規律や仕組みを作るという視点だ。それは就寝時間や食事時間に関する私たちの期待から来るルールとなり、あるいは基本的なマナーや家事の分担に関するルールとなった。やがて、子どもたちは徐々に自己管理の方法を学び、最終的には自分で健全な選択をするようになった。

子どもが大きくなって、仲間や社会からの圧力が強くなると、彼らの行動に介入して何らかの制限を課す必要が出てくることがある。これをするには、親の側に、尋常ではない根気強さ、スキル、ある程度の知恵が必要になる。一〇代の子どもの子育ては、疲労困憊する。そんなときには、子どもが赤ん坊のときに、夜中彼らと一緒に起きていたときの努力や献身を思い出そう。この時期にもそれが必要なのだ。

学齢期（六～一二歳）の子どもの行動は、親の期待と大きな差ができる場合があり、「こんなことは許せない！」と言いたくなるときがある。しかし、その思いは強い独善的な調子で口から出るために、問題をさらに複雑にするだけだ。それに、私たちはその裏で、どうにもできない無力感を感じてはいないだろうか。なぜなら、許さないと宣言したあと、何かできることがあるだろうか？　子どもが小さかったときには、興味を他のものに移したあと、別のことをする指示を与えることもできた。その場から他の場所に連れていくという単純な解決方法もあった。大きくなった子どもにはこれは不可能で不適切でもある。

そんなときは、なにをするにしても、まずは自分の身体の中の緊張と呼吸の状態に気づくのがいい。呼吸をゆっくり深くして、身体を感じて、自分の気力《エネルギー》とそのときの感情につながるのだ。こうすることで、子どもたちに否応なく影響を与える私たち自身の神経組織を鎮めることができる。私たちがその場にいて、自分を失わないでいると、子どもたちは私たちの存在を感じることができる。私たちの存在はそのとき、子どもとの相互のつながりを支えているばかりでなく、つながりそのものを身体で表している。真のコミュニケーションはこれがないと起こらない。たとえば、自分の声のトーンに気づくといい。そして、こういう場面で自然に出てしまう鋭い大きな声を脇において、同じことを静かに平静に話そうと努力しよう。難しい状況で、自分の中のもっとも深く最善のものを取り戻すこと、そしてもっとも重要なものを自分に思い出させることは、非常に意義のある鍛錬だ。

たとえ子どもが、そのときは怒り心頭であったとしても、行動制限に対する子どもたちの反応は、最終的には、親や家族全体とのつながりや、制限する側の親の懸念と気遣いを彼らがどのぐらい深く感じているか、その程度にかかっている。

＊

私たちの娘の一人が中学生だったときのことだ。多くの親と同じく、娘がいつも電話をしていてとても心配した時期がある。最初は危惧するような状況ではなかったのだが、そのうちに、帰宅したときから眠るまで、電話をしているか電話がかかってくるのを待っているような状態になった。どんなことをしていても、いつ電話がかかってきて中断されるかわからない。宿題をしている間でさえだ。宿題はきちんとすると娘は言ったが、結局は難しい宿題に集中できる落ち着いた時間がなくなって成績が落ちた。また、無制限の電話使用は家族関係にもよくない影響を与えた。彼女は私たちに他人のような態度で接するようになり、機嫌が悪くなって距離をおきはじめた。

私たちは、彼女一人だけに電話の使用時間を制限するのは乱暴な対応で、娘とのへだたりをもっと大きくするかもしれないとわかった。そこで彼女にそう言うかわりに、家族会議を開いて、電話問題についてそれぞれが感じていることを話すことにした。会議では誰かが話しているときには、遮ってはならない。互いの話を聞いた結果、家族全員が互いの観点をよく理解することができた。私たちはそれぞれ、自分が受け入れられることと受け入れられないことを話し合った末、全員が歩み寄った案として電話使用のスケジュールが決まった。

その後の数日間、娘は電話に邪魔されることなく夕食をとり、食後の一時間を宿題に使った結果、電話スケジュールを「まあまあ気に入っているわ」と認めた。何にも邪魔されない静かな時を持つことに、娘が一定の安心感を持っているのが感じられた。ただこの一連の動きが彼女から始まることはなかったと思う。私たちから始めなければならなかった。

一、二週間過ぎたころ、彼女は、同意した案を変えようとしはじめた。電話を使う時間を三〇分早めたいと言うのだ。私たちは、三〇分早く切り上げるならいいと答えた。彼女は、それはいやだったので、結局最初に決めたことに戻った。私たちは電話使用の制限が、娘にも家族全体にもよい影響を与えていることに気づいていたため、自分たちの立場を守ることは難しくなかった。

問題が電話であれ、チャットやSNSであれ、柔軟に対応しなければならない特別な状況や場合がある。そして、そのことに気づいていることはとても大切だ。ある意味では、これが子育てを難しくしているともいえる。なぜなら子どもたちは、場合によっては交渉する余地があるのを知っていて、ルールを曲げる機会を探しているからだ。彼らはこんなとき、自分のケースを論ずるベテラン、場合によっては本物の弁護士のようにもなる。私たちの権威をなくすおそれも感じるが、それをすばらしい特質だと認めないのも難しい。しかし一般的には、特に子どもが小さいうちは、ダメなものはダメと知り、交渉の余地はないこと、親の気持ちを変えることはできないと彼らが理解することで、彼らに期待されているものがはっきり見える。そして、ひいてはそれが、頼りになる、安心感のある家庭環境を作る。

子どもによっては、ある特定のことに関して、他の子どもより多くのことを制限しなければならない場合がある。朝早く目が覚める子どもと、夜遅くまで眠れない子どもとでは、制限の内容が違ってくる。読書好きな子どもは、読書が苦手な子と比べて、眠りに入る前に利用できるものがたくさんある。自分を制御できる衝動的でない子どもの場合は、親から制限されるものが少ないだろう。

私たちは、子どもの年齢や状況が変われば、自分の寛容度も限界設定も変わることに気づいてはいるものの、それでも、マインドフルネスを土台とした子育ての一環として、自分がしていること、考えていることがその子にとって最善かどうかをつねに検証し、さらに自分が気づいていない方法でもっとよい方法はないかと自分に問うことが重要である。

子どもたちが一〇代になると、親業の道は曲がりくねって視界が悪くなり、物事は見かけとつねに同じとは限らなくなる。子どもたちにはプライバシーが必要だが、プライバシーとは、彼らに何が起きているのか、彼らが何をしているのか、何に関わっているのか、親がいつもわかるわけではないことを意味する。彼らの考えは、「自分にとって最善なことは何か」から、簡単に、「何をすれば罰を受けないですむだろうか」に移る。年長の子どもの問題の兆候は、赤ん坊の鳴き声よりもずっと簡単に無視され、否認される。私たちは、ダメと言いたいことにいいよと言いたくなるだろう。だが、どちらの答えにしても衝突を避けるためでしかない。私たちは、ダメと言うと、子どもをもっと遠ざけてしまうかもしれないことを恐れているのだ。

一〇代の子どもたちに、親が見ていること、感じていること、懸念していることや、彼らのウェルビーイングにとって危険かもしれないと思われるものを、言葉にして伝えることは彼らのためになる。しかし、彼らが私たちから欲しいものに対して、私たちがノーと言わなければならないと感じるとき、私たちの口から出る「ノー」は、自覚がないと、言外に「私たちはあなたを信頼していない」「あなたは悪い子」「あなたは評価できない」などの意味を含んでいるかもしれない。大事なことは、もし自分にこうした感情があったならそれに気づくこと、そして、その感情が自分に自動的な反応を引き起こすことに気づくことだ。そうすれば、難しい状況に、さらに不要なへだたりや疎外感を生まなくてすむ。

親が一〇代の娘に、「その男の子と二人だけでその子の家にいるのはダメよ」と言えば、彼女は、「私を信用してないの?」と反応するだろう。そのときには、よく考えて次のように答えるのがいい。「あなたを信頼していないんじゃなくて、状況を信頼できないのよ。危険なことをするように仕向けられるのはたやすいし、あとから後悔するかもしれないことでも簡単に無理強いされてしまうから」。これなら少なくとも、親が権力を勝手に行使しているとは見られず、子どもの尊厳を損なうこともなく、その状況に敬意を払う現実的な策として受け取られるだろう。だが、それでも子どもは、親の観点を理解できずに、提案を完全に拒否して怒ることもありうる。そうではあっても、その時点で親は自分が、一つの現実を指摘し、子どもとのやりとりがどう展開するにしても、今後彼らが遭遇する同じような事例の一つであることを知っている。自分が身をおく状況を賢く選択することは人生修行の一つであり、時間と体験によって学んでいくことだ。

ある日、私たちの友人が娘から電話を受けた。「ママ、今ニューヨークにいるの」。電話は一六歳の娘からだった。彼女は以前から、ボストンに行く帰りに進学希望の学校を見にニューヨークに寄りたいと言っていた。母親は娘がひとりでニューヨークに行くことには反対で、何度も二人で話し合いをしたはずだった。娘は電話口で母親にこう言った。一晩泊まらせてもらう予定だった女性に連絡がつかなかったので、最近地元の集まりで会った若い女性に連絡して、今その人のところにいる、と。そんな既成事実に母親はどう応じたらいいというのだろう？　与えられた状況にどう対処すればいいのか？

この母親は、賢明にも、そこで一瞬立ち止まって状況を吟味した。その結果、娘が自分自身を大切にしようとしていること、母親に心配をかけたくないという思いやりから電話をかけてきたことを理解した。娘はすでにニューヨークにいる。どんなに怒っても、それは変わらない。そこで母親は娘にこう言った。「今は怒らないけど、あとになって怒る権利を取っておくわ」。このようにして母親は、適切なときに自分の感情に取り組む選択肢を残した。それから娘に身の安全についてたずねたあと、帰宅するまでの間に必要なものはないかどうかをたずねた。母親は、娘が自分自身にとって非常に重要なことをしようとしていることがわかった。母親は娘の行動には同意できなかったが、娘の勇気と機転がきくことを高く評価することができた。母親は、自分の感情を明確に把握しつつ、同時に娘のニーズについて深く考えたことで、娘を理解することが可能になり、娘との間に軋轢《あつれき》を生まないですんだ。

子育てで避けられない問題は、子どもが成長するにつれて、親にとってますます恐れを抱く状況が増えることだ。彼らは世の中に出ていき、潜在的に危険な状況に遭遇する。だが、その状況は、子どもが小さかったときのようには親がコントロールできないか、できてもほんの少しである。この時期に親たちがするべき内面作業《インナーワーク》のうち非常に困難で重要な面は、自分たちの中にある恐怖心と不安を自覚することである。それらに気づけば、少なくとも恐怖心と不安にとらわれて、見る目も感覚も曇ってしまう状態に陥らなくてすむ。そうでないと、子どもたちに何が起きているかもわからなくなり、彼らとのよいコミュニケーションもできなくなる。

この時期は、過去にしてきた作業の上に、信頼、そしてもっとも大事なことだが、家族の中につながりの感情を築くことができるときだ。いつも簡単というわけではないが、この土台を作ってこそ、アルコールや薬物、無防備なセックスの危険性（精神的にも身体的にも）について子どもたちと話すことができるようになる。

子どもたちが成長して大きな自由とあらゆる種類の選択肢（中には破壊的で危険なものもある）を手に入れ、仲間からの強い圧力を受けるようになると、自己認識《セルフアウェアネス》の能力および自分を守る能力を身につけることが絶対的に必要になる。この能力には、非常に矛盾する感情がわいてくる困難で危険な事態に直面したときに、自分の感情に気づく力、そして、自分に真に必要なものは何かと自分に問うことができる力も含まれる。ある程度の自己認識を持つことで、より健全な選択が可能になり、自分の限界と境界もうまく設定できる。こうした領域におけるマインドフルネスは時間の経過とともに発達する。教育現場では、幼稚園から高校まで、カリキュラムの一環としてマインドフルネスのトレーニングを取り入れる学校が増加中だが、さまざまな能力の中でも、特に自己認識と感情的知性の発達に力を入れている。

武術や、スポーツ、ヨガ、ダンス、演劇、絵画、ロッククライミング、大自然でのキャンプ、日記をつけることなど、多くの活動は、自分を律する力をつけ自分に対する自信をつけると同時に、自然に自己認識を養う。子どもたちはこれらの活動を通して、現実の世界と想像の世界の両方で限度を味わい、扉を開けることやブレークスルーの満足感を味わう。一つの分野で自信をつけ熟達するときの内面の体験は、必然的に彼らの人生の他の分野にも波及する。最終的に、彼らは、彼ら自身の気づきと分別と過去の体験を頼みにしなければならない年齢に達し、自分の力で自分の人生に立ち向かって、成長しつづけることになる。

口を出さない

他人の弓をひくな
他人の馬に乗るな
他人の過失を論ずるな
他人の問題を探るな

「どこに行っていたの？」

「外」

「何してたの」

「何も」

一三世紀、中国の禅僧
無門慧開《むもんえかい》

家族の会話

親は、子どもがしていること、考えていることを漏らさず知るべきだと考えがちだ。子どもが小さいころは目に入れても痛くないほどの関係だったのだから、そう感じるのももっともだ。親は、子どもが、みずからを、世界を、発見し学ぶのに同道し、喜びと悲しみを共にした。だが、子どもが成長するにつれて、精神的なゆとりを与えることが不可欠になる。それは、彼らのプライバシーのためであり、また、彼らが自分の選択で、何を、いつ、私たちにシェアするのかを決めて、私たちにシェアするためである。このこと自体が愛情のあるやさしさの行為だ。そうすれば、私たちに何かをシェアする必要ができたとき、あるいはシェアしたいとき、おそらく彼らは私たちを信頼できると感じ、彼らの懸念をわかってくれるだろうと感じるだろう。

それには、親の側に、その場に存在すること、子どもの役に立つ準備ができていることと、余計なおせっかいをしないという決意が必要になる。これはたいへん微妙なバランスであり、高度の敏感さ、識別力、忍耐が要求される。

もちろん、子どもも親も別々の人間で、二つと同じ環境もない。私たちは現在の家族の状況と自分の精神状態に気づいていなければならない。他人に余計な世話をやくのではなく、自分のつとめに気を配るためには、親の真のつとめは何か、そうでないものは何かも知らなければならない。

また、単に知っていればいいというだけではない。親側に、詮索する、調べる、威圧するなどが一切なく、忍耐と存在を示していることが、子どもとよい関係を作る後押しをする。これと反対なのが、子どもが次のように感じることだ。親がつねに余計な世話をする、子どもがシェアしたいと思う以上に親が知ろうとする、親がまわりに、自分が除け者にされた、縁を切られたと感じた傷心を触れまわるなど。

このことは、自分の思春期を振り返ればよくわかるかもしれない。ある時点で自分だけの胸にしまっておく必要があったものがあるのではないだろうか。それは子どもからすると親には関係のないことであり、決して親が口を出すことではなく、出してはならないことだったのではないだろうか？なぜならそれらは、私たちの内面で起きるきわめて個人的な体験だったから。

子どもはある日、ある人を愛している、結婚したいと言うかもしれない。私たちは彼らの外側のことを何か知って、内面の何かを感じるかもしれないが、完全に内面を知ることはなく、それでいい。知ることは私たちの仕事ではない。私たちがするべきことは自分自身の内面の仕事だ。つまり、自分自身の心を世話し、身体を世話し、自分とのつながりを、自分の人生を、大事に世話することだ。そして、子どもが、幼い子どもという完全な依存状態から、独立した青年になり、大人として相互に頼りあい支えあうひとりの人間へと変化するときに、彼らにも同じ自由と敬意を与えることだ。

親子のつながりの質と温かさは、親が自分の内面の仕事をどれだけ続けるか、適切な境界を維持できるか、さらに大人になった子どもが自分で問題を解決し自分の考えを胸に秘めておくことをすすんで認められるか、にかかっている。その場に在ること、心を開いていること、愛すること、興味を持つこと、反応するのではなく応じようとすることが、親と子の間に、敬意と信頼というのびのびとした環境を作りだす。これが、私たちが心すべき「仕事」のひとつである。

いつもわたしが動く番

二人の娘たちと一緒に映画を観たあと、年上の娘は眠ったが年下の娘は眠る前に何かをする必要があった。彼女はパジャマに着替えたあとにお話をせがんだが、気が変わってベッドの上でチェスをしたいと言い出した。私たちは一度だけチェスをしたら電気を消して眠ることで合意した。

マットレスの上に広げるチェスボードを使うのであれば、駒が動かないように細心の注意を払わなければならない。ところで、彼女はその前に、自分がまるでプリンセスでもあるかのように、みかんを持ってきてちょうだいと言った。「それから、湯たんぽもね、パパ」。湯たんぽは一一月の寒い夜に寝床を温めてくれる。私はまず湯たんぽの栓を見つけて、それからみかんと湯たんぽをベッドまで運び、最後にチェスのセットを運んだ。

二人で再びチェスをするようになって数週間たっていた。娘が誘う場合も、私から誘う場合もある。

実は彼女は私の誘いにかなり長い間乗ってこなかった。しかしマイラが、昔から使っていたものよりも大きいチェスボードと大きな駒を買うことを思いついた。さらに駒を動かすたびにボタンを叩くチェス用の対局時計も購入した。これが加わったことでゲームがずっと楽しくなった。駒を動かすたびに時計に付いているボタンを叩いて、駒の動きがたしかに自分の意図であると認める。彼女も私もこの時計を使ってゲームをするのが気に入った。ただし二人とも経過時間を見ることはなかった。私たちを魅了したのは自分の動きが終わるたびにボタンを叩くところだった。

ナイトゲームの開始。彼女は黒。娘はいつも黒を選ぶ。私がたちまちチェックメイトした。これには二人とも驚いた。私も最初はそれがチェックメイトだとわからなかった。彼女がキャスリングした一方、私はビショップで援護しながら、クイーンを彼女のキングのそばに運んだ。彼女の駒はどれも、私の駒を取ることも邪魔することもできなかった。あまりに早く勝負がついたので、私たちは、「もう一度だけ」することにした。

この回でも私はさっきと似たオープニングのセットアップを企んだ。彼女はすぐに私の意図に気づいた。彼女は的確な場所に的確なポーンを動かして、私の企てを無効にした。二、三度、重要な場面で彼女をわずかに手助けしたあと、私がもう一手でチェックメイトする前に、彼女がチェックメイトした。とてもおもしろかったので、私たちはもう一度戦うことにした。

このとき私は疲れを感じていて、もう一度ゲームするのはもうごめんだという気持ちがこみ上げた。だが、いったん始めると熱中して疲れは消えていった。

今回は、チェスボードの中央で両方のクイーンが隣り合わせになり、キングが後ろで守るという手の込んだ終盤になった。ルークやビショップがすぐ近くで控えていて、キングが隙を見つけて逃げようとするのを互いに追いかける。チェックをかけたり、チェックのアドヴァンテージを失ったり取ったりした。すごく楽しかった。これまで経験のない展開だった。最後のころになると、彼女は寝転んで、ボードと平行に置いた湯たんぽに頭を乗せていた。

私たちはお互いをおもしろがるような、探るような視線を交わしながら、相手が何をしようとしているのかを黙って探りあった。二人とも、六四のマス目の上でエレガントなプラスチック製の駒が動きまわる、楽しい世界に浸っていた。彼女は私からの指摘をまったく欲しがっていなかったが、クイーンを失うとか彼女が見逃している大きなチャンスがあるときなどは、どうしても彼女に駒を戻してほしいと思ってしまう。彼女は私の指摘を許すこともあったが……それ以上は聞こうとしなかった。

彼女は自分で考えたいのだ。一回ごとにますますよい動きをするようになるのがわかる。瞬く間に体験から学んでいる。私が学ぶ速度よりもずっと速い。私の不注意な動きをとらえると、見逃してくれることもあれば、くれないときもある。私の動きから、駒がどこに行くのか、どうしたら動きを邪魔できるかを学んでいる。また、私の配置に圧力をかけて、ゲームを有利に運ぶ戦略を立てることを学んでいる。彼女の空間的知恵が育っているのがわかる――知覚を拡げる必要がある、それぞれのリスクに気づいてリスクの大きさを測らなければならない。計画を立てることは必要だが、ボード上の状況に応じて何度も変更する必要がある。必然的に戦略と戦術が磨かれていく。

どんなゲームも、最初は無限にある可能性が徐々に狭まっていき、必ず終わりが来る。だが、リプレイして、終わり方を別のものにすることは可能だ。これは、個人的な悩みがあるときに、さまざまなシナリオをロールプレイするようなものだ。私たちは、流れを選択して方向を定めるために、その状況に含まれる多くの要素、要素の組み合わせ、そして自分の力を検討する。いろいろな方法を心に描き、実際に試して、それぞれの方法がもたらす結果を見る。心理療法のセラピストは、感情的ジレンマ状態を整理したり、厳しい状況をくぐり抜ける方法を選別するのに、ロールプレイを用いる。子どもがチェスをしながらそれを学び、人生を知恵あるものにしてくれる、さまざまな扉や動きを見る内面の力を発達させはじめるところを想像してほしい。

ゲームが終わったあとの流れは、もちろん眠ることだ。彼女は私が一緒にいてくれるかとたずねた。私はあかりを消して娘のベッドに腰をかけた。彼女はすぐに眠りに落ちた。呼吸が急に深くなって、静かになった。

この年頃の子どもに「ベッドに連れていこうか」と聞くと、たいていの場合、「いや」ときっぱり断られるものだ。だから彼女のほうから「一緒にいて」と言われたことは特別だった。そして、娘にとっても特別だったと思う。彼女は一瞬昔に立ち戻ったのだ。

私はしばらく娘の寝息に合わせて呼吸をした。それから、そっとベッドから離れて、ドアを閉めた。

＊

私たちは、それをするのが自分の番ならば、湯たんぽの栓であれ何であれ、探すのを面倒だと思わないだろう。そうでないときは、たいていの場合、湯たんぽの栓を探すのを面倒に思うだろう。みかんを持ってくるのも面倒だし、何であっても自分の手を煩わすのを面倒に感じる。時間が遅すぎる、疲れすぎている、あるいは単に子どもにさっさとベッドに入ってほしい。そして、チェスでも他のことでも、いい、いい、いい、したいとは思わない。

しかし、どちらかを選んでいる瞬間に、もっともそうしたくないと思うその瞬間に、単なる実験だと思って、次のようにしてほしい。つまり、子どもを無理に黙らせたり話を打ち切ったりしないで、子どもに自分を使わせようという気持ちになって、うちとけて接してみよう。すると、子どもたち、そして私たちの前にまったく新しい世界が開けてくるだろう。それはあとから振り返ったとき、絶対に逃したくないと思う、予想もしなかった二人の世界だ――私たち自身はそのとき、自分は疲労困憊だ、忙しすぎる、時間がないと考えていたかもしれないが。そしてそれは、その時点で私たちが行うことができたかもしれないどんなことよりも、私たちにとって価値あるものだろう。

　子どもに心から関心を向けることを選ぶとは、子どもの召使いのようにふるまうわけではない（そう感じるときが時々あるかもしれないが）。むしろ私たちは、本物の王や王妃のように、たっぷりと時間があり、心豊かで、統治する存在だ。

　ここで、しかし、現実に目を向けてみよう。私たちは、親という役割上、統治する存在ではあるが、召使いでもある。これは賢王や賢女王、賢明な指導者が、ある意味で真の召使いであるのと同じことだ。この意味で召使いであることは尊いことだ。

　この仕事は一筋縄ではいかない。それは際限なく子どもに与えることでも、いつでも一緒にいるということでもない。全身全霊を子どもに注ぐこと、つまり、自分という存在が、子どもたちのために、無限にそこに在ること――すでに見てきたように私たちのもっとも深い性質には限度がない――は、私たちの社会の体質に反しており、それについて話すことは実際にはタブーだといっても過言ではない。それでも、私たち自身のマインドフルネスの鍛錬の一部として、それについて話し、検証し、試してみることが大切だ。それは私たちのチェスボードの上に新たな一手を打つことになる。ときには自分が思ってもみなかった思い切った動きをして、その動きから生まれるものから学ぼう。イニシアチブをとると起こることが多いが、新しい世界が開いて、私たちが捧げたもののための場所を作ってくれる。

あなたは音符、私たちは笛
私たちは山、あなたは降りて来る音。
私たちは（チェスの）ポーンでキングでルーク
あなたが盤上に並べる：私たちは勝ったり負けたりする。
私たちは旗の中で巻かれ広げられるライオン。
目に見えないあなたの風が世界中に私たちを運ぶ。

ルーミー
（ロバート・ブライによる英訳から和訳）

分岐点

無作為に見える、理解しがたい些細な物事が一点に集まり、人生に影響を与えて、可能性という扉が一瞬開くことがなかったならば、人生がどれほど違っていたかを立ち止まって考えたことがあるだろうか？　私（jkz）が一二月のある日、ランチに行くのを五分早く、あるいは五分遅くしていたら、あるいはマイラが友人に出会ってあの場所でおしゃべりすることにならなかったら、私たちは決して会うことがなかったと思われる。彼女と結婚して子どもを持つという今の生活はなかっただろう。このことは、生きることについて、貴重で神秘的な面を物語るもので、深く考えてみる価値がある。

あのとき、物事が違う展開をしていたら人生が異なるものになったことは間違いない。私たちはまったく別の生き方をして、今とは大きく異なる私になっていただろう。なぜなら、今の私という人間の大部分は、私たちが育てた子どもたち、孫たち、お互いの愛情、という四五年以上一緒に暮らした人間関係によって作られているからだ。

人生という毎日の体験はありきたりなものかもしれないが、愛と美は具体的だ。この世界は、真に私たちが属している場所で、もっとも深くくつろぎを感じる場所で、この愛と美の具体的なものを祝うことをたえず私たちに求めている。私たちの子どもを祝いなさい、私たちが生きる私たちの人生を祝いなさい——もしも私たちがそのためにここにいて、そして、その質感とイメージと音に気づいていることができるならば。そうすれば、私たちの人生の、つねに存在しているさまざまな面は、写真アルバムの中にしかないものではなくなる。生きている今の現実こそが祝福そのもの、日ごとに異なる独特の生の現実が出現することは、奇跡でしかない。

そのように見ると、どの瞬間も実に「新しいいのちを宿す」ものに見えて、尊敬と畏敬の念を感じずにはいられない。このことは、一つの瞬間が持つ潜在的な力が、つねにきわめて重大なものであることを教えてくれる。たとえ実際に次の瞬間が訪れるまでは知ることも予測することさえも不可能であり、また、私たちが過ごす時間が、一見したところでは平凡で落ち着いていて、毎日が前の日と同じ繰り返しのように見えるとしても、どの瞬間も全宇宙の巨大さを含み、驚異に満ち、これまで考えられたこともない可能性の宝庫なのだ。だが私たちは、自分がその可能性が開くのを見ることができること、その開花に関わるように求められていることを簡単に忘れてしまう。一方、小さな子どもたちはこの、すべてが新鮮で新しく、可能性に満ちた世界、魔法の世界の住人である。

すべての瞬間を潜在的な分岐点として見ることは、人生が展開してゆくのを見るひとつの方法として、きわめて有効だ。もしも、将来の人生が今と違うものであってほしいなら、実現させるための「時」は今しかない。子どもと仲良くなりたいとか、何か新しいことが起きてほしいというのも「今」から始まる。なぜなら、現在とは、実は未来ではないだろうか？　今日という日は、昨日から見たら未来ではないだろうか？　未来はすでにここにある。私たちは、今、ここでそれを手にしている。

今という現在をこのように考えると、私たちは、どういうことだろう？と自問するかもしれない。本当のところ、私たちはここに、自分の家にいるのだろうか？　これまでの人生のどの瞬間においても、私たちは、自分がどこにいるのか、どうやってこの場所、この瞬間にたどり着いたのかを、本当に、知っていて、感じていて、知覚しているのだろうか？

唯一それを知る方法は、目を開いていること、つまり、全感覚を開いていることだ。それでも、知ること＝知ることを意味するものではないかもしれない。そして、自分が知らないことを知ることになるかもしれない。だが、私たちの今の人生がどうであろうと、問いそのものに興味を持ち、興味をそそられるという理由で問いつづけるなら、この今の瞬間に、それは徐々に明らかになりつつある。これは真実だ。

私たちは、今の瞬間は、その前の瞬間が展開したもので前の瞬間に色づけされていることを知っている。今の瞬間は、それ自体が非常に重要な瞬間であり、私たちの行為はつねに結果を生む。私たちが何かを学びたい、成長したい、自分の感情を表現したい、未来の生活の質をよくしたい、というならば、「今の瞬間」しか、その流れ（私たちが自分の人生と考えている、行為とその結果であるたえまない流れ）に影響を与えられるものはない。子どものことであれ自分のことであれ、私たちが、この瞬間の性質とその可能性に注意を払うことを自分の責任として負うならば、次の瞬間はその気づきによって影響を受け、別のものになるだろう。

このようにしてマインドフルネスは、一瞬前にはアクセス不可能だった扉を開いてくれる。それは、心が別の見方をするようになったからだ。開いた扉は潜在的にずっとそこにあったのかもしれないが、それを現実のものにするには全身全霊で物事に取り組むことが求められる。私たちが皿洗いをするときに全身全霊で心を込めて皿を洗うのはそうした理由からだ。それが次の可能性を開いてくれる。このことはすべてに通じる。

私たちが挑戦している難問は、私たちが、育てている子どもと一緒に生きている自分の人生を、今、ここで、真に体現することが本当にできているかどうかだ。光と闇に遭遇し、それを通り抜けて生きていくとき、今、ここ、今の瞬間……今、今、今、どの瞬間も、どの日も、どの夜も、新しいはじまりである。

第10章

闇と光

諸行無常

六月の早朝、私（jkz）はメイン州北部の湖にカヌーを浮かべていた。家族が湖畔のキャビンで眠っている間にヘラジカを見ようと考えたのだ。パドルで漕ぐと、静かな湖面に、一つはブレードの外側、もう一つはブレードの内側から、渦が現れる。反対方向に渦巻いている二つの渦は、カヌーが前に進むにしたがって後ろに移動していった。単なる水の動きである渦は、渦巻くことではっきりした形になる。見ているとそれらもまもなく消えていった。動いていた水のエネルギーは湖に戻った。私は漕ぐごとに新しい渦が現れるのを飽かずに見ていた。パドルが与える特定の条件に従って、何もない湖面からほんのつかの間、ひとつの形が現れてくる。

この渦は、私にとって、その朝探しても見つからなかったヘラジカと同じほど魅力的で、ある意味でヘラジカとそれほど異なるものではなかった。生あるものは、短い間、私たちが身体と呼ぶものの中に現れて、この世でしばらく踊って消えていく。いのちは特定の条件の下で特定の形態の中に現れ、それもまもなく消え去り、新しく何処かに現れる。死を知らない者はない。しかし私たちは、それが特定の生物となると、ヘラジカでも人でも、永遠に生きるかのように勘違いして、それが目の前から消えると、驚き悲しみ、場合によっては恐ろしいとさえ感じる。去ることと生まれることとは物事の道理であると私たちはわきまえているはずであり、すべては、はかなく移りゆくものと知っているはずだ。だが、実際に起きるまで、私たちは物事のこの面を無視していることが多い。

湖にカヌーを浮かべた朝から何週間かたったある日、この事実を思い知らされる出来事があった。私はあるパーティーで、友人の青白く痩せ衰えた体を見ていた。友人はまだ五〇歳の若さだったが、リンパ腫に冒されて死を目前にしていた。彼は今、家族や友人に囲まれて、ほとんど骨と皮ばかりの無残な姿をさらしていた。薬漬けで、痛みと下痢に苦しみ、恐怖に襲われているにもかかわらず、持てる力をすべて振り絞ってパーティーにやってきたのだ。彼はソファに横になって、友人たちを前に、すばらしいギター演奏を聞かせてくれた。ギターの弦から私たちの心に、息をのむほど美しい調べを送ってきた。彼のそばには、妻、そして生命にあふれた一一歳の娘がいた。

私はその哀切な光景に胸がつまった。私の子どもたちは、それまで見たことがない現実を目にしていた。それは美しいというわけではないが、どこか畏敬の念を起こさせるものであり、この世のものとは思われなかった。パーティーが開かれた場所は彼の昔からの友人である医師の家だったが、私たちにできたことといえば、彼に少しでも心地よい思いをしてもらうこと、今も彼の中で輝くいのちを讃えることだけだった。

死の行程を止めることは誰にもできない。それを拒否し背を向けようとする衝動が強すぎて、言葉にすることさえ難しい。彼は、細い指で弦を爪弾き、もう片方の手でコードを押さえようと顔をゆがませた。ほんの短い間だが、彼が時間を超えて恍惚としているように見えた。その光景は私たちに、そして誰よりも彼の娘に、彼の中にまだ残っている力と人生で知った美というものを分かち合ってくれているように感じられた。

つい最近、息子を自動車事故で亡くしたという母親に出会った。大学の四年生で、夜に砂漠のような場所を運転していて、道から外れたという。おそらく眠ってしまったのだろうが、原因は不明だ。だが、どんな理由であっても、母親には納得がいかないだろう。いのちの火が、その盛りに消えてしまったのだ。この女性の人生の織物には大きな穴があいた。彼女が産んで育んだいのちは、それに結びついていた多くの糸もろとも突然なくなった。これにどう耐えたらいいというのだろう？　受け入れられないものを、どうしたら受け入れられるというのだろう？　だが、これもまた、世のはじめから、親になることの中に含まれている。

おそらく私たちにできることは、人生のはかなさ、そして現在の瞬間のはかなさを感じながら、その中で精いっぱい生きることだろう。子どもたちをハグして抱きしめ、彼らのいのちを喜ぼう。同時に、死が確実に来ることを、いのちが生まれ、そして消えていくことを感じよう。生じては消える呼吸は、そのことを私たちに思い出させてくれる。私たちが持つ今という一瞬も、友人、天気、思考も、すべては同じように生まれて消える。私たちは、こうした生と死の流れに気づきつつ、人生を、私たちの中であるがままに流す方法を見つけることができるだろうか？　人間というか弱いものを作り、それに驚異的な強さと知恵を与えている、人知を超える神秘を尊ぶことができるだろうか？

＊

「愛の境界線」

変わりやすい情熱を越えた
永遠の流れの中で

半分に分かれた四つのものたちが
ひっそりと編まれる。*
これが私たちの真実の配置、
可能性といういのちが生まれ
時間がたつと葬られる。
私たちの気短な心は、
銀河の秘密を探索して
無駄に損失することを許さない。
知られていない場所は
この上なくすばらしいのだが、見つけることは難しい。

ライアン・ロビンソン、一六歳、一九九五年一〇月

〔*「半分に分かれた〜編まれる。」は、細胞が受精する過程か〕

この詩は、ライアン・ロビンソンが亡くなる数週間前に書いたものだ。彼は友人の家で開かれた未成年者だけのアルコールが入ったパーティーで、銃による偶発的な頭部外傷により亡くなった。顛末はこうだ。少年らはその家の親の寝室で拳銃を見つけた。彼らは弾が込められていないと思った。だが、それはロシア製の拳銃だった。アメリカ製と違って、安全装置がかかっていれば引き金を引くことができた。彼らはクリップを外したあと、暖炉に向かって何度も空撃ちをした。だがライアンに銃が向けられる直前に、何らかの理由で安全装置が外れたのだろう。誰も弾丸が装填されているとは考

えていなかった。ライアンの父親はこの事故の前年の夏、私が主催したマインドフルネスのリトリートに参加した人で、次のように書いてきた。

ライアンは、大きな高等学校に転校したばかりでした。学校に初めて登校する日、前の学校の友人たちが作ってくれたというTシャツを着たがりました。Tシャツは前面に、「やあ、ぼくはライアンです」と書かれていて、背中には、「新入生です。よろしく」と書いてありました。私はそのときキッチンにいました。彼は、その日も遅刻しそうになって急いで出ていきましたが、すぐに戻ってくると、「ぼくのケープはどこ？　ケープ、忘れちゃった」と言いました。私は、「ケープはいらないと思うよ、特に最初の日はね。新しい学校の様子を見たら？」と答えました。彼は、慎重にこう言いました。「それって、お父さんが、ぼくがするべきと考えていること？それとも、お父さんだったらそうしたいということ？」。答えは明らかでした。彼には、言葉にされていなくても、人の心で何が起きているかを見抜く力がありました。そして、それについて正直に言いました。そのために対立を感じることもありましたが、彼はいつも正直でした。

ライアンは一六歳の誕生日を迎えたばかりでした。彼を失ったことは、温かな小さな家族を永遠に引き裂きました。息子との別れによって私の人生は、それまで当然と考えていた人生と、想像を絶する苦痛の日々という、真っ二つに分かれました。彼を失ったあとの二か月間に体験した深い悲しみは、生きていることにどれだけ感謝しても、それをはるかに超えるものでした。生きているることがただ苦痛でした。

あの寒い一〇月の夜に私の大きな部分がライアンと一緒に死にました。それからの四か月の間は刑の判決を受けたような日々でした。耐えなければならない人生、楽しむものがない人生でした。あの事故のあと何週間も、さまざまな考えや思いやイメージが心の中を駆け巡って、手がつけられませんでした。思考や情景が睡眠を奪い、起きている間もいっときも休ませてくれませんでした。私はそれらを観察しようとし、気づこうとし、それらと共に呼吸をしようとしましたが、不可能でした。どこを見ても息子がいました。まるで、頭の中で千頭もの野生馬が足を踏みならして暴れているようでした。

今、マインドフルネスの鍛錬をしたことをありがたく思っています。マインドフルネスは、ひどく苦痛な未知の土地を案内してくれる道路地図になってくれました。以前は自分の思考を自分だと信じていました。今は、思考とは自分が持っているものであって、自分ではありません。今、私の人生を背景として、思考はそこから生まれ、感情はその中で走りまわっています。思考と感情という馬は一日中現れます。中にはひどく荒々しい馬たちもいて、抑えが利かないまま走りつづけ、私は彼らのなすがままです。しかし、そうでない大部分の思考と感情については、私が呼吸に戻っている間、観察して、体験して、手放すことができるようになりました。今は、ロープの端をつかんで引きずられる前に、「犠牲者」と「自己憐憫」という自分が作っている石を跳ね返して、鞍をつかんで馬の上に乗ることができます。私はこのことにとても感謝しています。

昼間、私はさまざまな思考を観察しています。「自分はもうこれ以上できない、自分の人生は価値がない、親として落伍者だ」。座る瞑想では、これらの思考や他の考えを観察します……その間も辛抱強く自分の呼吸に戻ろうとします。呼吸を忘れては戻ることを繰り返します。自分の思考を追いかけていき、また戻ります。自分のせっかちさに気づいて、戻ります。私は今、思考と情動の下、悲しみと空虚感とすべての悲嘆の下にあるものを見ることができるようになりました。それらの下にあるものは、私が失ってとても寂しい思いをしているあの若者、私の息子に対して持っている絶対的な無条件の愛です。

この悲劇から学んだ最大のものは、おそらく、あの事故の前に、私が時というものに対して持っていた、不遜さだと思います。私は、人を愛しているときには、それを伝えることがどんなに大切かを学びました。なぜなら、明日という日は私たちの心の中の観念でしかありませんから。

目に見えない悲しみの川

私（jkz）がいる部屋には、七〇〇人ほどの年齢がまちまちな男性が集まっていた。どの目にも父親とのつながりを失った涙が光っている。ほとんどの人は、この部屋に入って自分の話をしたり他人の話を聞くまで、自分の中にこれほどの悲しみがあるとは思ってもいなかった。まして他人にそれを打ち明けるなどとは。

またあるとき、何百人かの保健衛生専門家のグループと共にマインドフルネスの集中トレーニングをしたことがあった。このとき、一人、また一人と、子ども時代からの悲しみが男女を問わずあふれ出した。リトリートで参加者からこのような悲嘆の感情やその感情に関する話が出てくるとき、他の参加者は、起こっていることに静かに注意を注いでいるだけで、しばらくそのままにしておく。反応も、コメントもしない。マインドフルネスの鍛錬では、意識して呼吸を追うのと同じほど、このように、深く不愉快な感情を感じるための精神的ゆとりを自分の中に作る作業が大切だが、このことを理解するのはけっこう難しいようだ。

私たちの中には本物の悲嘆の川が流れているように思われる。目に見えない川はいつもはっきりわかるわけではなく、本人でさえその存在を知らないかもしれない。だが、たとえ他の人の悲しみを見て、自分のことではない、自分には関係ないと思ったとしても、その川は遠くにあるわけではない。見えても見えなくても、あなたのその川は、あなたの性格、職業の選択、子育ての仕方も含む人生の全行程に影響を与えている可能性がある。

誰の中にも、深い感情、おそらくは原型《アーキタイプ》的感情を運んでいるこの川が流れているのだが、この川に気づくのはまれだ。いや、その存在さえ知らないでいると私は確信している。自分の悲しみから遊離している人、自分の悲しみに本当に触れたことがない人は、他の人が悲しんでいるのを見ると、ちょっと気まずいとか落ち着かない程度の反応ではなく、簡単に当惑したり、よそよそしくなったりする。場合によっては非難めいた言葉で、「あんなことで、あの人たちはどうしてそんなに騒ぐんだろう」「ずいぶん前に起きたことだよ」「セラピーをしてすでに取り組んだのじゃなかった?」「私の場合は、それよりずっと深刻だ」などと言うかもしれない。

誰でもある程度は、自分が抱えているもっとも深い感情を感じないように、自分を防御しているものだ。そうでなければ、そうした感情を今も持っているようなことは起きないだろう。マインドフルネスの真の仕事は、何が起きていても、起きているそのときに、オープンな心と平静さ、そして共感と思いやりを持って、起きていることを受け入れるための場所を、心の中に作ることである。それは、自分にも他人にも辛抱強くなること、そして、自分が心地よくないからといって、時期尚早に他の行動に飛び移らないことを意味する。

自分自身の悲痛の感情につながるというまれな瞬間、すなわちその瞬間に浮上するのが「自分の」真の感情であるとき、どんな理由からであっても、突然、状況がまったく違うものになる。そのとき、全世界が痛み苦しむ。全宇宙が悲しみに彩られ、私たちは自分個人をはるかに超えてそれを感じる。

子どものときに、もっとやさしく考え深い育てられ方をしていたなら、おそらく、大人になった今、私たちはこれほどたくさんの悲嘆を抱えることはなかっただろう。もちろん、確信を持って言うことはできない。それは人によって異なる。人は誰もが、その人独自の、苦しい過去の体験とそれに対する多くの反応を抱えており、埋もれたままのものもあれば表面化しているものもある。

さまざまな喪失体験——子どものときの、理解されなかった、敬意を払われなかった、大切にされなかった傷——が癒されるためには、内と外の作業《ワーク》に長年取り組まなければならない。子どものころの体験や扱われ方に対するもっとも深い感情の存在に気づくまでに何年もかかるのは珍しくない。親がみな、虐待をしたり、アルコール依存症であったり、ひどい育児放棄をしたわけではない。大部分の人のほとんどの傷は、親たちが最善を尽くそうと努力している中で起きている。親たちは、自分たちが持っているもので、社会のしきたりの中で、彼らの世界観の中で最高の努力をした。そして、それらの世界観はよいものも悪いものも、親たちの体験と彼らの両親が彼らに伝えたものから作られた——私たちと同じように。どの家庭にも、愛、恥、罪悪感、非難、愛情の抑制、深い空虚感からなる独特の組み合わせがある。そしてこれらの感情は、私たちがそれに無意識であることで、もっとも有害になる。

ある女性が、母親が亡くなったときのことを話してくれた。そのとき女性はまだ少女で、幼い兄弟姉妹がたくさんいた。父親は子どもたちに、家の中で母親のことを口にすることを一切禁止した――埋葬された母親がもともと存在しなかったとでもいうように。そうして子ども全員が「感情の箱」に閉じ込められた。父親は、過去を振り返らずに前を向いて生きれば、トラウマも深くならずにすむだろうと考えたのだが、それは家族全員に大きな傷を負わせることになった。

それが無知（仏教的観念。現実の在りようを無視すること）というものであり、苦しみの根にはこの無知があることが多い。そして、こうした無知が、親を、自分の子どものことを知らない親にすることがある。立派な業績や学業成績をあげて表面は和やかで愛情ある家族にも、この種の無知は共存できる。ポジティブな行為が無知を払うことはない。

無意識の悲嘆は、私たちの精神の奥底まで影を投げている。どんなに表面が明るく見えるときでも、記憶の暗い片隅で、それ自身のいのちを持って生きている。実際、表面が明るければ明るいほど、感情の影が暗く長い場合があるのも確かだ。

ロバート・ブライは、『人間の影に関する小さな本（*The Little Book on the Human Shadows*）』のなかで、私たちが人生のはじめのころに手に入れた目に見えないカバンというイメージを使って、埋められた感情の力学について述べている。私たちは、愛する人に認められて受け入れてほしくて、このカバンに、自分が愛らしくないと感じさせられた自分のパーツを次々と詰め込んでいく。こうしたことを続ければ、自分の表面を保つため、社会に適合するためだけに、一生いつわりの人生を生きることになるだろう。

それは、私たちが幼いころに、家庭の中で始まったことかもしれない。子どもは親たちから、親を喜ばせるものとそうでないもの、親が受け入れられる思考や感情や行動について情報を与えられた。

そして、同じことが、学校の仲間や教師たちの中でも、社会に出ても、続いてゆく。こうして自分のパーツをカバンに詰め込むうちに、カバンはどんどんふくれて重くなる。私たちは、好かれたい、受け入れられたい、よく思われたいと努力した結果、怒り、衝動性といったものだけでなく、自然さ、柔和さ、強さ、知性といったパーツまでカバンに詰め込む。場合によっては、禁欲者や殉教者、賢人になることを要求されていると思い込み、そうなるための特定の規律に合わせるため、という理由からもそうすることがある。今カバンの中は真っ暗だ。なぜなら私たちは、中を光で照らして自分の精神の大部分に何が起きているのかを知ろうともしないからだ。

もしこのカバンを肩に担いでいないふりをして、さらに詰め込みつづけて三〇年も四〇年も開けることを拒否していたらどうなるだろう。詰め込んだ感情の影は、認められず、表現されないために、化膿して毒になっていく——受け入れたなら正当で重要な私たちの一部になるのだが。それらはカバンの中にあるままとなり、人生の進路に、私たちが気づかない重大な影響を与えるかもしれない。そうして、時折夢で見るだけか、あるいは、人生がうまくいかなくなったときや突然人生が瓦解するときまで知ることがないだろう。ところで、内面で見たくないと思うものは、外側の顔の表情に現れることが多い。内面は外面に反映され、外面は内面に反映されるものだ。調和させるためには気づきと受容という光によって、外側と内側が再び一つになる必要がある。

私たちは今、自分が運んでいるこの荷物について、しっかりと自分自身を教育するときに来ているのではないだろうか。自分という人間のすべての面を受け入れるため、一瞬一瞬、意識して努力をするときなのではないだろうか。自分の感情の影と隠れた悲嘆の瀬音に耳を傾けてそれらと対話をするために、無条件の受容とやさしさを持って、それらを内面に保つ努力をするときなのではないだろうか。これが、本物の大人と呼ばれる者になる道であり、自分自身を育てることに他ならない。
このようにして私たちが「自分を育てる」ことができれば――おそらくとしかいえないが――自分の子どもたちの姿をもっと明瞭に捉えることができるようになるだろう。そして、子どもたちが親や社会から受け入れられたくて悲痛な努力をして、その結果自らのパーツを取り除くようなことが起きない方法で、彼らを認め受け入れることができるようになるだろう。

まだ鳴ることができるそのベルを鳴らせ
完全な捧げ物をすることを忘れよ
どんなものにも割れ目がある
そこから光が入る

レナード・コーエン「祝歌（Anthem）」

細い糸

子どもが苦しんでいると、私たち親も苦しむ。そうでないときでさえ、子育ては十分に難しい。ときには、自分が切れそうなか細い糸でぶら下がっているような感じがする。

＊

子どもたちのけんか、かんしゃく、「飽き飽きした！」、歯が生えてくるときのむずかり、大騒ぎ、病気、眠れない夜、長い冬の一日、暗い雨の日、気持ちが落ち込み、子どもたちのさまざまな要求に応えようとする努力、平静を保とうとする努力、仕事と家族のほかにも山ほどのやりくり、けんかの仲裁、頭に浮かんでくるよい考えやつまらない考え、夕食の支度さえも……その日が終わるころには、私（mkz）は疲れはてて、イライラして、限界だと感じて、強い閉塞感を覚える。自分をひどく小さく感じる。外に出ていきたい、空気を吸いたい、距離をおきたい、広い空間が欲しいという抗いがたい衝動を覚える。

悪天候のために子どもが外で遊ぶことができなくて何時間も家で過ごさなければならないとき、そんなときは特に、私は人としての自分の限界を強く感じる。さまざまな生活の知恵を学ばなかったために子どもたちに教えることを何も持っていないと考えてしまう。

それに私たちのために文化の限界も感じる。私たちの文化では、することといえば何かを消費することしかない。買い物、食事、映画館に行く、どれも空虚に感じてしまう。老いも若きも誰もが行けるような集会所や、ダンスをしたり音楽を楽しんだり、語り聞かせの会やおしゃべりをするための場所は、私たちの町にあるだろうか？

子どもを一人育てるためには地域社会の全員が関わるものだとは昔からいわれていることだ。だが、私たちの社会にそんな地域社会などあるだろうか？　たしかに、拡大家族、コミュニティセンター、支援グループ、世代を超えた友達関係、信仰による集まりなどに、まだ地域社会の名残を見ることはできる。だが親たちは、自分たちが孤立して、孤独だと感じていることが多い。特にひとり親の場合はそうだ。彼らは、日々の苦労を打ち明ける場がない、他人の意見を聞く機会がない、気持ちをわかってくれる人がいないと感じている。また、二人そろっている親たちでも、パートナーが何も協力してくれない、それどころかもっと仕事を増やす、という声が聞かれる。たとえ友人がいてパートナーが協力的だとしても、難しいできごとは自分のほかに誰もいないときに起きることが多い。子育ては孤独な仕事になりやすい。

必要なのは、自分に足りないものを補ってくれる人々の集まり、自分の限りある子育てスキルを補ってくれる人々だ。自分の知恵やスキルが尽きたと感じたときに、さまざまな経歴や才能を持った人々から必要なアイディアや情熱や人生の経験を分かち与えてもらえることだ。親は家族の礎にならなければならないが、自分たちだけですべてを与えることは不可能だ。

＊

子どもが一〇代になると、その複雑さと難しさは、赤ん坊や小さな子どもの子育てが単純にさえ見えるほどになる。ときには、自分が混乱し、気持ちがくじけ、絶望的になっていることに気づくだろう。すでに見てきたように、子どもたちが親離れして友達の影響が大きくなるとき、彼らが自己破壊的な行動に惹かれてゆくときには、子どもを失うと感じることさえあるかもしれない。その一方で私たちは、子どもが社会に出てゆくとは、ある意味で彼らを「失う」ことであることも理解している。私たちは、子どもの弱さを知っていながら守ることができないことに苦しみ、あるときは、彼らが感情や意見を表す方法に、あるいは何も表さないことに、怒りを感じる。

直感を使い単純に身体でふれあう子育ては、子どもが小さいときから私たちが使ってきた方法だが、この年齢にはもう適さない。以前の子育てで感じた身体の疲れは、精神的疲労や感情的疲労に代わっていることだろう。一つの理由は、思春期の子どもたちが、自立やつながり、愛や人生の意味を求めて苦闘しているときに、私たち自身も、親としての役割を調整しているからだろう。

子どもが、驚くような、思いがけない、ときに腹立たしく感じられる方法で成長し変化するときは、親も成長して変化することを迫られる。子どもが親に頼らなくなり親が必要でなくなってくると、私たちは、彼らに関することを日常業務のように淡々と片づけるようになるかもしれない。これは、私たちにも子どもたちにも、表面的で満足感がなく、つながりを欠いているように感じられるだろう。彼らはたしかにひとりになる時間を欲し、親と距離をおくことを求めてはいるものの、以前とは別の繊細さも私たちから求めている。ある意味で私たちは、無関係であるが無関係ではない存在なのだ。

彼らが怒って私たちを批判し、心を閉ざしているときに、それでも私たちを必要としていることを理解するのは難しいかもしれない。私たち自身も怒り、心配しているときには、それを超えた現実を見るのはさらに難しいだろう。私たち自身が疎外感を感じ、混乱し、いらだち、絶望しているとき、子どもの前から立ち去らずに、その場にいて、つながりを完全に絶たないでいるには、私たちの側に途方もなく強い意志が必要である。

思春期の子どもは、否応なく、人生は満足を与えてくれないものだと感じるときがある。彼らは、心底欲しいものが手に入らないときや、不幸せだと感じて人生に疑問を持つときに、こんなふうに考える。「人生ってなんだろう？　生きる意味はどこにあるんだ？　これだけが人生じゃないはず。どこに自分に合う場があるんだろう」。彼らは気分屋になり引きこもる。小さかったときには想像もつかなかったほど、私たちから遠ざかる。反抗的になり、怒って、自分のほうから私たちを遠ざけるかもしれない。そんなとき、私たちは彼らが苦しんでいると理解はしても、近づくのは難しい。

だが、彼らは、自分は疎外されている、孤独だと感じているときでも、親がそれでも自分と共にいると感じる必要がある。親は、子どもが大きな谷間の向こうの崖の上から見ているように感じるかもしれない。そういう状況で彼らに近づくのは難しいだろう。親も子も、両者の間にある深い谷に恐怖を覚えるかもしれない。そして親は、子どもが小さかったときには感じたことがないような無力感を感じるかもしれない。彼らは自分では気づかずに、ふだんは私たちの奥にあって検証されることのない、私たち自身のもろさ、疑いや恐れ、傷つきやすさを垣間見せてくれる。

一〇代の子どもが、他人の感情、あるいは自分の感情でさえ本物かどうか疑問視しているとき、私たちは、自分の中にある、真実で、地についていて、単純で、本物である場を見つけるのがいい。内面に意識を集中し、呼吸に、身体に、感情に注意を向けよう。私たちはそのとき、自分の子どもとしっかりとつながっていると感じられなかったり、距離があると感じているかもしれないが、それでも、思いやりある存在になることはできるはずだ。そして、つながろうとする兆候が子どもに見えたときは、その糸がどれほどたよりないものでも、それに手を伸ばそう。

あるいは、もしそうするのが適切であれば、一時的であってもどんなに細くても、私たちのほうからつながりの糸を差し出すこともできる。具体例をあげよう。たとえば、彼らの話に耳を傾けて、彼らが体験している問題や痛みや不安という現実を認めることがそれにあたる。あるいは、もっと思い切ったことが求められる場合は、一日とか週末、あるいは一週間、子どもと二人だけで家を離れてどこかに行く方法もある。これはできないかもしれないし、できると感じられないかもしれない。だが、難しい問題には独創的な解決法が必要である。彼らがしたいだろうと思うことを選んで、どんな方法でもいいから彼らと一緒に過ごすときを作ることで、子どもに、多忙でときに退屈で単調な、決まりきった彼らの日常の裏に潜む深い意味を思い起こさせることができる。日常生活から離れることは、それが危機的な出来事によって引き起こされた結果であっても、親の私たちにも同じように作用して、子どもとのつながりを一新してくれる。

成長した子どもが行き詰まって限界を感じ、人生を不幸だと感じている場合は、何らかの行動を起こしたほうがよく、起こすべきである。とりわけ自己破壊的な危険な兆候を感じたときはそうだ。彼らは、私たちが彼らを心配していること、そして、何を心配しているかを知る必要がある。場合によっては一緒に問題解決をはかることが必要かもしれない。また、彼らの擁護者となって、人生をもっと満足でき、意味があるものにするために、その方法を見つける手助けをする必要があるかもしれない。

一〇代の子どもたちは、物事の核心について自分なりに明確に洞察していることが多い。しかし、何かおかしいと知りながら、それが何なのかがわからないときもある。そうしたときは、彼らの問題に、私たちが人生で学んだ知恵を貸すことが必要だ。社会がどう動いているのか（私たちでも完全に理解しているだろうか？）、物事をうまく運ぶにはどうしたらいいかを理解するのは、誰にとっても長い時間がかかるものだ。

ただし、彼らが親も問題の一部だと見ているときには、どんな方法を使っても難しいだろう。私たちが心を開いて自分の行動を変えることは可能だとしても、子どもが自らの人生に変化を起こすのを手助けできるかどうかはわからない。また、何が必要か、何が問題かについても、彼らに同意できるかどうかわからない。しかし、単に彼らが困難なときを過ごしていることを認めるだけでも、彼らが感じるのが孤立かつながりか、非難と受け取るか思いやりと感じるか、の違いが出る。そして、親からの気遣いと愛情ある受容を感じることで、自分が抱えている問題の背景が理解しやすくなるだろう。

⁂

ときに、年齢に関係なく、子どもが「退行する」ように見えることがある。あるとき、私たちの友人の一六歳の息子が家族から引きこもった。同時に感染症にかかって体調を崩した。両親は息子が突然病気になったことを、純粋に身体的なものと捉えることもできた。そして、彼の精神状態と病気とは関係がないと否定し、家族と彼がこのところ体験していた問題との関連も完全に否定することもできた。しかし、友人らは息子の病気を大きな見地から見て、彼の生活と、家族が体験している身体・情動面のストレスについて検討しはじめた。その後、息子の病気と回復の時間を、広い意味の癒しのために利用した。彼らは、息子には、家にいるという退行の時期が必要であることを受け入れた――彼は、のんびりして、しばらく内向きになって、体と心にやさしい特別な食事をとって、家族と再びつながることが必要だった。それが、彼にとっても彼と家族の関係にとっても、修復と変化という恵みをもたらすこともわかった。

ところで「退行」という言葉にはかなりネガティブな意味がある。一般的には、適応できない、年齢相応の行動ができない、もっと幼い発達段階に戻ることを意味する。だが、小さな子どもだけでなく、どんな年齢の子どもも、やさしくされて、本を読んでもらい、歌を歌ってもらうことが必要なときがある。それは、再び外へと出ていくことができるようになるために、内へと向かうときである。

子どもがそういう時間を必要としているときに、私たちが、批判しないでやさしく受け入れて応じることは、子どもが成長するために苦闘しているその部分を養い育むことである。それは最終的には、古い皮を脱いで前に進むのを手助けする。これは真の贈り物だ。

こうした癒しの時間を与えることは、いつも簡単なわけではなく、可能かどうかさえわからない。仕事や他のことで難しい場合もある、不可能なこともあるだろう。だが、子どもが外側で表しているものがすべてではないことは心にとめておこう。私たちは内省することで、彼らの内面で変容が起きていることを信頼する方法や、可能なかぎり、思いやりをもってそのための精神的ゆとりを作る方法を見つけることができるだろう。そして、時間がたつうちに、子どもが何で苦労しているのか、ある程度わかってくるだろう。

子どもが不機嫌で不安定で、おそらくは退行しているとき、彼らと一緒に生活するのはたいへん難しい。しかし私たちが、子どもの難しい行動を、私たち自身を責めていると感じて、自分のまわりに壁を築いて鎧を着け、恐怖と傷ついた感情にはまり込んでしまうと、子どもとの間の壁は厚く高くなるばかりだ。ここは全体をとらえる視点で物事を見るべきである。つまり、可能なかぎり広い視野からそのときに起きていることを見ること、検証しようという気持ちとどっしりと落ち着いた態度で見ること、さらに、距離をおき、かつ思いやりを持つという、一見逆説的な態度で見ることが大切だ。危機的状況が去ったあとに、もしも私たちが、自分が感じている傷や恨みや怒りをすべて手放すことができれば、真に新しい瞬間を子どもと迎えることができる可能性がある。

あるとき、一日中たえまなく、非難と不満が自分（mkz）に向けられていると感じた一日の終わり、娘の一人で、当時一〇歳だった子どもが私にすり寄ってきて、とても真剣な声で「大好きよ」と言った。自由に変化できるこのすばらしい能力、怒りを手放すことができる子どもの能力は、成長するにつれて変化してゆく。私たちは自分の行動を通して、彼らに、今起きていることに気づいていると同時にどの瞬間も新しくスタートする気持ちで迎えられることを、思い出させる必要がある。

究極的にはもっとも大切なものは私たちの考えではない。求められているものは、親が誰でも体験する、あらゆることを疑いたくなる瞬間、胸をえぐられるような瞬間に、私たちが真にその場にいて、心身全体で思いやりを表していることだ。

あなたは善人でなくていいのです。
あなたは悔い改めながら
砂漠を何百マイルもひざまずきながら歩く必要はありません。
あなたがするべきことは
身体という柔らかな生き物に
それが愛するものを愛させること、それだけです。
絶望について私に話してください、あなたの絶望を、
私はあなたに私の絶望を話します。
そのあいだも　世界は進んでいきます。
そのあいだも　太陽と透明な雨粒が
数々の風景を横切っていくでしょう
大草原を　深い森の上を

山々を　多くの川を。
そのあいだも　雁たちは、高く澄み切った青い大気の中を
再び家路を目指して飛んでいます
あなたが誰であっても、どれほど孤独でも、
世界はあなたが想像するものとなって現れます
そして雁のようにあなたに呼びかけます、鋭くそして心躍らせる声で——
なんどもなんども　世界という家族の中の
あなたが属する場所を告げるのです

メアリー・オリバー

「雁（Wild Geese）」『夢の仕事（*Dream Work*）』より

自分を失う

親は時々自分を失う。正気を失い、理性を失う。また、平静さを失い、道を失い、威厳を、自信を失う。これが起きると、何がそれを引き起こしたかは別として、たいへんつらいものだ。たいていの場合、それが起きるときは、とても疲れていて限界まで追い詰められている。強いイライラ感がわくが、そのときにはそのことを理解していないかもしれない。あるいは、その瞬間にギア

を変える方法を知らなくて、どうでもいいと思うほど疲れているかもしれない。あるときは、自制心を失うことで、叫ぶ、怒鳴る、意地の悪い言葉を口走る、暴言を吐く。また、ピシャッと叩いたり、怒って強く打ったりなどが起きる。そして、そういったことが起きると、たちまちひどくいやな気持ちに苛まれる。自分に怒りを感じ、子どもたちに悪かったと思う。悪夢だ。私（mkz）の例を紹介したい。

私はそのとき娘の一人を寝かしつけようとしていた。彼女は宵っ張りで、八歳になっても平気で夜中ずっと起きていることができる。私のほうは夜の一〇時を回ると、頭がよく働かなくなり、忍耐も続かなくなる。ところで彼女は、特に就寝時間になると、あらゆることに敏感になることがあった。飲み物が欲しい、ひとりになりたくない、電気をつけておきたい、小さな常夜灯では足りないなどと言い出す。

私は娘がベッドに入ったあと、彼女のベッドに腰をかけて、しばらく一緒にいた。今夜は、眠るまで長い時間がかかりそうだ。私は付き合って起きているには疲れすぎていた。娘に「今夜は私のベッドで眠りなさい」と言うと、彼女は私のベッドに行った。ところでそのとき、私は、「私のベッドでは肌着を着るのよ。それが決まりよ。あなたが風邪をひかないように、一晩中あなたに毛布をかけていたくないから」と言った。彼女はこの決まりを知っていたが、いやいやながら肌着を着た。そしてすぐに肌着のことで文句を言いはじめ、ベッドを蹴ったり叩いたりした。私は彼女に別の肌着、もっと柔らかでもっと気持ちのよいものを持ってきた。しかし、このときまでに、彼女はもっと怒っていて、私を口汚くののしりはじめた。彼女は電気をつけたがった。私は電気を消したかった。そこで互いの根比べになった。私は彼女がもう一人の娘を起こしてしまうのではないかと恐れた。罠にはまった気持ち。支配されている感覚。無力感が私を襲った。事態は悪い方向に動いていて、止めるすべがないように思われた。

そのとき、眠っていた子どもが「静かにして」と叫んだ。起こしてしまったのだ。私の怒りが燃え上がった。私は、静かにしなさい、と怒鳴った。彼女はそれでも大きな音を出しつづけ、ベッドを叩いて騒いだ。私は我慢できなくなり、怒って、無力感に襲われて、思わず彼女の頬をパシッと手で叩いた。彼女は泣き出して、さらに大声で泣き叫んだ。眠っている子どもがまた大声で「静かにして」と叫ぶ。私は娘をぶったことで、気持ちがひどく落ち込んだ。彼女は「虐待だ」と言って、警察を呼ぶとわめいている。私は恥ずかしさと後悔とで体も頭もよく働かない。私は巨大な悪夢の中にいた。この大騒動は確実に近隣中に響き渡っていたはずだ。金切り声と泣き叫ぶ声が二〇分ほど続いたあと、彼女は声をあげて父親を呼びはじめた。父親は留守だった。とうとう彼女は、「ママぁ」と言ってすすり泣きはじめた。

私は氷とタオルを持ってきて、娘と一緒に座った。そして、「自分はとても悪いことをした」と話した。「あなたを傷つけてしまったことがとても悲しい」とも言った。一時間後、娘は私のベッドの中で私にすり寄って眠っていた。私は気持ちがひどく落ち込んでいて眠れないまま目を閉じていた。

＊

子どもは一人ひとりまったく違う。毎晩眠るのを嫌がる上に、朝には目を覚ますのが難しい子もいる。また、お話をしたり静かな歌を歌ってやるだけで眠る手のかからない子もいる。親が何をしても、ひどい夜になるだろうと思われるときもある。あの夜は、娘をベッドに入れるまで、まず暖炉のそばで本を読み聞かせることから始まり、次には彼女のベッドの上でスケッチをした——はじまりはよかったが、終わりは悲惨だった。

あとで自分にできることが何かあったかを考えてみた。この手の問いに対する答えは、明確なときもあるが、このときは少しもはっきりしなかった。もしかしたら、肌着を着ることを持ち出さなかったら衝突は避けられたのかもしれない。しかし、それがなければ彼女は他のことで抵抗したかもしれない。このときのように夜の嵐を避けられない感じがするときもある——劇が最後まで演じられる必要があるとでもいうように。だが、あんなふうになる必要があっただろうか？　彼女の睡眠への切り替えをもっとスムーズにする方法はほかになかっただろうか？　私自身の怒りとフラストレーションにどう対処すれば、次のときには事態を悪化させないですむだろう？　いつ自分を曲げればいいのだろう？　どんなときに曲げすぎるだろう？　娘と私が突き進んでいた方向を変えるために、自分にできたことはあるだろうか？　場合によっては、起きていることを大きな視野で見る必要がある。今考えると、私は就寝時間のリチュアル全体を、もっとシンプルで一貫性のあるものにしなければならなかったと思う。そして、娘がもっと小さなときからそれを始めるべきだった。

嵐の真っただ中に一瞬でも立ち止まって、呼吸に意識を戻し、その時点では何も解決しなくていいことを理解したなら、助けになったかもしれない。もしそうしていたなら、事態を悪化させるだけだった、制御がきかない怒りという形で反応するのを避けられたのかもしれない。

少しでも癒しと学びが起きるためには、何が起きたかを認め検証して、彼女に、私が自分の行為を後悔して娘の気持ちを心配していることを知らせることが大事だった。それはつまり、起きたことをとてもひどいことだと認め、過小評価しないこと、そして、娘が悪いと責めようとしないことだった。

翌日、嵐がおさまって静かになったとき、娘と私は前の晩に起きたことについて話し、自分がどう感じているかも話すことができた。私は、同じようなことが起きるたびに、そのようなことが少しでも起きなくなるように、大事なことを学んでいると思っている。

冷静さを失って、結果として人を傷つけることは実にいやな気分だ。相手が誰でも、傷つけることは絶対にしたくない。私たちが反応モードになるとき、そこには必ず選択肢がある――混乱の真っただ中で、停止することを思い出すことができれば、ではあるが。そして停止とは、可能なかぎり自分の身体と呼吸を意識して身体につながり、やさしく受け入れる気持ちでそのときに自分が感じているもの（フラストレーション、恐れ、怒りなど）に気づくことである。このようにしてその瞬間にやさしくなり心を開こうとするときに、より賢い対応の仕方を思いつく可能性が生まれる。

保証はない

子育てには自分たちの力ではどうにもならないことが山ほどあることを私たち親は承知している。また、何をしようとも、成功する保証がないことも。自分の期待と限界に目を向け、特定の結果を無理に出そうとせずに、その時々の状況に最善を尽くして取り組むことはマインドフルネスを土台とする子育ての一環である。

妊娠した瞬間から子どもの誕生まで、そしてそれに続く年月には、子どもの人生と発達に影響を与える無数の要因が存在する。その中には、私たちが知っているものもあれば、知らないものもある。あるものは直接的でわかりやすく、あるものは深く神秘的だ。私たちが「正しい」ことを全部したとしても、あとになるとそれほど正しくなかったことがわかることもある。また、私たちが気づいていなかった要因もあるだろうが、そのときにはおそらく誰も気づいていなかったというものもある。結局いざというときは、直感、常識、気づき、情報、そしてもっとも大切な私たちの愛を組み合わせて対処するしかない。私たちが子どもたちのニーズに応えるために精いっぱいの努力をしたとしても、大きな影響を与えるものはほかにも数多くあり、どれほど尽力し最善の意図があっても、必ずしも、制御することも避けることも、あるいは気づくことさえできないこともあることを理解しなければならない。

もっとも明らかな例は、悲劇的な事故や深いトラウマを残す出来事だ。子どもが元に戻らなければ、子どものニーズに対応するために、家族が生活を変えなければならなくなるだろう。子どもが亡くなれば、残された者の人生に巨大な穴があくことになるだろう。私たちの力で何とかできないものには、ほかに、環境中のさまざまな毒物にさらされる危険がある。そうしたニュースは年中聞かれる。がんや先天性の欠損を引き起こす多くの化学物質の中には神経毒も含まれる。このほか、飲酒、喫煙、違法薬物、アスベスト、鉛、ラドン、農薬などは、健康に深刻な影響を与えるが、特に発達中の子どもには非常に有害である。それ以外にも、長期的影響が不明なものは少なくない。親は、自分の知識と子どもを守るためにできることに限界があることを承知しつつ、分別を持って情報を取り入れ、子どもを守るためにベストを尽くさなければならない。これにはバランスを取ることが大切だ。この一連の問題は不安をかきたて、気持ちを落ち込ませるだろう。なぜならかなり多くのものが危機的状況にあり、無力さを感じさせられるからだ。環境問題全体を無視することのほうがずっとたやすい。

だが、家の中の暖房パイプまわりのアスベストが崩れたり、鉛入りの塗料が剝がれたりなど、危険な環境は外だけにあるわけではない。新しいカーペットや新しい家具などに含まれるホルムアルデヒドなどは、臭覚が揮発性化合物の危険を教えてくれることもあるが、水に含まれている鉛やさまざまな化合物は五感ではわからない。化学物質による井戸水の汚染や食物の残留殺虫剤、学校の空調設備などの問題に対しては、親たちが団結して交渉し、子どもたちの安全を守ることが必要だ。

子どもたちが情動面で安全を感じることが非常に重要なことはいうまでもないが、親には、身体面の環境を安全にするために、自分たちにできる行動をとる責任もある。

*

私たちがどうにもできない要素はほかにもある。生まれつきの身体的特性や情動的特性などもそれに入る。たとえば、子どもには生まれつきの特質があり、時間の経過とともに現れ、変化する。気質はそのひとつだ。ドイツの哲学者で教育者であるルドルフ・シュタイナーは、気質を次の主要な四つに分類した。胆汁質（激しい、活力がある、多くは運動神経が発達している、集中する、強情）、憂鬱質（内面的、孤独、悲観的、敏感、雨の日と悲しいお話を好む）、多血質（のんき、無頓着、気まぐれ、社交的、夢見がち）、粘液質（食べることと気持ちがいいことを好む、内面に集中する、思慮深い、観察が鋭い、マイペース）。

人は誰でも異なる気質の組み合わせからなり、ときによってひとつの気質が他の気質より優勢になる。たとえば、要求が多く激しい気性の胆汁質が強かった幼児が、大きくなって多血質の気性を見せる一方で、憂鬱質の傾向も持っているかもしれない。あるいは、多血質だった赤ん坊が、一〇代になって強い意志と火のような激しさを表すこともある。

子どもをユニークな存在にしている気質的特徴は、両親にとって大きなストレスになる場合がある。親に無意識な期待がある場合や、親自身の気質によっては、さらに難しい事態を招くかもしれない。一つの家族の中でそれぞれの気質が異なると、大きな摩擦や期待外れ、怒りがわく状況が作られることがある。運動神経が発達した向上心に燃える親には、スナックと本を抱えてソファに丸くなっているのが好きな粘液質の子どもの気持ちになることは難しいだろう。理路整然として言葉を重視する親は、深く感じて言葉で表現しない芸術的な子どもの扱いに途方にくれるだろう。自分の子どもと自分の特性に気づくと、彼らをより深く理解して受け入れられるようになり、さまざまな状況を見抜いて対処できるようになる。

たとえば、はじめの子どもが、授乳が簡単で人になつく赤ん坊だったとしよう。この最初の子育て体験は、親が何を子どもに期待するかの基盤を作る。もし二番目に生まれた子どもが、お乳を飲むことに興味がなくて、あやしてもあまり反応しないとしたら、あるいはコリックやアレルギーを持っていたら、どんなことが起きるだろう。おおらかで柔軟な子どものあとに、次の行動に移るのに時間がかかって親をギリギリまで追い詰める子どもが生まれたなら。あるいは、用意周到で本が好きな子どものあとに生まれたのが、頭の整理が下手で読書が苦手な子どもだったら。

子どもたちの中には、何をするにも非常に苦労する子どもがいる。そのような場合、アスペルガー症候群、自閉症、ADHD、統合失調症、双極性障害などを持っている可能性が考えられる。また、トラウマや、そのあとに続く後遺症で苦しむ子どももいる。危険で自己破壊的で、心配な方向に惹かれる子どももいる。このような状況にいる親たちは、家庭の中で、並外れて困難で、複雑で、予想外のことが起きる、要求が厳しい現実に向き合って、疲労困憊しているだろう。マインドフルネスが魔法のように物事を改善するわけではなく、子どもや親が苦しまないようになるわけでもないが、子どもと自分を広い心で受け入れて思いやりを示すマインドフルネスの実践は、慰めと強さを与えるだろう。

マインドフルネスを土台とした子育てをすることは、親に多くのことを求める。私たちは内と外で深い作業《ワーク》に取り組まねばならない。また、気づきは物事全体を包括するものでなければならない。そして、何の保証もないことを知っていても、私たちは子どもたちのためにこれに取り組む。

迷う

ダンテは『神曲』のはじまりで、人間である私たちの深い部分にこう語りかける。「人生と呼ぶこの道の半ばで／私は自分が暗い森にいるのがわかった／そこには明確な道は通っていない」――つまり、迷ったということだ。詩は、少なくとも比喩として、こう言う。自分がどこにいるか本当に知りたいなら、まずはじめに、最低でも、地下へと、地獄の闇へと降りていかなければならない。そうしなければ、天国へ昇ることはできない、と。

私たちは失望し、混乱して、暗闇で道に迷ったと感じるとき、おそらくこのように自問するだろう。

「どうやってこんなところに来たのだろう?」「私はどこにいるんだろう?」「今私がいる場所は何なのだろう?」

だが私たちが、自分がいる場所に注意を注いだ瞬間、私たちはもう迷っていない。私たちは単に、いるところにいる。そして実は、私たちがいる地点が、つねに、始めるのによい場所である。この地点とは、物理的には、自分がいる場の感覚を失ったときのことであり、隠喩としては親として何をしたらいいかわからないと感じるときのことである。これは、「親として」を、「仕事上で」あるいは「人生で」に変えても同じだ。

ある意味、私たちはつねに、はっきり気づかない程度ではあるが、つねに迷っていると思われる。おそらくもっとも大事なことは、私たちが実際にいる場所にいようとする思いと、そこにしっかりととどまっていようとする意志だ。そこが闇の中でも光の中でもいい、他のところに行く必要はない。そうなってはじめて、動くときが来たときに、どこに足を踏み出せばいいかがわかるだろう。

デイビッド・ワゴナーの詩「迷う」は、アメリカ北西部のネイティブの伝統にあるこの精神を捉えている。若者に「森で道を見失ったら、どうしたらいいのですか?」と問われた長老が次のように言う。

静かに立っていなさい。前方の木々やあなたのかたわらの藪は迷っていない。
あなたは迷ったのだ。あなたがいるところはどこでも、「ここ」と呼ばれる場所であり、
あなたはその場所を、偉大な力を持つ未知の人として扱わなければならない、
あなたはここを知る許可を、ここに知られるための許可を求めなければならない。

森は呼吸をしている。耳を傾けよ。それは答える、
私はあなたのまわりのこの場所を作った、
そこを離れたならあなたは再び戻ってくるだろう、「ここ」と言いながら。

カラスにとって二つと同じ木はない。
ミソサザイにとって二つと同じ枝はない。
もしも木や藪がしていることがあなたにわからないなら
あなたはたしかに迷ったのだ。静かに立っていなさい。森は知っている、
あなたがどこにいるかを。森にあなたを見つけさせねばならない。

詩人は、私たちの人生は、個々のものに対する感受性によって決まるのだという。もしも私たちに、森や木がしていることや、子どもの眼差しが通じなければ、私たちはたしかに、深い意味で迷っているのだ。しなければならないことは、あなたがいる場所——私たちの前にあるもの、まわりにあるすべてに、今、ここに、注意を注いで、気づくことだ。私たちはじっと動かずに立っていることができるようになるだろうか？　私たちはいのちの森が、そして世界という森が呼吸をしているのを聞くことができるだろうか？　森が、世界が、しばらく静かにしていよ、目を覚ませ、すべてが相互につながっていることを感じよ、と言っていることに耳を傾けることができるだろうか、そして一瞬たりとも同じ一瞬はないことを理解することができるだろうか？　同じようにして、私たちの子どもにも耳を傾けることができるだろうか？

これが子育てにマインドフルネスを取り入れるときに直面する難しい課題だ。特にもっとも暗いように見える瞬間、もっともあてどなく、どこにいるかわからず、迷っているときに、今、ここに、じっと立ち止まっていることができるだろうか？　実は、その今、ここは、つねに「ここ」であり「今」なのだ。私たちは自分自身が注意を注ぐことによって、もっとも基本的なものにつながり、導かれることができるだろうか？

遅すぎることはない

人はある意味で時代の産物である。私たちの選択は、時代とその価値観に影響される。また、まわりの人たち、親、友人、「専門家ら」から影響を受ける。私たちは権威ある人たちの話を額面通りに受け取りがちで、自分の親たちが私たちを育てた育児法にしても小児科医からのアドバイスにしても、社会的背景を考慮することが難しい。まわりが哺乳瓶でミルクを与えている時代に、周囲の援助も手引きも手本となる人もいない環境で、母乳で育てるのは簡単ではない。また、人によっては、家族同士がハグをしない家庭や、感情を認めない家庭や、愛情に条件と期待がつねについてくる家庭に育った人もいるだろう。私たちは子どもを育てるときに、そうしたことを深く考えずに、あるいは時流に逆らう勇気がなく、自分が育てられた家の、自分が慣れている方法を子育てに取り入れているかもしれない。

これまで、親としての自分の行動を心地よく感じられない、不愉快で別の行動をしたい、と直感的に思った人もいるかもしれない。それにもかかわらず、他の選択肢や方法があるとは思わなかったかもしれない。そのうちに、感情も本能も直感も埋もれてしまい、今、人生の後半になって残っているのは、後悔、悲しみ、喪失、痛みだけという状態かもしれない。

私たち親はできるかぎり最善を尽くしている。だが、人間であるかぎり、つねに部分的な見方しかできず、それも必ず変化する。まったく後悔しない人はいない。あとになって、以前は目に入らなかったことを見て、別のやり方をしたらよかったと後悔するのは人間の常だ。

＊

次に紹介するのは、成長した子どもを持つ母親から受け取ったものだ。私たちが彼女と出会う数年前に書かれたという。

最初の子どもが生まれたとき、私はまだ二三歳と若く、ヨーロッパ旅行をしたい、大学院に行きたい、一週間に少なくとも二人以上の男性とデートしたいなどと、頭にあるのは夢ばかりだった。オムツ替えや哺乳瓶の殺菌、木綿の膝掛けなどはまっぴらごめん。でも一九六〇年代のはじめのこと。ユダヤ系の二〇代の善良な少女はユダヤ系の善良な若者と結婚して孫を作ることしか許されていなかった。

六〇年代のはじめ。夫は陣痛が始まった私を病院に車で連れていった。医師は彼に、生まれたら家に電話をしますから、心配しないで少しでも睡眠を取ってくださいと言った。夫は、「じゃあれ、愛してるよ」と言って帰っていった。看護婦が私を車椅子に乗せるとき、小柄な身体を見て「どうされましたか」と聞いたので、「子どもが生まれるんです」と言うと、「赤ん坊はどこ?」と言って私のおなかを見た。六〇年代は、少しでも体重が増えないほうがよいと言われていた。私の体重はそのとき、ふだんの体重から約七キロ増えているだけだった。六〇年代には突き出たおなかを隠していることがセーフ、育っていく様子を外に見せるのはアウトだった。

私はそのまま陣痛時用の部屋に連れていかれた。六〇年代の初期は(生まれるまで)意識があるのはアウト、意識がないのがセーフだった。私は半麻酔状態になる注射を打たれた。

分娩室では何も感じなくて、何も見なかった。唯一思い出すのは、誰かが私の腕を揺さぶって「男の子ですよ」という声がうっすら聞こえたこと。何しろ六〇年代だから。それから何時間もたってやっと息子に会うことができた。六〇年代のはじめは母親と赤ん坊が同じ部屋で過ごすことは許されなかった。父親でも、面会時間以外に会うことは許可されていなかった。母乳はアウト、粉ミルクはセーフ。そうして育児看護婦が四週間も家にいて赤ん坊と私の世話をすることはセーフ。赤ん坊との絆《ボンディング》の形成は……絆ができる過程について話す人は誰もいなかった。

夫と私は赤ん坊の親だったけれども、自分たちもまだ子どもだった。二人とも、自分たちのもっとも深い問題に取り組んだことがなかった。四週間して看護婦がいなくなったとき、私は泣き出した。すごい衝撃だった。まだ二三歳なのに育児に縛りつけられてしまったのだ。私はスケジュールどおりにミルクを飲ませ、オムツを取り替え、湯あみさせ、眠らせた。アドバイスにはすすんで耳を傾けた……「赤ん坊を甘やかしちゃダメよ……抱き上げてはダメ……泣かせておきなさい。あなたのときもそうやって育てたのよ。私たちの言うことを聞きなさい……私たちはあなたの親なんだから。二人の子どもを育てた経験から、私には何が正しいかわかっているわ。いちばん良くないのは、赤ん坊が泣いたときに負けちゃうこと……もちろん、オムツが濡れているか、おなかがすいているのかは確かめてもいいけど。でもそうでなければ泣かせておくのよ。最後は眠ってしまうから」

私はアドバイスに従った……よい母親になりたかったし、子どもを甘やかしてダメな人間にしたくなかったから。赤ん坊にミルクを飲ませて、オムツを替えて、湯あみをさせて、泣き声が聞こえると泣かせておいた。

「甘やかす」という言葉が特に響いた……親から、おまえを甘やかしてダメにしたと言われたときの、いやな記憶を思い出した。

「あなたは自分が持っているものに感謝しなければ……私たちがあなたのためにしていることに感謝するべき……他の子どもたちは、あなたのようには恵まれていないわ……私たちはあなたを甘やかしてしまったわ……」

私は自分が産んだ息子を見た……あなたが泣いても、私は負けないわ……。

六〇年代のはじめだ。そのころは、住み込みのお手伝いさんがいるのはセーフ、カントリークラブに入るのはセーフ、リーグに入って室内テニスをするのはセーフ。私はどれもしなかったが、赤ん坊の息子が必要としていた親密さやふれあいを満たしてやることもなかった。絆の形成について学んだのは、なんと二五年後だ。

八〇年代になって、女性が公共の場や家の中の静かな場所で母乳をあげているのに気づいた。オプラ・ウィンフリー・ショーを見て、自分の欲求とニーズを持つことはセーフだとわかった。

ふれあいとか温かさとか絆の形成過程という言葉も聞くようになった。今私の中の何かが、痛いほど悲しさを感じている。何かが泣きたがっている。息子が赤ん坊のときに戻ることができたら、彼を抱き上げて赤ん坊の涙にキスしてやりたい。彼を抱きしめて、やさしくささやいて寝かせてあげたい。そのチャンスは二度と来ない。

今、九〇年代……息子は大人の男性だ。私が痛みを感じること、多くの感情を感じることはセーフ。

＊

人間の心理の奥底には、過去の行動がああであればよかった、ああでなければよかったという、と り返しがつかない、過ぎ去った日々に対する悲しみが横たわっている。その悲しみが、子どもと自分の苦痛を癒して、距離を縮める方法をなんとか手に入れたいと思わせることがある。だが私たちは、過去はやり直すことができないこと、私たちにできるのは、過去を知ること、深く知ること、感じること、深く感じることだけなのだと認めざるをえない。おそらくそれによって、新しい可能性と希望というかすかな光の中で、私たちが承認し受容することによって、過去が変容を遂げる。現在の中にしか新しい可能性は存在しない。私たちが引き起こしたであろう苦悩や悲嘆や苦痛を認めることは、自分の中に新しいものを生み出す可能性を作ることでもある。そのためには、どれほど私たちが古いものに頑強にしがみついていようと、反対に私たちにそれがしつこくからみついていても、それらを脱ぎ捨てなければならない。

私たち著者は、成人した子どもとの間のわだかまりを癒そうとするのに遅すぎることはないと考えている。私たちに悪気がなかったとしても、あるいは無理もないものだとしても、自分がそのときに無知だったことによって彼らを傷つけた可能性がある。あるいは、無頓着や、忙しさや怠慢、愛情を示すのをひかえたり、判断したり、暴力をふるって、傷つけたのかもしれない。だが、どんなに彼らが親を信頼できなくとも、過去の私たちの態度や行為を怒っていても、あるいは、親の怠慢や（彼らが自分にとって有害だと感じている）親としての責務に対して怒っていても、新しい健全なつながりを作ることに取り組むのに遅すぎることはない。

こうした傷を癒すためにできることのひとつは、まずその一歩として、私たちが後悔していること、そして、私たちがしたことが彼らを傷つけたこと、無頓着だったことを、成人した子どもに手紙で、あるいは直に会って打ち明けることだろう。子どもが親の態度を押しつけがましいとか、プライバシーに無頓着だと感じている場合は、最初に手紙で打ち明けることが、相手の気持ちに気を使っていることを示すだろう。最初のやりとりを真に価値あるものにするためには、子どもに伝える方法が心からの申し出でなければならない。また、子どものウェルビーイングを何よりも優先し、私たちにとっては非常に難しいことだが、すでに取り返しのつかない傷をつけていて和解が不可能である可能性があることも受け入れなければならない。さらに、子どもからの同情や理解、安心させる言葉や愛情を求めないこと、自分の罪を免除してほしいと思わないところに自分が立っていることが大切だ。こうした感情が自分に起きてきたとわかったときには、たとえ相手が成人していても、「子どもにとっていちばんよいことは何か」という問いに、自分を戻さなければならない。

❋

大人になった子どもとの関係にマインドフルネスを持ち込むときには、私たちの思い込み、期待、判断《ジャッジ》が、彼らを制限しているかもしれないことや、敬意を欠いているかもしれないことに気づくことが重要だ。また、彼らが人生で抱えている要求やストレスに、もう少し温かな共感と理解を示す態度も同じく大切だ。

これは、大人になった子どもと話すとき、親は自分の感情を言葉に出したり自分のニーズを話したりすべきではない、という意味ではない。自分たちにいやな思いをさせることが起きたときには、自分の中にさまざまな感情がわくことに気づくと思う。そのときは、そうした感情が積もるのを放っておかずに、話すのによいときだと感じたときにそれについて話すのがいい。話題によっては、それほど重要ではない、あるいは感情的に重すぎるという理由から、持ち出さないでおこうと決めることがあるかもしれない。大切なのは、互いの関係を大きな観点から見ることをつねに念頭におくことと、結局は単なる一つの意見にすぎないかもしれないことを言葉に出すことに自分がどれほど固執しているかに気づくことだ。また、私たちから彼らに要求するものがあるとき、相手は大人であって、断ることも、返事をするときに感情を表すことも彼らの自由であることを忘れないようにしたい。

私たちは、大人になった子どもを見るとき、初対面のように見ることができるだろうか？　彼らを、新生児としてではなく、新しい人間として見ることができるだろうか？　共に過ごすどんな瞬間も、たとえ電話を通じた会話であっても、その場にいて、信頼を築き、彼らに同調し、相手の気持ちに敏感になり、共感し、彼らをありのままに受け入れ、彼らの自己統治権を尊ぶための、新しいチャンスである。

そのときにもしも古くからのなじみの思考・行動パターンに陥ったなら、批判的になり、不親切になり、判断《ジャッジ》する、厳しく要求する、愛情を示すのを差し控えるなどのネガティブな面がひとつでも現れたなら、一瞬立ち止まって何が起きたかを見てみよう。自分がしたことを認めて、そこから学び、自分の行動を謝ろう。それから……再び始めよう。

＊

西洋医学は、ヒポクラテスの「何よりも、害を与えるな」という重要な原則の上に立っている。私たちは、子育てにあたって、ヒポクラテスの誓いを全員で宣言する必要があると思う。「私たちは、何よりもまず、害を与えない」。このこと自体が鍛錬だ。マインドフルネスがなければ、その瞬間に、あるいはのちに内省するときでも、自分が害を与えているかどうかさえ、どうやって知ることができるだろう？

マインドフルネスとは、私たち自身の生きるべき人生を生きることだ。これは、私たちのもっとも深く最善のもの、私たちの本質が現れるように、心にそのための空間を作ることでしか実現しない。私たちは、誰もがみな奇跡的な存在として生まれてくるのだが、適切な方法で養われ、育てられなければ、本来持っている天賦の才が、酸素欠乏で窒息して消えてしまう。そして、その酸素とは、静謐、注意を向けられること、愛、自己統治権、コミュニティ〔社会的特性を共有する人々の集まり。地域社会や共同体〕の中にある。マインドフルネスを土台とした子育てとは、気づきの中で生きる人生という、平凡かつ非凡な自分の道を歩みながら、子どもと自分自身を育む方法を見つけることであり、そうすることで誰もがなることができる本物の自分に成長し、お互いのために、自分たちのために、世界のために生きる人間になってゆくことである。

エピローグ

気づきの子育てのための四つのマインドフルネスの鍛錬、七つの意図、一二のエクササイズ

マインドフルネスを実現するための四つの鍛錬

1. 今という瞬間に立ち返る

これは、日常生活の中でマインドフルネスを養うための核となる鍛錬です。あなたがしたいと思ったときには、いつでも、そのとき何が起きていても、そのときの今という瞬間に、自分自身に立ち返ってみましょう。一瞬でもいいのです、静かに落ち着いて、あなたの内側と外側で起きていることを、単に認めて受け入れていることができますか？

あなたの身体から息が出たり入ったりする感じに気づくことから始めてもいいでしょう。この方法で呼吸にアプローチすることは、それがたった一回の吸う息、たった一回の吐く息であっても、今の自分を取り戻すのを助けてくれます。よければ、一回ではなく、数回にしてもいいですし、さらに長くしてもいいでしょう。これは、現在という瞬間と「親しくなる」ための一つの方法です。そのまま、今の瞬間に気づいている状態を緊張しないで保ちましょう。

それから意識を全身に広げて、身体全体の感覚に気づきましょう。身体が呼吸をしていることに気づきましょう……顕著な感覚があればそれに気づきましょう……どこかに緊張や硬さはありますか……。

気づく範囲を広げましょう、思考が起きてきたら、それも含めましょう……それを「思考というもの」であると理解して、「思考というもの」であると認めましょう……思考を、気づいている内面の場で起きている単なる出来事と捉えましょう。気づきの場という「空」で、思考が「雲」のようにわいたり消えたりしているさまを想像しましょう。

同じように、感情や気持ちがある場合は、その存在に気づきましょう。その感情や気持ちが楽しいものでも不快なものでも、良し悪しを判断《ジャッジ》（審判）しないで、最善を尽くして歓迎してください。もしも自分が判断《ジャッジ》していることに気づいても、そのことで自分を責めないでください。単に、自分が判断《ジャッジ》していると気づいていればいいだけです……。

もし感情がある場合は、その感情を身体のどこで感じているでしょうか？……。

今は、可能なかぎり、気づいていながらくつろいでいましょう……刻一刻……今、ここでいのちの営みが繰り広げられるのを体験していましょう……。

あなたの心が、考えや他のことに奪われているとわかったとき（これはしょっちゅう起きることです）は、あなたの心を占めているそれに注目して、それが何であっても、それに気づいていましょう。それから、あなたの注意を向ける先を、考えや感情などから、今の瞬間のあなたの呼吸と身体の体験に戻しましょう……そして再び、気づきの場でくつろぎましょう……。

2．子どもと一緒にいるときにその場にある、そして気づく

一日の中でどこかの時間を選んで、子どもと一緒にいる場で起きていることに、全身全霊で関心を向ける鍛錬をしましょう。たとえば、朝に子どもを起こすとき、学校に行く準備を手助けするとき、学校から子どもたちが帰宅したとき、就寝時間、オムツを替えるとき、授乳するときなど、いつでも

いいです。

もっとも重要なことは、そのときに起きていることを「真に体験する」ことです。このためには、次の瞬間に自分が何かを起こさなければならないと感じることが一切ない状態で、身も心もその場になければなりません。時を超えたこの一瞬をありのままに体験するのです。

誰にでも起きることですが、もし自分が考えに没頭していることに気づいたら、今という瞬間に自分を戻すために、呼吸をしている感覚を取り戻し、身体全体を知覚しましょう。そうして再び今の瞬間に意識が戻ったなら、再び子どもたちに関心を向けましょう。心が他のことに奪われていることに気づくたびに、自分が気が散っている、あるいは、気をとられていると気づくたびに、まず心が何に奪われたのかに注目してから、ゆっくりと心を今の瞬間に戻しましょう。この鍛錬を、あなたがしたいだけ頻繁に行ってください。

3．受け入れる

「判断《ジャッジ》（審判）する心」が起きてくるたびに、心の内側で起きていることにしっかり注意を向けることはとても効果的です。判断する心とはどういうものでしょう？　それは、アイディアや意見、白か黒かの思考に執着し、自分が好きなものにしがみついて嫌いなものを追い出そうとする衝動のことです。あなたの心が判断していることに気がついたなら、そのたびに、その考えの中身にいったん注目したあと、それに引きずられないで、再び、呼吸に、今の瞬間に、関心を完全に戻してください。この瞬間に、あなたがあなたの子どもと共にいること、あなたのパートナーと共にいること、仕事をしていること、その瞬間に起きていることに、注意を向けてください。

思い出してほしいのですが、マインドフルネスとは、簡単にいうと気づいている《アウェアネス》こと〔目覚めた状態〕です。その状態は、あなたが、一刻一刻と過ぎていく今の一瞬の中で、何も判断しようとせずに、意図的に注意を向けるときに起きてくるものです。これはしかし、あなたが判断しないだろうという意味ではありません。もちろん、あなたは判断するでしょう、それもたくさん！　誰でもそうです。でも、たった一度でも、判断しないようにしてみましょう。判断をしないで、心にわいてきたものを単なる思考と見てみましょう。思考はたいていの場合、何らかの強い感情と一体になっています。そこで再び、それらの思考や感情を、空の雲が行ったり来たりして、現れては消え、ときにはしばらくとどまるようなものと捉えてみましょう。私たちは、今という時の中で、思考や感情に反対したり闘ったりすることも、それらを判断する必要もありません。

毎日、どこかで時間を作って、ものごと（子どもたち、自分自身、その瞬間に起きていること）をありのままに受け入れる練習をしましょう。そうして、物事を今と違うものにしなければ、変化させなければ、と思う心を手放しましょう。さらに、この「受け入れる」時の中に、広い心と識別心を加えてみましょう。

4．子どもに対応する、反応する

子どもの言葉や行動に対して、自動的・無意識に「反応する《リアクト》」ことと、気づきと意図を持ってそれに「対応する《リスポンド》」ことを区別することは、非常に大切です。自分が無意識《マインドレス》に反応しているとわかったとき、そのときに起きていることに注意を向けることができますか？　自動的で無意識な反応には、さまざまな思考や感情が含まれていて、小はちょっとしたいらだちやむかつきから、大は怒りやフラストレーションや恐怖に感情が乗っ取られた状態まで、いろいろです。

そういうときには、しばらく身体と呼吸に意識を向けて、自分を落ち着かせるといいでしょう。このとき、その瞬間の思考や感情が、その瞬間をどれほど現実とは違ったものに見せていても、それに興味を抱き、受け入れる気持ちで、「愛情」を傾けましょう。そして、湧き上がっている思考や感情に気づいたなら、それらに執着したり、追いやったり、もっと考えたりしないで、ただそれらの思考や感情と一緒に呼吸をしてみましょう。そしてできるかぎり、それらの思考や感情を、やさしく気づきながら抱きしめましょう。ここに述べたことを、感情的になっているときに実行するのはかなり難しいと思います。しかし、こうした鍛錬を重ねることによって、時間がたつうちに、新たな洞察や出口が見えてくるものです。

こうして、その瞬間の強烈さを受け入れて耐えていると、子どもに対してもう少し自動的でない対応の仕方、もう少し適切な対応法が、徐々に見えてこないでしょうか？　状況を修正したいという、変えたいという衝動がどれほど強くても、そうしないでいることは、非常によいことで、かつ啓蒙的でさえあります。あるいは、まさにその瞬間に、子どもの視点から見ようとするのもいいでしょう。そのとき、あなたの子どもは、あなたから何を必要としているでしょう？　あなたは、彼らの言葉の裏にある感情に耳を傾け、自分が目撃しているものや彼らから感じるものを認めることができるでしょうか？　荒れる海の中で動かない島のように落ち着いて、彼らとのつながりを保ち続ける方法を見つけることができるでしょうか？　もし実際に要求されているものがあるならば、おそらくこの瞬間に明確になるでしょう。

ただし、あなたが難しい瞬間に遭遇してうろたえてしまい、何をすべきか、どう対応すべきかわからなくなったと思ったら、少なくとも今は、何も「行動」しないことを考慮してください。

また、自分が反応モードになり、感情的になってしまい、その状態を止められないときには、あとで落ちついたときに時間をとって、何が起きたのかを内省するといいでしょう。習慣になっている思考行動パターンから親の私たちが抜け出るためのこうした鍛錬の機会はこれからも山ほどあります。

気づきの子育てのための七つの意図

意図——行動を導くもの

私たちが自分のために設定する意図は、何が重要なのかを思い出させてくれます。それは内面に羅針盤を持つようなものです。もっとマインドフルになろうという意図を設定すると、私たちがわれを忘れて無意識になったときにも、その意図自体が私たちの選択と行為を導いてくれます。以前よりも今の瞬間に気づくようになり、もっとも大事にするものとのつながりを保っていられる状態が増えます。私たちの生活にマインドフルネスを取り入れるのに遅すぎることはありません。そうしようと意識する、その瞬間が始めるときです。

ここに、あなたに役立つと思われる意図の例をいくつか紹介します（これは自分に対しての言葉です）。もちろん、もっとも大事なことはあなた自身の目標を作ることです。

1. 子育てを、マインドフルネスを鍛錬する機会として捉える。そのように意図することで、自己認識、知恵、広い心を育む機会が限りなく与えられる。

2. 子育てを、私のもっとも深い最善のものを体現する機会と捉え、子どもたちと世の中にそれを表す機会として捉える。

3. 日常生活の中に、とりわけ子どもたちに対して、より大きなマインドフルネスと識別力を取り入れる。このために、自分の身体と呼吸に気づいて、今という瞬間とつながること。

4. 自分の子どもたちのありのままの姿を見て受け入れることをつねに忘れない。自分が持っている期待や恐怖のレンズを通して見ない。

5. それぞれの子どもの視点から物事を見ようとする。そして、自分の子どもが何を必要としているのかを理解し、自分に可能なかぎりそのニーズを満たすこと。これには子ども自身で物事に取り組んで学ぶことが必要であること、また彼ら自身ではどうにもならない限界に直面することを彼らが必要としていることを理解することも含む。

6. 私自身の人生と子どもの人生に起きるどんなことも（暗黒の時期、難しい時期、ストレスの多い時期も含めて）「役立つもの」という視点で見ようとする。それらを、（私自身も含む）すべての人たちに対する共感や思いやりを深めてくれるものと見る。

7. 以上の意図を心に抱きながら、子どもと私の自己統治権を尊ぶ方法で、これらの意図を実践することに尽力する。

気づきの子育てのための一二のエクササイズ

1. 子どもの視点から見る世界はどういうものか、想像しましょう。これを毎日数分間実行するだけで、あなたの子どもの本当の姿と、子どもが世の中でどんなことを体験しているかを見せてくれるでしょう。

2. 子どもの視点から見ると、あなたはどのように映るか、あなたの言葉がどのように聞こえるか、想像しましょう。別の言葉でいえば、今のこの瞬間に、「あなた」を親として持つことは、どういう感じがするでしょう？　これに気づくと、あなたのふるまいや、あなたの話し方や、あなたが言うことについて、どんなことがわかるでしょう？　あなたは、「今」、あなたの子どもとどのような関係でありたいですか？

3. あなたの子どもたちを、ありのままで完全であると見る鍛錬をしましょう。一瞬一瞬、彼らに自己統治権があると意識しつづけること、そして、やさしく彼らを受け入れる努力をすることができるでしょうか――特に、あなたにとってそうすることが非常に難しい場面で。これは彼らの行動を好まなくてはならない、承認しなければならない、ということとはまったく違うことも覚えておきましょう。

4. あなたが、あなたの子どもに対して持っている期待〔予想も含む〕を自覚しましょう。その期待は子どもの年齢に合っていますか、その子のためにもっともいいことでしょうか? この気づきの中には、あなた自身の思い込みを疑うこと、あなたが見失っているかもしれないものを見ようとつねに努力することも入ります。言葉で、あるいは言葉の調子やしぐさで、期待や制限を、どのように子どもに伝えているか、よく耳を傾けるといいでしょう。特に、物事についてあなたが発する言葉の最後の部分（例：「もう寝る時間よ」）に目を光らせてください。そのあとに、「そうだね？」といった、あいまいな言葉を加えていませんか?

5. 利他主義、つまり、他の人のウェルビーイングを無私の気持ちで願うことを意識的に養うことはとても有益です。それは、子どもが小さい間は、当然子どもたちのニーズをあなたのニーズより優先することになります。子どもが大きくなると、利他主義は、成長という彼らのニーズを満たすために、彼らにより多くの責任とやる気を与えるという意味になるでしょう。同時に、親が自分のニーズを知って、適切な方法で子どもに伝えることも大事です。子どもが必要としているものとあなたが必要としているものが、どれほど同じものが多いかを知ったら、あなたは驚くと思います。あなたが、アイディアが豊かで忍耐強い人であればなおさらです。

6. どうしていいかわからないと感じたら、あるいは途方にくれた場合には、デイビッド・ワゴナーの詩「迷う」の中で「森は呼吸をしている」と言っているように、じっとしていることを思い出してください。森が何を言っているか、耳を傾けましょう。「森は知っている。あなたがどこにいるかを。森にあなたを見つけさせねばならない」。その状況、あなたの子ども、あなた自身、家族に精神を集中して、その全体を瞑想してください。そうすることで、思考を超えたところ、それもよい思考でさえも超えたところに達するでしょう。そして、あなたの全身全霊（身体・精神《マインド》・本心《ハート》）で、もっともしなければならないことは何かを、直感的に把握するでしょう。それがはっきりしないときは、どんな場合でも、もっとはっきりするまで何もしないのがおそらくいちばんいいでしょう。

7. 静謐さそのものを体現するよう心がけましょう。それは、正式なマインドフルネスの鍛錬と形式ばらない鍛錬を長い間続けるうちに、自己認識が深くなって、自分の中で、快適さとくつろぎの感覚にふれあうことが増えることによって育まれます。

8. 平静な心を失わずに緊張を受け入れるための精神的ゆとりを作る練習をしましょう。この練習は次のように行います。どんなに難しい場面であっても、何も変えようとせず、特定の結果を起こさなくてはならないと思わないで、その瞬間に入っていきましょう。その瞬間にその場にただ在って気づいているだけです。このとき、「何が起きても、直感と本能を信頼して立ち向かうつもりであれば、どんなことが起きても対処できる」と見る鍛錬をしましょう。子どもは、特にまだ小さいうちは、あなたが平静さと信頼できるものの中心であることが必要です。つまりあなたは、頼りになる目印にならなければなりません。子どもたちはその目印から、自分の内面で自分がいる位置を測ることができるのです。

9. 子どもをないがしろにしたり、傷つけるような行動をしたときには、謝ることを考えてください。謝罪は癒しになります。謝罪は、あなたがその状況について考えたということ、より明確に状況を見るようになったこと、より子どもの視点から見るようになったことを表します。ただし、あまりしばしば「ごめんなさい」と言うのには注意が必要です。年中謝っていたり、後悔することが習慣になると、その意味が失われて、自分がしたことに責任を取らない方法になることもあります。そのことを自覚しておいてください。ときには、後悔しつづけること自体が立派な瞑想です。

10. 子どもに対して、親が、明快で、強く、疑う余地のない存在でなければならないことは頻繁にあります。こうしたとき、私たちの態度が、恐怖や、独善、支配欲からではなく、気づき、広い心、優れた識別力から来ているように努力しましょう。

11. 愛情あるやさしさの実践を定期的に行うようにしましょう。これは、子ども一人ひとりを少しのあいだ心に抱いて、心の中で次のように言って、彼らの幸せを願います。「彼（の名前）／彼女（の名前）が安全で、危害から守られますように」「彼／彼女が幸せでありますように」「彼／彼女が健康でありますように」「彼／彼女が安心して暮らせますように」

12. 子どもに贈ることができるもっともすばらしいものは、あなた自身です。私たちは、親の仕事の一つとして、自分をより深く知るように、より深く気づくように、成長しつづけなければなりません。私たちは、今という瞬間を身体で感じて、自分の中のもっとも深い部分、最善の自分を子どもと分かち合うことができるでしょうか？　これは一生続く鍛錬です。毎日、自分が快適に感じる方法で、静かに座り、気づきの意識の中に憩う時間を作るといいでしょう。私たちが持っているものは、「今」という一瞬だけです。この一瞬を、私たちの子どもたちのため、私たち自身のために、最大限に活用しましょう。

謝辞

初版を二人の共著として書くことになったとき、私たちはまず、それぞれが担当する章を書き、それを見せあって意見を交換しながら、会話を重ねて必要な変更を行った。この改訂版でも同じ方法をとった。私たちはまず自分の章について変更が必要と考えた部分を修正した。それから一緒に全章を見直し、新しい箇所を加えた。どの章の考え方も文章も、二人で行った精査の結果である。できあったものは、私たちの心《ハート》と精神《マインド》、そしてもちろん、二人の人生から生まれた賜物である。

最初に、私たちの子どもに感謝したい――彼らの正直さと洞察、そして、家族の枠を超えて、世の中に彼らの人生の一部を提供することを許してくれた寛容さに。彼らの子ども時代の話は、彼らだけのもの、貴重な時を映すものだ。私たちに彼らがいることに、彼らの愛に感謝する。

私たちの両親、サリー&エルビン・カバット、そして、ロズリン&ハワード・ジンに感謝する。彼らの愛情と、彼らから私たちが学んだことのすべて、彼らが愛をすばらしい方法で世に表したことに。

最初の本の執筆時、次の友人たちにさまざまな段階で意見を求めた。あらためて感謝したい。

ラリー・ローゼンバーグ、サラ・ドーリング、ロビー・フォイファー・カーン、ベッキー・サラ、ノーマン・フィッシャー、ジャック・コーンフィールド、トルーディー・グッドマンには、原稿を読んでいただき、きわめて貴重な視点と提案をもらった。また、ヘイル・ベイク‐シャッツ、キャスリン・ロブ、ジェニー・フレミング‐アイブス、メアリー・クロー、ナンシー・ウェイナー・コーエン、サラ・シュタインバッハ、サリー・ブラッカー、バーバラ・トラフトン・ビール、ナンシー・バーデキーからの貴重な提案に心から感謝している。

心と魂で書いたものを提供していただいたのは、次の方たちだ。私たちは彼らからの惜しみない援助と人の心に訴える彼らの力に励まされた。

ケイトリン・ミラー：「禅に興味を持つ少女への手紙」の中の彼女の詩。ラニ・ドンロン：「家庭の価値観」の中の話。チェリー・ハムリック：「学校の中のマインドフルネス」の中の手紙。レベッカ・クレメント（ハムリック先生の生徒）：「学校の中のマインドフルネス」の中の、著者に宛てた手紙。ラルフ＆キャシー・ロビンソン：「諸行無常」の中の彼らの息子であるライアン・ジョン・ロビンソンが書いた詩と、ライアンの突然の若すぎる死についてのラルフの話。スーザン・ブロック：「遅すぎることはない」の中の話。

また、ローズ・ソーン、ベッキー・サラ、ヘイル・ベイク‐シャッツ、キャスリン・ロブ、ロビー・フォイファー・カーン、レビン・フォイファーからは、さまざまな資料となるものを提供してもらった。感謝する。

ロビー・フォイファー・カーンと私（mkz）は、何年間も、会話を通して子どもが必要としているものについて意見を交換してきた。彼女にあらためて感謝したい。ゲイル・ピーターソンの、出産時における心と身体のつながりに関する独創的研究と一九八四年に出版された著書『普通に産む：出産への個人的成長アプローチ（*Birthing Normally: A Personal Growth Approach to Childbirth*）』は、陣痛と出産に対する私の見方を深め、一九八〇年代に私がしていた出産教育に新しい知識を注いでくれた。

さらに、親としての子育て体験をシェアしてくれた多くの人たちに、あらためて感謝したい。本書には、本人の要望で匿名にした話がたくさんある。ほかにページ数や内容などの理由から入れることができなかったものもあった。心を打つ話を聞かせてくれたすべての人に深く感謝している。

私（mkz）に、「ガウェイン卿と恐ろしく醜い貴婦人」の物語を聞かせてくれたのはロバート・ブライだ。彼のストーリーテリングは私の魂とハートを揺さぶった。ロバートはジョイア・ティンパネリからこの話を聞いたという。そして、ジョイア・ティンパネリによれば、この話はもともと中世の口伝であるチョーサーの「バースの女房の物語」と英国の女神の秘密をもとにしているそうだ。私たちが本書で述べた話は、ローズマリー・サトクリフの、『アーサーと円卓の騎士』に依った。本書で語り直すにあたっては同書から多くの美しい表現を借りた。

本書の出版を手がけてくれたのはハイペリオン社およびアシェット社のマーサ・レヴィンである。マーサは、ハイペリオン社からアシェット社に移る多忙な時期に、この改訂版の誕生を助けてくれた。この本ができあがるまでに示してくれた彼女の心遣いと配慮と深慮に深く感謝している。私たちの編集者であるローレン・シュートには、本書が完成するまで非常にお世話になった。ハイペリオン社にこの本を持っていってくれたのはボブ・ミラーである。この場を借りて感謝する。最後にロンドンの英国博物館に感謝したい。本書に使われている蓮の花のデザイン〔原書に掲載されたもの〕は、ロンドンの英国博物館所蔵の像を写真に撮ったものをもとにしている。

推薦図書

- *Mindful Birthing*, Nancy Bardacke (HarperOne, San Francisco, CA, 2012).
- *Attachment-Focused Parenting*, Daniel A. Hughes (W. W. Norton, New York, 2009).
- *The Mindful Child*, Susan Kaiser Greenland (Free Press/Simon and Schuster, New York, 2010).
- *Wise-Minded Parenting*, Laura S. Kastner (ParentMap, Seattle, WA, 2013).
- *Building Emotional Intelligence*, Linda Lantieri (Sounds True, Boulder, Colorado, 2008).
- ゴードン・ニューフェルド、ガボール・マテ『思春期の親子関係を取り戻す——子どもの心を引き寄せる「愛着脳」』増補改訂版、小野善郎訳、福村出版、二〇一四年
- *Mindful Discipline: A Loving Approach to Setting Limits and Raising an Emotionally Intelligent Child*, Shauna Shapiro and Chris White (New Harbinger, Oakland, CA, 2014).
- *Brainstorm: The Power and Purpose of the Teenage Brain*, Daniel J. Siegel (Jeremy P. Tarcher/ Penguin, New York, 2013).
- ダニエル・J・シーゲル、ティナ・ペイン・ブライソン『しあわせ育児の脳科学』森内薫訳、早川書房、二〇一二年
- *Parenting from the Inside Out*, Daniel J. Siegel and Mary Hartzell (Jeremy P. Tarcher/ Penguin, New York, 2004).
- エリーン・スネル『親と子どものためのマインドフルネス——1日3分!「くらべない子育て」でクリエイティブな脳とこころを育てる』出村佳子訳、サンガ、二〇一五年
- *Parenting Without Power Struggles*, Susan Stiffelman (Atria/Simon and Schuster, New York, 2010).

ジョン・カバット - ジンがガイドするマインドフルネス誘導瞑想

次のウェブサイトでは、さまざまなマインドフルネス誘導瞑想、また、CDやプラットフォームを紹介しています。

www.jonkabat-zinn.com

※注：ガイド付きの正式な誘導瞑想をすることによってマインドフルネスを養うためのウェブサイトであり、子育てを目的としたサイトではありません。

［編集部注：二〇二四年一〇月現在アクセス可能なウェブサイトのみ掲載しました。ウェブサイトの内容は英文であることをお断りいたします。］

出典

左記の文献を本書で使用することに関し許可をいただいたことに深く感謝いたします。

- Excerpts from *The Long Road Turns to Joy: A Guide to Walking Meditation* by Thich Nhat Hanh (1996). Reprinted with permission of Parallax Press, Berkeley, California.
- Reprinted, by permission, from Ethel Johnston Phelps, "Tatterhood," in *Tatterhood and Other Tales*, edited by Ethel Johnston Phelps, illustrated by Pamela Baldwin Ford (New York: The Feminist Press at the City University of New York, 1978), pp. 1–6, copyright © 1978 by Ethel Johnston Phelps.
- "Anthem" written by Leonard Cohen, copyright © 1993 by Leonard Cohen Stranger Music, Inc. Used by permission. All rights reserved.
- "Wild Geese" from *Dream Work* by Mary Oliver, copyright © 1986 by Mary Oliver. Used by permission of Grove / Atlantic, Inc.
- "Lost" by David Wagoner, copyright © 1976 by David Wagoner. Reprinted by permission of the author.
- Citation from *Women Who Run With the Wolves* by Clarissa Pinkola Estes, PhD, copyright © 1992, 1995. Used by kind permission of the author, Dr. Estes, and Ballantine Books, a division of Random House, Inc.
- Citation from *Warming the Stone Child and Theater of the Imagination, Vol. 1*, by Clarissa Pinkola Estes, PhD, copyright © 1990. Used by kind permission of the author, Dr. Estes, and Sounds True Audio.
- "Gawain and the Loathely Lady" (adapted), from *The Sword and the Circle* by Rosemary Sutcliff, copyright © 1981 by Rosemary Sutcliff. Used by permission of Dutton Children's Books, a division of Penguin Books USA, Inc.
- Excerpt from *Selected Poems of Rainer Maria Rilke*, edited and translated by Robert Bly, copyright © 1981 by Robert Bly. Reprinted by permission of Harper Collins Publishers, Inc.
- Excerpt from *The Parent's Tao Te Ching: Ancient Advice for Modern Parents* by William Martin, copyright © 1999 Da Capo Press, reprinted by permission of Perseus Books Group.
- Excerpt from *Bearing Meaning: The Language of Birth* by Robbie Pfeufer Kahn, copyright © 1995 by Robbie Pfeufer Kahn, University of Illinois Press.

訳者あとがき

一九八九年六月、ニューヨーク州のコールド・スプリング・ハーバー研究所で開かれた国際学会からトロントに帰ってきたばかりのノブは、オンタリオ州がん研究所（ＯＣＩ）の廊下で、かなり離れた先を歩いていくアラステアを見つけて声をかけた。「アル、学会では、みんなが、キミがやっていたことは正しかったと言ってたよ！」。アルはふりむくと、笑いながら叫んだ。「ノブ、今度は三〇年先を行ってるんだ！」。ノブが意味したのは、「抗体の多様性のメカニズム」だった。アルが意味したのは、瞑想をがん治療に使う研究だった。

日本を発って一四年、分子生物学・免疫学というハードコアのサイエンスの道を歩いて来たノブは、アルが瞑想を科学として真面目に研究していることにも驚いたが、それに多額の研究費を出すカナダという国にもっと驚いた。免疫の研究をしていたアラステア・カニンガム（Alastair J. Cunningham）は、その後、心理学でも博士号を取得、二〇〇三年、腫瘍心理学に対する貢献によって、オーダー・オブ・カナダを授与された。

一九八〇年代のある夏の日、トロントのとある家の庭で、ジョン・カバット－ジンの父親であるエルヴィン・カバット（Elvin Kabat）と母親のサリー・カバット（Sally Kabat）の歓迎パーティーが開かれていた。エルヴィンはニューヨーク州のコロンビア大学医学部教授で、トロント大学の学生が博士号を取得するときの外部審査員として、同大学に招かれていたのだ。彼は分子生物学・微生物学・免疫学を専門分野とし、抗体の多様性の研究（一九八七年に利根川進がノーベル生理学・医学賞を受賞）で世界的に名を知られていた人物だった。母親のサリーはアーティストで、鳥の羽を頭にあしらった装いが、集まった人々の中で際立っていた。ほがらかで闊達な人柄と見受けられた。

ジョン・カバット－ジンは、彼の著書『*Coming to Our Senses*（我に返る）』の中で、瞑想の研究を巡って、生粋の科学者である父親との間に長年にわたる確執があったこと、ある日父親が、瞑想の仕方を教えてくれないかと言ったときのことを書いている。アルツハイマー病を患って最期を迎えた父を腕の中に抱えながら、子どものころに父親が歌ってくれた歌を歌う場面は美しく、胸を打つ。

二〇一四年の冬のある日、わが家の居間で、ノブが、「親父《おやじ》とそっくりだなあ」と、驚いた声をあげた。二月三日号のタイム誌を開いた彼の目を大きく開かせたのは、五ページにわたって掲載された「マインドフルネス」の見開き記事の写真で、大勢の人が目を閉じて座っている中でジョンが瞑想していた。

記事には、MIT（マサチューセッツ工科大学）で分子生物学を専攻していた大学生のジョンが、ある日学内で行われた講演で、禅と瞑想の話を聞いたことがきっかけで瞑想を始め、瞑想すればするほど、研究室での科学研究には「人間としてどう生きるか」というようなものが欠けていると感じるようになったことが書かれていた。一九七九年、すでに博士号を取得し、マサチューセッツ大学医学部で筋肉の発達を研究する一方、医学生に解剖と細胞生物学を教えていた彼にひとつのアイディアがひらめいたのは、その年に参加した瞑想リトリートでのことだった。それまでしていた仏教を土台とした瞑想を、慢性的な痛みで苦しむ患者に使ったらどうなるだろうというアイディアだった。症状を軽減することができなくとも、マインドフルネスの鍛錬をすることによって、患者が注目する先を、痛みから別のものに移すことで、痛みに対する反応を変え、全体として苦しみを和らげることはできないものだろうか。ただちに三人の医師と共に実験的なストレス低減クリニックが立ち上がった。クリニックの患者から痛みの程度が減少したという報告があったのはすぐだった。

二〇一六年の六月、私はバンクーバーの書店で、ジョン・カバット－ジンの、『*Wherever You Go, There You Are*』（邦訳：『マインドフルネスを始めたいあなたへ』）の裏表紙に懐かしい名前を発見していた。トロントで親しくしていたアルが、ジョン・カバット－ジンの人物紹介を書いていた。そのことは、「三〇年先を行っている」とノブに言ったアルと、分子生物学の道から瞑想に惹きつけられたジョン、その父である分子生物学・免疫学者のエルヴィン、そして同様に分子生物学・免疫学の道を歩んで来たノブこと私の配偶者である穂積信道《ノブミチ》の間にある、サイエンスという糸のつながりを感じさせた。彼らは、物質を扱ってきたサイエンスの川と瞑想という精神世界の川が合流しはじめた、歴史的な時の流れの中にいた人々なのだ。私はそのとき、「人とはなにか、を知ろうとする」人間が、世界のいたるところで行っている研究や発見のごうごうたる大河のとどろきを聴いている気がした。

表紙をめくると、海から見た富士山のイラストが目に入った。ジョンを最初に瞑想の道に導いたのは、彼がまだ二〇代のはじめ、ＭＩＴ校内で開かれたフィリップ・カプロー（Philip Kapleau：ニュルンベルク裁判の法廷主席記者。東京裁判の時に日本で鈴木大拙に出会い大きな影響を受ける。のちにニューヨークにロックフェラー禅センターを作った）の、日本での禅瞑想体験の講演だったという。

レジで支払いをするとき、「今はカナダの居住者ではないんだけどシニアの割引はあるの」と尋ねると、女性の店員は、どこの人でも世界中、と笑顔を見せた。

今年の七月、京都は、一カ月にわたる祇園祭《ぎおんまつり》という巨大な神事の熱気に包まれていた。八坂神社の三柱の神様が渡られた御旅所《おたびしょ》では、その夜、御神輿《おみこし》を無数の灯明がゆらめき照らす前で、そろいの祭り浴衣を着た町衆が祇園囃子《ぎおんばやし》を奉納していた。三〇分ほどそこに立っていただろうか、暑さに汗が流れるのは見ている人だけではない。鉦《かね》、笛、太鼓の演奏者は、永遠に続くようなコンチキチンの音色を繰り返し奏でている。鉦を鳴らしている大人に混じって、小学生と思われる二人の男の子が、「ふぅ」と嘆息が聞こえるような表情で鉦を叩く。その二人の後ろにこれも二人立っているのは中学生ぐらいか、ていねいに鉦を叩くタイミングを教えている。見ていて、これは行《ぎょう》だ、と思った。暑い中を、鉦を叩き続ける、笛を吹き続ける、太鼓を叩き続ける。それは報酬のためでもなく、競争もなく、効率という考えもない。

人へのやさしさ、辛抱、丁寧さ、学ぶこと、見守ること、正しく行うこと、人とのつながり、伝えること、育てること。……私たちが一つになって暮らすための知恵が、祭りの全体に浸透していた。一一五〇年余りの歴史を持つという壮大な時を感じさせるこの祭は、それ自体が、社会を作る非常に重要なものを育てる場なのだという感動が体を駆け巡った。

同時に、スイスとカナダでの二五年にわたる海外生活のあと、帰国して日本に住み始めたときに、初めて「回覧板」が隣家から回ってきたときの、なんとも言えない温もりが思いだされた。自分がたしかにその社会に所属しているという感覚、地面に足がついた感覚。夏になると、できて三〇年にしかならないというその団地の中に小さな盆踊りの櫓《やぐら》が立てられて、夜には太鼓が響いた。子ども神輿が倉庫から引き出されて、炎天下を、子どもと大人たちが掛け声をかけながら家の前を過ぎて行った。あのときは、ただ楽しそうとしか見ていなかった、何気ないように見えた、小さな文化習慣や地域社会というものが、今は、子どもが育つ上で、私たちが生きる上で、どれほど貴重で大事なものかが理解できる。

『マインドフルネス 気づきの子育て』の中で、マイラ・カバットージンが、その不在を嘆いている、子どもが育つ場としての、なくしてはならない、守っていかなければ簡単に失ってしまう、コミュニティや文化というものが、この国にまだあるあいだに、それに気づき育て慈しむことが、私たちに求められていると思う。

本書の翻訳作業中、私の力量不足により、日本語にするのが難しいと感じるところが多々あった。多くの不確かな箇所について、丁寧に説明をいただいたのは、来日四〇年余りの小松ジュディス(Judith Komatsu)さんである。ジュディスさんの辛抱強く温かな援助の手に深く感謝している。

この本を紹介して翻訳を勧めてくださったのは春秋社の手島朋子さんである。素晴らしい本に出会わせてくださったことに、心から感謝している。手島さんとのやりとりはいつも楽しみであり、学ぶところが多く、鼓舞された。

本書の第一次翻訳は、母が腰を痛めて寝たきりになった二〇二二年の秋から始まり、今年の五月に九六歳の誕生日を迎える直前に亡くなるまでの、一年半続いた。在宅介護・看取りを選び、母の世話に明け暮れる中でも翻訳作業を続けることができたのは、大勢の素晴らしい医療従事者の方々と親身になって介護の手助けをしてくださった多くの方々、そして家族の助けなしには不可能なことであった。心から深く感謝している。

毎日、朝起きたときと眠る前に、数分の瞑想をする。目を閉じて呼吸に意識を向け、最後に慈悲の瞑想をする。それだけである。一年前ぐらいになるが、母の洗濯物を干していたときに、洗濯バサミでとめている自分の中から、焦燥感が消えていることに気づいた。心の奥から聞こえて来ていた、「早く！　いつまでやってるの！」という声がなくなっていた。していることそのものに喜びを感じた。「今、ここ」が少しずつ、暮らしの中に姿を表しはじめた日だった。

二〇二四年一〇月

訳者

本書は、『エブリデイ・ブレッシングズ』（サンガ、二〇一七年）として刊行された書の新訳版である。

■著者紹介

ジョン・カバット－ジン　*Jon Kabat-Zinn*

分子生物学で博士号を取得。瞑想の教師。マインドフルネスストレス低減法（MBSR）の開発者。彼が開発したMBSRは世界中の医療機関で使われている。マサチューセッツ大学医学部の名誉教授であり、医学、医療、一般社会にマインドフルネスのセンターを設立した。著書に『マインドフルネスストレス低減法』、『マインドフルネスを始めたいあなたへ』、『マインドフルネスのはじめ方』などがある。マインドフルネスとその適用法のワークショップを世界中で行っている。３人の子どもおよび孫たちがいる。

マイラ・カバット－ジン　*Myla Kabat-Zinn*

学士（看護学）・正看護士。出産教室教師、助産師として活動する。生態系への関心が深く生命そのものの価値を重んじている。北米、ヨーロッパでマインドフルネスによる子育てワークショップを展開している。

■訳者紹介

穂積由利子（ほづみ・ゆりこ／旧姓：小沼）

1950年会津若松市生まれ。会津女子高等学校（現在の葵高等学校）、青山学院大学英米文学科卒業。1975年より25年間、スイス（バーゼル）、カナダ（トロント）で暮らす。ジャパン・コミュニケーションズ（トロント市：翻訳・日系紙担当）に勤務。日本語学校（日加学園）の教師・校長を務める。２人の子どもがいる。夫は、利根川進博士が1987年にノーベル生理学・医学賞を受賞することになった、「遺伝子再構成」のブレークスルーの実験を行った穂積信道（医学博士　分子免疫学）。詩脈の会（会津若松市）、NPOはるなか（同市）会員。NPOさとやま会員（流山市）。糸紡ぎを趣味とし「運河和わたの会」（同市）を主宰。訳書にウォーカー『バタードウーマン』（金剛出版）、バクスター『植物は気づいている』（日本教文社）、キャラハン『TFT思考場療法入門』、アンドレアス『コア・トランスフォーメーション』、クドゥバ『こどものスモールトラウマのためにできること』（以上、春秋社）、他多数。

マインドフルネス 気づきの子育て

2024年11月20日　第1刷発行

著者――――ジョン・カバット－ジン、マイラ・カバット－ジン
訳者――――穂積由利子
発行者――――小林公二
発行所――――株式会社 **春秋社**
〒101-0021東京都千代田区外神田2-18-6
電話03-3255-9611
振替00180-6-24861
https://www.shunjusha.co.jp/
印刷所――――株式会社 太平印刷社
製本所――――ナショナル製本協同組合
装丁――――鎌内　文

ISBN978-4-393-36573-1　C0011
定価はカバー等に表示してあります